Christian Marzahn/Hans-Günther Ritz (Hg.)

Zähmen und Bewahren

die Anfänge bürgerlicher Sozialpolitik

AJZ-Druck+Verlag

© by AJZ Druck & Verlag GmbH
Heeper Str. 132
4800 Bielefeld 1

Bielefeld 1984
ISBN 3-921680-39-5

Satz: Stolte + Kiper, Bielefeld
Druck und Vertrieb: AJZ D & V

Hergestellt mit finanzieller Unterstützung
der Universität Bremen

Inhalt

Die Anfänge bürgerlicher Sozialpolitik – ihr Beitrag zur Entstehung des Lohnarbeiters

1.

Vielleicht ist es nichts als ein Zufall – aber das erste deutsche Zucht- und Arbeitshaus entstand zwischen 1609 und 1613 in Bremen. Nach dem berühmten Vorbild, das 1595/96 in Amsterdam gegründet worden war, wollten die Bremischen Ratsherren nun auch hier ein „Tuchthuß" einrichten – „tho erholding guter Policey undt affstellung des muthwilligen gesindes", wie sie im Dezember 1604 an den Amsterdamer Rat schreiben. Ein Zufall vielleicht, aber für uns doch anregend genug, diesem eigentümlichen „Bremer Modell" genauer nachzugehen, das in der Folgezeit gehörig Schule gemacht hat.

Dabei ging es uns weniger um die Monographie einer Institution oder um eine stadtgeschichtliche Studie. Vielmehr wollen wir uns in der Untersuchung des Arbeitshauses und seines gesellschaftlichen Umfeldes der *geschichtlichen Tradition der Sozialen Arbeit und der Sozialpolitik* genauer versichern. In dieser Perspektive wurde das Zucht- und Arbeitshaus Gegenstand der Lehre (im Studiengang Sozialpädagogik der Universität Bremen) und der Forschung (in einem Projekt des Forschungsschwerpunkts: „Reproduktionsrisiken, soziale Bewegungen und Sozialpolitik" daselbst).

Sehr bald aber zeigte sich, daß einer solchen Beschäftigung mit der eigenen Geschichte verschiedene Hindernisse entgegenstehen. Soziale Arbeit und Sozialpolitik stellen heute ein breites und heterogenes Feld dar, und noch vielfältiger und verwirrender erscheinen die verschiedenen, einander überschneidenden und nicht selten widersprechenden Traditionsstränge, die schließlich zu ihrer heutigen Gestalt geführt haben. Hinzu kommt das Quellenproblem: Fast alle historischen Dokumente, die in diesem Bereich zur Verfügung stehen, sind Quellen „von oben", Äußerungen von Geistlichen, Juristen, Medizinern, Pädagogen, Anstaltsleitern, Armenpflegern, Politikern etc., Zeugnisse von Funktionären also *über* die armen Leute, nicht von diesen selbst, die ja in der Regel des Lesens und Schreibens nicht kundig waren. Damit kommt in die ganze historische Überlieferung eine systematische Verzerrung, die lange Zeit nicht bedacht, ja kaum wahrgenommen wurde. Und da die Soziale Arbeit und die Sozialpolitik auch heute keinen einheitlichen verbindlichen Begriff von sich selbst haben, ist bislang auch ungeklärt oder umstritten, mit welcher theoretischen Konzeptualisierung sich ihre Geschichte aufarbeiten ließe.

Andererseits sind in den Nachbardisziplinen mittlerweile eine Fülle historischer Untersuchungen vorgelegt worden, deren Anlage und Ergebnisse für unseren

Bereich von großer Bedeutung sind. Und seit 1977, als wir mit der Untersuchung des Zucht- und Arbeitshauses begannen — zusammmen mit Stephan Leibfried, für dessen anregende Mitarbeit wir an dieser Stelle danken wollen —, sind auch zur Geschichte der Sozialen Arbeit und Sozialpolitik eine Reihe beachtlicher Arbeiten entstanden, die das Zucht- und Arbeitshaus behandeln oder berühren.

2.

Mit der vorliegenden Untersuchung beanspruchen wir nicht, neue Detailergebnisse extensiver Aktenstudien mitzuteilen. Wir erschließen keinen neuen methodischen Zugang und schlagen auch keine neue Konzeptualisierung der Sozialpolitik vor. Vielmehr wollen wir hier das Zucht- und Arbeitshaus als eine Institution untersuchen, die aus heutiger Sicht einen merkwürdigen Fluchtpunkt darstellt, in welchem eine Vielzahl unterschiedlicher sozialpolitischer Traditionen zusammenlaufen. Es hat die ältere Kloster- und Spitaltradition in sich aufgenommen, sie mit den damals modernen, eben erst erprobten Strategien des Freiheitsentzugs und der Arbeitserziehung kombiniert und damit etwas Neues auf den Weg gebracht: die Pädagogisierung sozialer Probleme. Aus diesem Grunde betrachten wir das Zucht- und Arbeitshaus als eine „Kerninstitution" der frühbürgerlichen Sozialpolitik und stellen es in den Kontext jenes großen gesellschaftlichen Umbruchs, auf dessen Folgeprobleme es angesetzt wurde und dem es Form und Zuschnitt verdankt.

Um die Funktion dieser frühbürgerlichen Anstalt würdigen zu können, muß sie zusammmen mit zwei allgemeinen Problemen ihrer Epoche untersucht werden: Wie entsteht die frühe Lohnarbeiterklasse? Welche Bedeutung haben dafür die von uns heute als „Sozialpolitik" verstandenen Maßnahmen, und welcher Einfluß kommt anderen gesellschaftlichen Entwicklungen für die Entstehung der Lohnarbeiterklasse zu?

Allgemein gesprochen, bildet die kapitalistische Produktionsweise die materielle Grundlage der bürgerlichen Gesellschaft. Damit diese neue Produktionsweise allgemein durchgesetzt werden konnte, war ein historischer Scheidungsprozeß von Kapital und Arbeit notwendig. Auf der einen Seite wurden Werte in den Händen einer relativ kleinen besitzenden Schicht akkumuliert. Auf der anderen Seite verelendeten breite Schichten der Bevölkerung, die über nichts verfügten als ihre eigene Arbeitskrafft. Diese Polarisierung stellt eine notwendige Voraussetzung für den Kapitalismus dar. Marx nennt diesen historischen Scheidungsprozeß die „sogenannte ursprüngliche Akkumulation". Produzent und Produktionsmittel werden voneinander getrennt (vgl. Marx 1972, S. 741 ff.). Der Produzent wird zum Lohnarbeiter, d.h., er muß seine Arbeitskraft an den Besitzer von Produktionsmitteln, den Kapitalisten, fortlaufend verkaufen, damit er leben kann. Sobald diese Trennung vollzogen ist und „die kapitalistische Produktion auf eigenen Füßen steht, erhält sie nicht nur jene Scheidung, sondern reproduziert sie auf stets wachsender Stufenleiter" (Marx 1972, S. 742).

Die einzelnen Entstehungsquellen des Kapitals, des Reichtums an Geld, Produktions- und Lebensmitteln, sind in ihrer Bedeutung unter Historikern und Ökonomen umstritten (vgl. Sweezy 1978, S. 64 ff., S. 84 ff.). Zu nennen sind hier etwa: Kolonialplünderung, Wucher- und Handelsgewinne, Reallohnsenkungen, Kriegsgewinne und die Auflösung des Kirchenbesitzes (vgl. ausführlich Mandel 1972, Bd. 1, S. 110 ff.). Diese Quellen standen national in unterschiedlicher Weise zur Verfügung. So profitierte etwa Deutschland von der Kolonialausbeute indirekt über die Handelspositionen von Lübeck, Hamburg, Leipzig und weiteren Städten im Ost-West-Austausch (vgl. Laufenberg 1910, S. 35 ff.). An dieser Entstehungsepoche des Kapitalismus interessiert uns nun besonders die soziale Herausbildung der Lohnarbeiterklasse. Sombart nennt dieses Problem „zwieschlächtig". Durch die Zerstörung der alten feudalen Lebensverhältnisse entstehen große Mengen sozial Entwurzelter: Lohnarbeiter in potentia. Damit ist das Problem der Schaffung von Lohnarbeitern aber noch nicht hinreichend gelöst. Um Lohnarbeiter in actu, d.h. tatsächlich arbeitswillige und geeignete Lohnarbeiter, zu erhalten, bedarf es zusätzlicher Maßnahmen. Lehnhardt und Offe (1979) unterscheiden analoge soziale Prozsse: passive und aktive Proletarisierung. Als „passive Proletarisierung" soll jenes Anwachsen der armen Bevölkerung bezeichnet werden, welches durch den Zerfall bzw. die gewaltsame Zerstörung alter Sozialstrukturen bewirkt wurde. Dieser Prozeß verläuft in Deutschland regional sehr unterschiedlich und insgesamt im 18. Jahrhundert noch eher stockend. Diese freigesetzte Armenbevölkerung konnte nicht direkt zu Lohnarbeitern umgewandelt werden. Der allergrößte Teil dieser Armen war hinsichtlich seiner Zuverlässigkeit, seines Arbeitswillens und seiner Arbeitsdisziplin denkbar ungeeignet für die Manufakturarbeit. Die Klagen über diesen Mangel füllen Bände (vgl. u.a. Hinze 1963, S. 19; Sombart 1928, S. 798 ff.). Dieser Aspekt der Eignung zur industriellen Arbeit wird heute Sozialisation genannt.
Das zweite Hindernis für die unmittelbare Eingliederung der Entwurzelten lag in ihrer fehlenden Qualifikation. In den Manufakturen des Frühkapitalismus war technisches Können noch ähnlich wie im Mttelalter an die Person des Arbeiters, also an unmittelbar durch Lehrmeister und Kollegen vermittelte Erfahrung gebunden. Eine allgemeine, vom Produktionsprozeß losgelöste Wissensvermittlung über Arbeitstechniken war so gut wie unbekannt. Dies ist der Grund, warum es in allen europäischen Ländern vom 15. bis zum 18. Jahrhundert einerseits große Massen von besitzlosen, armen, im Prinzip arbeitsfähigen Personen gab, gleichzeitig aber ein Mangel an geeigneten Lohnarbeitern herrschte.
Vielfältige soziale Prozesse wirkten zusammen, um diesen Widerspruch allmählich aufzulösen. In Deutschland wirkten zur Disziplinierung des Arbeitsvermögens nicht nur die Kräfte des emporsteigenden Bürgertums und des absolutistischen Staates, sondern auch das Wiederaufleben des Feudalismus seit dem 16. Jahrhundert im Osten Deutschlands und besonders in Preußen auch die Militarisierung der Gesellschaft. Im dritten Teil unserer Untersuchung versuchen wir,

dieses Zusammenwirken von „Sozialpolitik", sonstigen staatlichen Maßnahmen und den feudalen Grundherren bei der Herausbildung der frühen Lohnarbeiterklasse darzustellen. Der Begriff der „Sozialpolitk" bedarf dabei allerdings besonders vorsichtiger Verwendung. Im 16. bis 18. Jahrhundert war dieser Begriff noch unbekannt. Gleichwohl verfolgt besonders der entwickelte Merkantilismus des 18. Jahrhunderts im Rahmen seiner Gewerbe- und Industriepolitik, seiner Zoll- und Handelspolitik sowie der Bevölkerungspolitik auch eindeutig sozialpolitische Zielsetzungen. Diese sozialpolitischen Elemente merkantilistischer Politik förderten die Entstehung einer aktiven Arbeiterklasse; sie kontrollierten und verwalteten zugleich die Armenbevölkerung. Die frühbürgerliche Sozialpolitik umfaßt also sämtliche Maßnahmen zur Herausbildung und Stabilisierung der neuen Klasse von Lohnarbeitern und unterscheidet sich deutlich von der feudalen Fürsorgepflicht für die Armen, die religiös-patriarchalisch geprägt war. So wird die große Armen- und Wanderbevölkerung im Mittelalter nicht etwa systematisch ausgerottet oder angesiedelt, sondern eher „ziellos"-caritativ unterstützt. Erst mit dem Aufkommen des Kapitalismus setzt Sozialpolitik im modernen Sinne ein, will Strukturen von Gesellschaft und Persönlichkeit zugleich verändern, will im Zuge der Umwertung aller wichtigen gesellschaftlichen Normen seit dem Ausgang des Mittelalters insbesondere auch eine neue Arbeitshaltung durchsezen. Das Wesen der frühbürgerlichen Sozialpolitik ist deshalb: verändern, erziehen, disziplinieren und qualifizieren.

Damit ist auch der Ausgangspunkt sozialer Arbeit bestimmt: die Pädagogisierung sozialer Probleme, sowohl im Sinne von Hilfe als auch von Disziplinierung. „Et improbis coercendis et quos deseruit sanae mentis usura custodiendis", lautete die Inschrift am Zuchthaus zu Leipzig — *zähmen und bewahren*. Vieles deutet nämlich darauf hin, daß die Figur des homo educandus, also die pädagogische Konfiguration und der pädagogische Habitus etwas „zutiefst Bürgerliches" (Ruschky 1977, S. XXXVI) sind, erfunden, getragen und verfeinert als Instrument bürgerlicher Selbstbehauptung gegen Adel und Pöbel. Im Humanismus und der Aufklärung bereitgestellt, konnten unterschiedliche Gruppierungen innerhalb dessen, was wir Bürgertum nennen, in verschiedenen Konstellationen und für verschiedene „Zielgruppen" wieder auf dieses Instrument zurückgreifen. Und mit dem Bürgertum strebte erstmals in der Geschichte eine Klasse zur Herrschaft, die ihre eigenen Normen für alle Klassen der Gesellschaft als verbindlich durchsetzen will (vgl. van Ussel 1977). Gleichzeitig wird der spezifische Doppelsinn von „Sicherung" sichtbar: Sicherung der Gefährdeten — und darin Sicherung der eigenen privilegierten gesellschaftlichen Stellung. Angst und vorausschauende Investitionsbereitschaft sind deshalb die beiden Motive, die aus der bürgerlichen Sozialpolitik nicht wegzudenken sind.

In dieser Perspektive erscheint die Geschichte der Sozialen Arbeit als Spezialfall jener säkularen Sozialdisziplinierung, die die Entstehung und Entwicklung der bürgerlichen Gesellschaft begleitet und unterstützt: der gesellschaftliche „Zwang zum Selbstzwang" und zur „Langsicht" (N. Elias), jene grundlegende Veränderung im Umgang mit Raum und Zeit, ihre methodisch-gewaltsame Durchsetzung (vgl. Foucault 1969 und 1976; Treiber/Steinert 1980) und die Verlängerung in die Individuen hinein, bis uns die Nichtachtung der Zeit erscheint als die „schlimmste Gewissenlosigkeit" (Thomas Mann), ja „daß der Verlust der Freyheit Wohlthat für sie wurde" (Wagnitz 1792, Bd. I, S. 171; vgl. hierzu auch Marzahn 1982, S. 6 ff.). Gewiß sind Soziale Arbeit und ihre historischen Vorläufer nicht die Träger dieses Prozesses, auch nicht das Hauptaktionsfeld. Sie waren immer eher Flankensicherung, und wie sich zeigte, bezog sich die Errettung zum Selbstzwang in den verschiedenen Entwicklungsabschnitten auf jeweils besondere Probleme, Bevölkerungsteile und Maßnahmen.

Dennoch scheinen zentrale Momente bürgerlicher Vergesellschaftung in der Untersuchung der gesellschaftlichen Ränder und Brüche, ihrer Bewohner und dem, was mit ihnen geschieht, besonders deutlich hervorzutreten. Auch in diesem Sinn bleibt die Geschichte der sozialen Arbeit und Sozialpolitik immer Gesellschaftsgeschichte.

In diesen Zusammenhang ordnet sich unsere Sicht des Zucht- und Arbeitshauses ein. Es hatte seine gesellschaftliche Bedeutung als Übergangsinstitution vor allem im Kontext frühbürgerlicher Sozialpolitik. Viele Autoren, die dies bestreiten (vgl. etwa Köhler 1977, S. 19; Hunecke 1983, S. 498), scheinen seinen Funktionswandel seit dem Ende des 18. Jahrhunderts zu übersehen. Aus dem Versuch einer autoritär-rationalen Erziehungs- und Produktionsanstalt wird zunehmend eine Stätte sinnloser Erniedrigung der Insassen. Deutlich wird dies nicht in erster Linie an den objektiven Belastungen und Lebensbedingungen der Insassen, die auch in der Hoch-Zeit des Arbeitshauses für uns kaum vorstellbar sind. Deutlich wird dies vor allem an der zunehmenden gesellschaftlichen und ökonomischen Sinnlosigkeit der verrichteten Arbeiten. Am Anfang steht der Versuch einer modellhaften anstaltsförmigen Organisation der Manufakturproduktion. Daraus entwickelt sich eine Zwangsanstalt für einfache, unattraktive, aber ökonomisch sinnvolle Zuarbeit für andere fortgeschrittene Produktionsstufen; es wird gesponnen und Farbholz geraspelt, wovon unser Titelbild eine Anschauung gibt. Nach 1800 geht die Entwicklung hin zu ökonomisch völlig sinnlosen Zwangsarbeiten; die Insassen laufen nur noch in der Tretmühle.

Auch das frühe Arbeitshaus, dem durchaus eine Funktion bei der Herausbildung der Arbeiterklasse zukommt, war jedoch niemals die direkte Ausbildungsstätte der „ersten Generation der Manufaktur- und Fabrikarbeiter", wie Kopečný behauptet (1981, S. 126). Als flankierende Maßnahme bei der Verschließung von Lebensmöglichkeiten armer Leute außerhalb der Lohnarbeit hatte das Arbeitshaus aber seinen festen Platz in der Entwicklung.

3.
Bei der Behandlung der Frage, welchen Einfluß die frühbürgerliche Sozialpolitik

auf die Herausbildung einer Lohnarbeiterklasse gehabt hat, gehen wir in drei Schritten vor, die unterschiedlichen gesellschaftlichen Ebenen entsprechen. Marzahn untersucht das Zucht- und Arbeitshaus als eine Kern*institution* der bürgerlichen Sozialpolitik: Die anstaltsförmige Herrschaft über die Insassen des Arbeitshauses sollte zugleich Abschreckung für den vagabundierenden Armen, Antrieb für den frühen Lohnarbeiter und Modell einer bürgerlich-rationalen, autoritären Erziehungs- und Arbeitsorganisation sein. Fischer beschreibt in seinem Beitrag die *städtische Umgebung* solcher Arbeitshäuser im 16. Jahrhundert; er gibt eine Bestandsaufnahme der Lebenslage der städtischen Armen und der städtischen Armenpolitik zu dieser Zeit und zeigt, wie sehr diese zugleich der Legitimation bürgerlicher Herrschaft diente. Ritz und Stamm analysieren das Verhältnis von *gesellschaftlichem Wandel und staatlicher Sozialpolitik* im 18. Jahrhundert, der Hoch-Zeit des Arbeitshauses in Deutschland. Sie beschäftigen sich mit dem Stellenwert der Sozialpolitik und gerade des Arbeitshauses gegenüber anderen gesellschaftlichen und staatlichen Einrichtungen wie etwa dem Militärdienst, unfreier, feudal gebundener Lohnarbeit, Bettelverbot und staatlicher Industrie, Gewerbe- und Arbeiterpolitik bei der Herausbildung einer Lohnarbeiterklasse und der Disziplinierung der Armenbevölkerung.

Methodisch liegen alle drei Beiträge unterschiedlich. Marzahn verwendet teils Quellen, teils ältere Darstellungen als Grundlage seiner Untersuchungen. Fischer stützt sich in ähnlicher Weise auf Quellen und andere Darstellungen. Fischer faßt die Ergebnisse eigener Quellen- und Archivstudien sowie den einschlägigen Forschungsstand zusammen.

Christian Marzahn

Das Zucht- und Arbeitshaus
Die Kerninstitution frühbürgerlicher Sozialpolitik

„Et improbis coercendis et quos deseruit sanae mentis usura custodiendis"
Zur Zähmung der Unehrlichen und zur Bewahrung derer, die der Gebrauch des gesunden Verstandes im Stich gelassen hat
(Inschrift am Zuchthaus zu Leipzig)

„Labore nutrior, labore plector"
Durch Arbeit werde ich genährt, durch Arbeit büße ich
(Inschrift am Zucht- und Arbeitshaus in Hamburg)

Verzeichnis der Abbildungen

1. Fragestellung und Überblick

Verfolgt man einzelne Institutionen und Funktionsbereiche der heutigen Sozialarbeit und Sozialpolitik gleichsam historisch zurück, wird man auf historische und gesellschaftliche Konstellationen stoßen, denen sie ihre Entstehung und Existenz verdanken. In solche Konstellationen gehen objektive soziale Problemlagen ein, ihre Wahrnehmung und Deutung durch die unmittelbar Betroffenen und durch andere gesellschaftliche Gruppen sowie die Lösungsvorschläge verschiedener Bevölkerungsgruppen oder Individuen. Durch die Freilegung solcher tieferen Problemschichten kann die die Untersuchung derartiger Konstellationen auch für das Verständnis heutiger Strukturen und Funktionen hilfreich sein. Verfolgt man nun die Entwicklungsgeschichte derjenigen gesellschaftlichen Funktionen, die die verschiedenen sozialpolitischen Institutionen im Zusammenhang der individuellen und gesellschaftlichen Reproduktionssicherung erfüllen, so laufen sie gewissermaßen wie in einem Fluchtpunkt in einer bemerkenswerten Institution zusammen: dem Zucht- und Arbeitshaus. Zucht- und Arbeitshäuser sind im 16. und 17. Jahrhundert in ganz Europa entstanden. Sie haben als Institution bis ins 20. Jahrhundert bestanden. Ihre Prinzipien existieren in anderen Einrichtungen weiter.

Im folgenden soll untersucht werden, welchen Entstehungsbedingungen sich diese Institution verdankt, welche gesellschaftliche und historische Rolle sie gespielt hat und welche Bedeutung ihr in der Geschicht der Sozialpolitik zukommt. Es soll dabei der These nachgegangen werden, daß das Zucht- und Arbeitshaus als eine Art „Ur-Institution" bürgerlicher Sozialpolitik verstanden werden kann. Es ist eine Institution des gesellschaftlichen Umbruchs, die institutionell gebündelte Antwort auf eine Reihe gesellschaftlicher Übergangsprobleme, die sich im Entstehungsprozeß der bürgerichen Gesellschaft aus der Trennung der Produzenten von ihren Produktionsmitteln ergaben. Im Zucht- und Arbeitshaus sind verschiedene soziale Populationen zwangsweise zusammengefaßt. Es vereinigt in sich verschiedene, auf diese ausgerichtete Funktionen, die nach einer historischen Übergangsphase einem Prozeß der institutionellen Ausdifferenzierung unterworfen sind.

Die Untersuchung konzentriert sich zunächst vor allem auf die *Institution* des Zucht- und Arbeitshauses. Insofern das gesellschaftliche Umfeld für ihr Verständnis von Bedeutung ist, wird es knapp skizziert. Eine systematische Erweiterung des Blickfeldes erfolgt im nächsten Teil, in welchem Thomas Fischer dem besonderen Charakter frühbürgerlicher Armenpolitik in den Städten des ausgehenden Mittelalters nachgeht. Und eine nochmalige Blickerweiterung erfolgt im letzten Teil, wo Hans-Günther Ritz und Volker Stamm die bis dahin dargestellten Vorgänge in den gesellschaftlichen Umbruch des Frühkapitalismus einordnen.

Zunächst soll ein kurzer Überblick über den Diskussionsstand um das Zucht- und Arbeitshaus gegeben werden. Sodann wird das Zucht- und Arbeitshaus in seiner zeitlichen und räumlichen Ausbreitung vorgestellt. Danach werden wir uns mit der inneren Differenzierung der Insassengruppen des Zucht- und Arbeitshauses befassen sowie mit der Struktur dieser Einrichtung: der Bauweise, der Organisation und Verwaltung, der Finanzierung und dem Vollzug. Schließlich soll das institutionelle Umfeld des Zucht- und Arbeitshauses charakterisiert und seine historische Rolle und Bedeutung dargestellt werden.

2. Quellenlage und Diskussionsstand

Die Beschreibung des Zucht- und Arbeitshauses sowie eine systematische Darstellung seiner Entwicklung erscheint aus vielen Gründen schwierig oder fast unmöglich. Ein erster Grund liegt im *Gegenstand* selbst. Als Institution hat das Zucht- und Arbeitshaus in seiner großen räumlichen und zeitlichen Ausdehnung mannigfaltige Erscheinungsformen angenommen. Seine Entwicklung verläuft nicht gradlinig, sondern in Sprüngen und Rückfällen, Verzögerungen und Ungleichzeitigkeiten, die sich aus der ungleichzeitigen Entwicklung in den verschiedenen Regionen Europas erklären, die erst allmählich nationalstaatliche Form annehmen. In seiner konkreten Ausprägung ist das einzelne Zucht- und Arbeitshaus von vielen besonderen, oft stark lokal- und zeitbedingten Faktoren abhängig. Ohne diese Besonderheiten vernachlässigen zu wollen, soll hier in erster Linie versucht werden, die *wesentlichen* Strukturen und Entwicklungslinien herauszuarbeiten, die den verschiedenen Erscheinungsformen zugrunde liegen.

Ein zweiter Grund, der verläßliche Aussagen über das Zucht- und Arbeitshaus erschwert, ist die komplizierte *Quellenlage*. Die Literatur lebt weitgehend von Angaben, die sich in einigen frühen Berichten finden und nun in je besonderer Zusammenstellung weitergegeben werden. Das ist eine recht unsichere Grundlage, die auch die hier vorgelegte Untersuchung im Prinzip nicht verläßt. Viele offene Fragen ließen sich nur durch unmittelbare Akten- und Archivstudien beantworten. Aus forschungspraktischen Gründen müßten diese aber auf einzelne Einrichtungen oder engumgrenzte Regionen begrenzt werden, wodurch ihre Ergebnisse wiederum nur begrenzte Generalisierungen zuließen. Darüber hinaus liegt im Charakter der überkommenen Zeugnisse eine weitere Einschränkung. Im wesentlichen bestehen sie aus Gesetzen und Verordnungen, nach denen Zucht- und Arbeitshäuser errichtet werden sollten, Zuchthausordnungen, die die Aufgaben und Pflichten des Personals und das Leben der Insassen festlegten und regelten, und Berichten, die von Anstaltsleitern, -pastoren oder anderen Funktionsträgern abgefaßt wurden. Alle diese Zeugnisse sind keine unmittelbaren

Beschreibungen des alltäglichen Lebens im Zucht- und Arbeitshaus. Vielmehr sind es teils normative Vorschriften, teils Berichte über den Erfolg oder Mißerfolg in der praktischen Umsetzung dieser Normen. Manche dieser Berichte sind in programmatischer Absicht, manche zur Selbstlegitimation abgefaßt; die besten, d.h. auch die genauesten Berichte stammen von den Kritikern und Reformern dieser Einrichtungen. Alle Zeugnisse enthalten also höchst mittelbare Aussagen über die Wirklichkeit des Zucht- und Arbeitshauses. Es sind Aussagen „von oben", Aussagen sozialpolitischer Funktionsträger mit spezifischer Affinität zur Einrichtung selbst und ihren ordnungspolitischen Grundsätzen. Berichte „von unten", aus der Sicht der Insassen, gibt es nicht. Sie konnten nicht lesen und schreiben und sie wurden nach ihrer Sicht der Dinge auch nicht gefragt. Noch die kritischsten Berichte über verkommene Anstalten stammen also nicht von den Betroffenen selbst, sondern von selbsternannten Anwälten. Und wenn darin stärker für die Insassen Partei ergriffen wird, so ist es doch nicht deren Perspektive, die die Berichte bestimmt, sondern die der Altruisten.

Ein dritter Grund für die bislang geringen Kenntnisse über das Zucht- und Arbeitshaus liegt im jeweiligen Erkenntnisinteresse der Forscher. Eine systematische Würdigung des Zucht- und Arbeitshauses für die Geschichte der Sozialarbeit und Sozialpolitik liegt — soweit wir sehen — noch nicht vor. In der Regel wurde es unter verschiedenen Gesichtspunkten in historischen Darstellungen des Armenwesens, des Gefängniswesens oder sozialer und wirtschaftlicher Entwicklungen behandelt. Unter methodischen und theoretischen Gesichtspunkten lassen sich in der Diskussion folgende Positionen unterscheiden:

a) *Humanisierung des Strafvollzugs:* Für eine Reihe von Autoren besteht die Bedeutung des Zucht- und Arbeitshauses im Ersatz der Leibes- und Lebensstrafen durch die Freiheitsstrafe, also die Kombination von Freiheitsentzug und Arbeitszwang. Sie sehen hierin den größten Fortschritt der letzten Jahrhunderte auf dem Gebiet des Strafsystems. Die Abkehr von der Grausamkeit der mittelalterlichen Strafen, die als kriminalpolitisch nutzlos erkannt wurden, und eine schrittweise Humanisierung des Strafvollzugs erscheint ihnen als kontinuierlicher und begrüßenswerter Fortschritt. Dieser Standpunkt erlaubt es ihnen, bestimmte Erscheinungsformen oder Entwicklungen zu belobigen oder zu verurteilen. Ein Zusammenhang zu den historischen, ökonomischen und sozialen Bedingungen dieser Entwicklung wird nicht hergestellt. Vertreter dieser idealistischen Position sind etwa Muensterberg (1887), Hippel (1898) und Sellin (1944).

b) *Mikrophysik der Macht:* Von einer eher phänomenologisch-strukturalistischen Position her setzt sich etwa Foucault (1973 und 1976) mit der Erscheinung der „Internierungsanstalten" auseinander. Ihn interessiert der innere Mechanismus, das Funktionieren der Internierungsform. Obgleich er Verbindungen zu ökono-

Abbildung 1
Das Zuchthaus in Schwabach, erbaut 1761

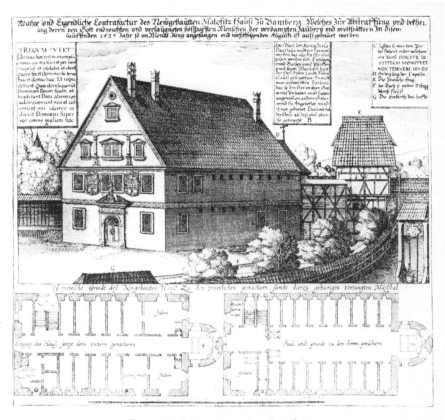

Das Malefiz=Haus in Bamberg.

Abbildung 2
Ansicht und Grundriß des „Malefitz-Hauses" in Bamberg, welches laut Über-
schrift im Jahre 1627 zur „Abstrafung und Bekehrung derer von Gott entwiche-
nen und verleugnenden böshaften Menschen" errichtet wurde. Über dem Portal
steht „Justitia" und eine lateinische Inschrift mit der Bedeutung: „Lernet Ge-
rechtigkeit und verachtet die Götter nicht." Auf den Tafel rechts und links ober-
halb des Portales steht auf lateinisch und deutsch, der Herr werde die Insassen
des Hauses zum „Entsetzen und Blasen und Pfeifen" bringen, weil sie sich von
ihm abgewendet hätten. (Aus: Rudolf Quanter: Deutsches Zuchthaus- und
Gefängniswesen, Aalen, Scientia 1970)

mischen Grundstrukturen herstellt, stehen normative und ideologische Gesichtspunkte stark im Vordergrund. Die Einrichtung von Internierungsanstalten wird in erster Linie aus veränderten Anschauungen und Moralvorstellungen begründet. Eine kritische Auseinandersetzung mit dieser Perspektive findet sich in Treiber/ Steinert (1980, S. 77 ff.).

c) *Wirtschaftliche Entwicklung:* Eine Reihe von Arbeiten widmen sich der Bedeutung der Zucht- und Arbeitshäuser für die wirtschaftliche Entwicklung ihrer Region und Epoche, also für die Entwicklung von Manufakturen und proto-industriellen Produktionsformen. Sie untersuchen die sozialpolitische, bildungs-politische und wirtschaftspolitische Bedeutung dieser Institution vor allem für die Periode des Merkantilismus. Hierher gehören die Arbeiten von Sombart (1916), Hinze (1963, zuerst 1927), Kulischer (1971).

d) *Sozialpolitik des Umbruchs:* Schließlich befassen sich eine Reihe von Autoren mit dem Zusammenhang zwischen der Erscheinung der Zucht- und Arbeitshäuser und der sog. Ursprünglichen Akkumulation. Das Zucht- und Arbeitshaus wird damit in einer historischen Theorie der Entfaltung der kapitalistischen Produktionsweise verortet. Im Sinne eines Regionalüberblicks untersucht etwa Helga Eichler (1970) den Anteil der Zucht- und Arbeitshäuser an der Vorbereitung des Kapitalismus in Brandenburg-Preußen. Sie kommt zu dem Ergebnis, daß das Zucht- und Arbeitshaus eine Übergangsform der Produktion darstellt, die noch feudale Züge trägt, aber gleichzeitig schon wesentliche Merkmale der kapitalistischen Produktionsweise zeigt. In der Untersuchung des Verhältnisses von Arbeitsmarkt und Strafvollzug versuchen Rusche (1933) und Rusche/Kirchheimer (1974, zuerst 1939) zu zeigen, wie abhängig die unterschiedlichen Strafformen des frühen und des späten Mittelalters sowie die des 17. Jahrhunderts von der jeweiligen ökonomischen Entwicklung sind. Otto Rühle (1970, zuerst 1930) gibt einen Überblick über die allgemeine Bedeutung der Zucht- und Arbeitshäuser für die Entstehung eines arbeitswilligen und disziplinierten modernen Proletariats. Ähnliches findet sich bei Adler (1924), wenngleich begleitet durch sehr eigenwillige Wertungen.

Obgleich also die Zucht- und Arbeitshäuser in den Arbeiten der beiden letztgenannten Richtungen in den Zusammenhang der industriellen Entwicklung bzw. der ursprünglichen Akkumulation gestellt werden, herrscht in der Diskussion keine Einigkeit, welche Bedeutung und welchen Anteil sie in diesem Prozeß des Umbruchs gehabt haben. Während etwa Köhler (1977, S. 152) den Zucht- und Arbeitshäusern in diesem Prozeß eine marginale Bedeutung zuspricht und auch Foucault (1973, S. 88 f.) ihre Bedeutung eher auf einer moralischen und ideologischen Ebene ansiedelt, sprechen andere Autoren wie etwa Hinze, Rusche/Kirchheimer, Eichler und Kulischer dem Zucht- und Arbeitshaus eine

durchaus bedeutende wirtschafts- und sozialpolitische Funktion für die Umbruchsepoche zu.
Sachße/Tennstedt (1980) schließlich weisen auf die unterschiedlichen Funktionen hin, die das Zucht- und Arbeitshaus in den verschiedenen Entwicklungsperioden gehabt habe.

3. Das Phänomen

In drei Wellen, deren Zusammenhang mit der Herausbildung der bürgerlichen Gesellschaft insgesamt recht deutlich ist, im einzelnen aber genauer zu untersuchen wäre, scheint sich das Zucht- und Arbeitshaus in Europa ausgebreitet zu haben. Nach ersten Vorläufern in Genua (1539) und Turin (Albergo di Carità, 1582) und vor allem der Gründung des berühmten Bridewell in London (um 1550) werden Zucht- und Arbeitshäuser vor allem im 17. und 18. Jahrhundert in großer Anzahl gegründet. Schließlich scheint es vor allem in der zweiten Hälfte des 18. Jahrhunderts nochmals zu einem Gründungsaufschwung gekommen zu sein.

Das Zucht- und Arbeitshaus trug verschiedene Bezeichungen. Ein nicht sehr häufiger, aber gewissermaßen europäischer Name war „Ergasterium Disciplinarium". In den Niederlanden hießen sie „Tuchthuis", „Spinhuis", „Rasphuis" oder „Verbeterhuis", in England „Workhouse" oder „House of correction". In Deutschland trugen sie die Bezeichnung „Arbeitshaus", „Werkhaus", „Zuchthaus", „Corrections-Anstalt", „Raspel-" oder „Spinnhaus". In Frankreich hießen sie in der Regel „Hôpital général", „Depot de mendicité" oder „Maison de force". Soweit die Namengebung also nicht auf die mittelalterliche Hospitaltradition oder die konkreten Tätigkeiten der Insassen zurückgriff, hatte sie durchweg programmatischen Charakter: „Zucht" und „Arbeit" benennen genau den Zweck dieser Einrichtung – Disziplinierung durch Arbeitszwang.

Der entscheidende Impuls für die Gründung der Zucht- und Arbeitshäuser des 17. Jahrhunderts ging von den Niederlanden aus. Begünstigt durch die geographische Lage und die Erweiterung seiner Handelsbeziehungen, orientierte sich die niederländische Warenproduktion zunehmend an einem großen internationalen Markt. Durch die Befreiung des Handels von überkommenen Reglementierungen, die Verarbeitung importierter Rohstoffe im Lande und die Anlage von Kaufmannskapital in der Exportproduktion konnten sich in Holland bereits im 15. Jahrhundert inmitten einer noch ganz agrarischen Umwelt die ersten Anfänge einer kapitalistischen Produktionsweise herausbilden. Verlagsproduktion und Manufakturen führten einerseits zu einem enormen wirtschaftlichen Aufschwung. Auf der anderen Seite begünstigten sie den Zustrom immer größerer Menschenmassen in die Städte. Amsterdam etwa, damals das „Warenhaus der Welt", betrieb noch Ende des 16. Jahrhunderts eine wirtschaftspolitisch motivierte aktive Einwanderungspolitik (vgl. van Manen 1912, S. 23 f.). Gleichzeitig entstanden damit, wie noch genauer zu zeigen sein wird, zum Teil neue soziale Probleme, zum Teil wurden die alten im Licht einer gewandelten Ethik neu gedeutet und mit neuen Institutionen beantwortet.

Zucht- und Arbeitshäuser entstanden in Amsterdam (1595/96), Leyden (1598), Leeuwarden (1598), Groningen (1601), Haarlem (1609), Utrecht (1616), Antwerpen (1613), Brüssel (1623), Gent (1627). Das „tukthus" in Stockholm stammt von 1622.

Besonders die Gründung des Zucht- und Arbeitshauses in Amsterdam wurde schnell über die Landesgrenzen hinaus bekannt. Nach dem Vorbild dieser Anstalt entstanden in vielen anderen europäischen Städten, die sich in einer vergleichbaren wirtschaftlichen und sozialen Entwicklung befanden, entsprechende Einrichtungen. Teilweise sind über die intensiven Handelsbeziehungen hinaus Kontakte nachweisbar, die die Behörden mit der Amsterdamer Zuchthausverwaltung aufnahmen, um sich deren Erfahrungen mit der neuen Anstalt nutzbar zu machen. Als Beispiel sei die Zuchthausgründung in Bremen beschrieben.

Am 29. Dezember 1604 schickte der Bremer Senat ein Mahnschreiben nach Amsterdam, in welchem er— wie es scheint zum zweitenmal — um die Übersendung der dortigen Zuchthausordnung bittet:

> „Mögen Yuer darbeneuenst frundtlich nicht vorentholden, dat wy tho erholding guter Policey undt affstellung des muthwilligen gesindes nah dem Exempel der Ehrbarn von Amstellredam, ein tuchthuß anthorichten gemeinet unde daß albereits einen anfang gemacht, ok hierbevor an einer Erbarn Hochwollmögden Rath der Statt Amstellredam ansöking gedahn, uns de Taffel von de Ordinantie des derorten angestelleden Tuchthuses tho einer Nachrichtung thokamen tholaten. Wen wy aberst beth dahero deselbigen nichtt bekamen, undt dennoch uns daran merklich gelegen, So begeren wy fründlich, Yy by wollgedachten Rath unbeschweret de befordering dohen wollten, dat uns gemelter ordnung affschrift gefolgett und so balt möglich umb de gebür durch Alerrt Bartring anhero geferdigett werden möge." (Grambow 1910, S. 20)

Am 26. Januar 1609 erließ der Rat der Stadt Bremen eine eigene Zuchthausordnung, die sich, obgleich knapper gehalten und auf Bremische Verhältnisse ausgerichtet, in den Grundzügen am Amsterdamer Vorbild orientiert. Die Amsterdamer Zuchthausordnung, die zwischen 1599 und 1603 entstanden ist, und die Bremer Zuchthausordnung von 1609 sind im Quellenanhang abgedruckt.

Wie Hippel (1898, S. 608 ff., 648) gezeigt hat, entstanden Zucht- und Arbeitshäuser nach dem Amsterdamer Vorbild in Deutschland zunächst in den Hanse-

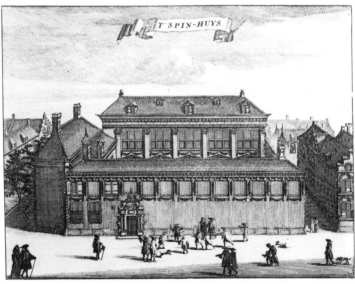

Abbildung 3
Innenhof des „Rasp- oder Zuchthauses" in Amsterdam (um 1694) (oben). Im Vordergrund rechts die Geißelsäule mit dem Standbild der „Castigatio"; dahinter das Raspel-Holz. Unten das Amsterdamer „Spinnhaus" für Frauen.

städten. Sie standen mit Amsterdam in einem engen wirtschaftlichen, sozialen und kulturellen Austausch und hatten mit diesem hinsichtlich ihrer sozialökonomischen Struktur mehr gemein als mit den deutschen Städten im Binnenland. Zucht- und Arbeitshäuser entstanden also zunächst in Bremen (zwischen 1609 und 1613), Lübeck (1613), Hamburg (1622), Danzig (1629, vgl. Abbildung). Die weiteren Gründungen im deutschsprachigen Raum folgten im großen und ganzen einer Bewegung vom handelsintensiven protestantischen Norden in den noch überwiegend agrarischen katholischen Süden, wo sich aber die neuen Produktionsformen in den Städten ebenfalls keimhaft zu entwickeln begannen. Zucht- und Arbeitshäuser wurden gegründet in: Bern (1615), Wachsenburg (1660), Basel (1667), Breslau (1668), Wien (1670), Leipzig und Berlin (1671), Lüneburg (1676), Braunschweig (1678), Frankfurt/Main (1654), München (1682), Spandau und Magdeburg (1687), Königsberg (1691), Leipzig (1701), Halle (1708), Weimar (1710), Celle (1710), Waldheim (Sachsen, 1716), Kassel (1720), Frankfurt a.d. Oder (1721), Stettin (1723/24), Ludwigsburg (1736), Torgau (1737), Augsburg (1755), Osnabrück (1756), Schwabach (1761), Pforzheim (1780). Die Angaben über das Gründungsjahr differieren allerdings nicht selten.

Eine sehr übersichtliche Zusammenstellung von Zucht- und Arbeitshäusern, die vom Ende des 17. bis zum ausgehenden 18. Jahrhundert in den mittleren und östlichen Provinzen Brandenburg-Preußens gegründet wurden, findet sich bei Helga Eichler (1970, S. 146 f.). Ihr sind zugleich die verschiedenen Bezeichnungen, die Verwaltungsform (auf die wir noch zurückkommen), die ungefähre Anzahl der Insassen sowie die Art ihrer Beschäftigung zu entnehmen.

In England und Frankreich verdankt das Zucht- und Arbeitshaus seine Entstehung und Ausbreitung im Grundsatz denselben gesellschaftlichen Umwälzungen. Besonderheiten ergeben sich aus der jeweiligen Eigenart der wirtschaftlichen Entwicklung und der Rolle, der in diesen Ländern einer verhältnismäßig starken Zentralgewalt und der beschleunigten Herausbildung eines Nationalstaates zukam. Obwohl der Bridewell, um 1550 in London als Zuchthaus eingerichtet, später vielen weiteren Anstalten seinen Namen geliehen hat, scheint England an der Entwicklung des Zucht- und Arbeitshauses im 17. Jahrhundert zunächst geringeren Anteil gehabt zu haben. Erst um 1697 wird ein Zucht- und Arbeitshaus in Bristol gegründet, das alle typischen Merkmale dieser neuen Einrichtung aufweist; 1701 je ein weiteres in Worcester und Dublin, 1707 eines in Plymouth. Im Verlauf des 18. Jahrhunderts breiteten sie sich dann relativ schnell aus, und nach der Reform des Armenrechts von 1834 kam es geradezu zu einer Gründungswelle (vgl. Longmate 1974, S. 23 ff., 287).

In Paris waren bereits im Jahr 1576 öffentliche Werkstätten für Arme eingerichtet worden. Aber die „Hôpitaux généraux", die an die mittelalterliche Hospitaltradition anknüpften, aber keine medizinischen, sondern ordnungspolitische

Der Stock oder Gefangen-hauß

Pag. 59.

Die Peinstube

Abbildung 4
Das Stock- oder Gefangenenhaus in Danzig wurde 1629 gegründet. Es zeigt nicht die übliche Karree-Form, sondern ähnelt eher einem Wehr-Turm. Vor dem Haus findet, weithin sichtbar auf einem erhöhten Gestell, eine öffentliche und gut besuchte Auspeitschung statt. (Aus: Rudolf Quanter: Deutsches Zuchthaus- und Gefängniswesen, Aalen, Scientia 1970)

ANHANG

Zucht- und Arbeitshäuser in den mittleren und östlichen Provinzen Brandenburg-Preußens vom Ende des 17. bis zum ausgehenden 18. Jahrhundert

Gründungsjahr	Ort	Bezeichnung	Verwaltung	Insassenzahl	Art der Beschäftigung
1670	Breslau (ab 1742 preuß.)	Zuchthaus	staatlich	1766: 135[++]	Wollgarnspinnen
1671	Berlin[+]	Jerusalems- hospital		8	
1672	Berlin[+]	Dorotheen- hospital			
1674 (besteht bis 1849)	Berlin[+]	Spletthaus- hospital			
1687	Berlin	Manufaktur- spinnhaus	staatlich		
1687	Spandau	Zuchthaus	Wechsel von staat- licher u. privater Verw.	1734: 223 um 1775: insges. 238 1783: 227 1784: 249	Wollspinnen, Seidenhaspeln, Farbholzraspeln
1687/88	Magdeburg	Zuchthaus	städtisch, seit 1752 staatlich	1720: ca. 50	Spinnen, Raspeln, Gewürz- mahlen
1691 (besteht bis 1789)	Königsberg- Kneiphof (Ostpr.)	Zuchthaus	städtisch	für 150 - 200 Gefangene be- stimmt 1787 - 1789: 130 - 165 Pers. jährl.	Spinnen, Krautstampfen, Gas- senreinigen, Federschließen
1693	Königsberg-Lö- benicht (Ostpr.)	Zucht- und Spinnhaus	staatlich		Spinnen, Hirschhornraspeln
1695 (besteht bis 1702)	Berlin	Arbeitshaus auf der sog. Wachs- bleiche			Spinnen
1702	Berlin	Großes Fried- richshospital, Waisen- und Arbeitshaus	städtisch: Armen- direktion	100 Waisen- kinder u. 115 Arme und Kranke 1728: insges. 600, dav. 500 Kinder	Leinen- und Wollspinnen u. -kratzen, Garnspinnen, Gold- und Silberkantenklöppelei, Seidenwickeln, Strumpfstrik- ken
um 1708 (be- steht bis 1849)	Berlin[+]	Koppesche Stif- tung	privat		
1708 ff.	Halle	Zucht- und Ar- beitshaus	städtisch		Spinnen, Raspeln
1712 (besteht bis Ende 1720)	Berlin	Spinn- und Raspelhaus	dem Kriegs-, Hof- und Kriminalge- richt unterstellt		Spinnen, Holzraspeln
1713	Stargard (Pommern)	Zuchthaus	staatlich	durchschnittl. 30 - 50 Pers.	Spinnen

20

Gründungsjahr	Ort	Bezeichnung	Verwaltung	Insassenzahl	Art der Beschäftigung
1721	Frankfurt (Oder)	Zucht- und Arbeitshaus	städtisch		Wollespinnen, Straßenreinigung
1722	Potsdam	Großes Militärwaisenhaus	staatlich	500 Kinder 1741: 1 946 Kinder	Wollspinnerei, Seidenwickeln und -spulen, Kantenklöppelei
1723/24	Stettin	Zuchthaus	städtisch	32	Spinnen, Raspeln
1724	Magdeburg	Zuchthaus	staatlich	1720: 50	Wollarbeiten
1726 (besteht bis 1770)	Stolp (Pommern)	Zuchthaus	städtisch	für 20 Insassen vorgesehen	Flachs- und Wollespinnen
1726 (besteht bis 1798)	Berlin	Irren-, Armen- und Arbeitshaus	staatlich		
1728	Küstrin	Arbeitshaus	staatlich u. privat		Wollespinnen, Straßenbau
1733/34	Kolberg (Pommern)	Zuchthaus	städtisch	ca. 20	Spinnen, Raspeln
1740 (besteht bis 1908)	Brieg (Schlesien, ab 1742 preuß.)	Zucht-, Waisen- und Armenhaus	staatlich	120 - 170	Spinnen, Weben
1742	Berlin	Arbeitshaus "Ochsenkopf"	kurfürstl. Stiftung, städtische Verw.: Armendirektion	1752: 326 1785: 1 250 insges., davon 609 eigentl. Arbeitshäusler	Wollespinnen, -kratzen, -streichen
1744	Halberstadt	Zucht- und Arbeitshaus	Armendirektion		Wolle- und Flachsspinnen
1745 (?)	Hirschberg (Schlesien)	Armen- und Arbeitshaus	.	100	Flachs- und Wollespinnen
1747	Jauer (Schlesien)	Zuchthaus	staatlich	1785: 140 Arbeitshäusler und 30 Kranke	Schaf- und Baumwollespinnen
1751	Potsdam	Spinnhaus	städtisch	ca. 55 - 60	Garnspinnen, Wollestreichen und -schlagen
1752 ff.	Königsberg (Ostpr.)	Zuchthaus, Spinn- und Arbeitshaus	städtisch	für 150 Pers. gebaut	Spinnen, Weben
1756	Berlin	Großes Arbeitshaus, Nähe des heutigen Alexanderplatzes	staatlich	für 600 Pers. bestimmt 1774: 170	Spinnen
um 1760	Allenstein-Rössel (ab 1772 preuß.)	Zuchthaus	staatlich	für 150 Gefangene eingerichtet, durchschnittl. 70	Flachs- und Wollespinnen
1774	Potsdam	Hospital-, Armen- und Arbeitshaus	Armendirektion	ca. 40	Wollespinnen
1776	Kreuzburg (Schlesien)	Armen- und Arbeitshaus	staatlich	faßte 500 Pers. 1783: 238 Arbeitsfähige	Wolle- und Baumwollespinnen

+ In diesen Fällen ist die Zuordnung zu Zwangsanstalten fraglich.

++ 1787 waren insgesamt 595 Züchtlinge und Arme der Arbeitshäuser Breslau, Jauer, Brieg und Kreuzburg mit Wollgarnspinnen beschäftigt. (Vgl. Hinze, Kurt, Die Arbeiterfrage zu Beginn des modernen Kapitalismus in Brandenburg-Preußen, 2. Aufl. Berlin 1963, S. 162.)

Einrichtungen waren, breiteten sich erst im 17. Jahrhundert in ganz Frankreich aus: Lyon (1612), Reims (1632), Marseille (1639), Dijon (1643), Montpellier (1646), Toulouse und Béziers (1647), Nantes und Rennes (1650), Paris (1656), Bordeaux (1662).

(Die Angaben über die Einrichtung von Zucht- und Arbeitshäusern wurden zusammengestellt aus folgenden Untersuchungen, die sich vollständig im alphabetischen Literaturverzeichnis finden: Eichler 1970, S. 132 f.; Foucault 1973, S. 77 f.; Hippel 1898, S. 419 ff.; Koch 1933, S. 137 ff.; Krüger 1958, S. 380 f.; Kuczynski 1964, Bd. 22, S. 244; Kulischer 1971, S. 150 ff.; Rühle 1930, S. 74 f.; Sombart 1916, S. 818 und 821 ff.; Quanter 1905, S. 115 ff.; Wagnitz 1791/94, passim.)

4. Die Insassen des Zucht- und Arbeitshauses

Der englische Dichter Georg Crabbe schildert in seinem Gedicht „Das Dorf" von 1783 ein englisches Arbeitshaus:

> ,Ihnen das Haus, das die Pfarrarmen hält,
> Des morsche Tür fast aus der Lehmwand fällt,
> Dort, wo der stick'ge Dunst in Schwaden starrt,
> Und ächzend bis zur Nacht die Mühle knarrt,
> Dort gibt's manch Kind, von Eltern nicht betreut,
> Eltern, durch Kinderliebe nicht erfreut,
> Auf ödem Bett Matronen leidgequält,
> Verstoßene Frauen, Mütter unvermählt,
> Verkommene Witwen in trostloser Not,
> Uralter, mehr als Kindheit noch bedroht,
> Der Lahme, Blinde und − die meist Beglückten −
> Die blöden Narr'n, die fröhlichen Verrückten.
> Dort harrt der Sieche auf den Todesstreich;
> Man bracht' ihn ein zur Qual ins Qualenreich.
> Wo laut Gegrein aus Schmerzenskammern zischt,
> Mit dem Geschrei von unten sich vermischt.
> Wo jeder grämlich Gram am Gram bemißt,
> Und frost'ges Mitleid herrscht von Christ zu Christ.
> Zwar das Gesetz schützt Alter und Gebrest,
> Sein Zwang vom Stolz ein Scherflein sich erpreßt,
> Ein Scherflein, das viel Seufzen nur gewann,
> Das Stolz vergällt, weil ers nicht weigern kann.

(Aus: Kuczynski 1961, S. 245)

22

Man kann die Insassen des Zucht- und Arbeitshauses danach unterteilen, wie sie zu Insassen dieser Einrichtung geworden sind. Da gibt es zunächst die Gruppe der sog. ehrbaren Armen, die aufgrund eines Gebrechens oder unglücklicher äußerer Umstände *freiwillig* um Aufnahme in die Anstalt baten. Ihnen stand es frei, die Anstalt wieder zu verlassen, sobald ihnen andersweitige Möglichkeiten zu Gebote standen, ihr Leben zu fristen.

Abbildung 5
François Dancx: Saal des Spinn-Hauses, Kreide- und Tusche-Zeichnung, um 1650. Im Zentrum des Bildes steht die „Binnen-Mutter", die eine Insassin mit erhobenem Zeigefinger rügt oder ermahnt. Die anderen Frauen sitzen über ihre Handarbeit gebeugt. Hinter dem Gitter im Hintergrund stehen neugierige Besucher (vgl. hierzu auch die zeitgenössische Schilderung bei Philipp von Zesen im Quellen-Anhang). (Aus: Arm in de Gouden Eeuw. Amsterdams Historisch Museum, Amsterdam 1965, Abb. 21, Cat. No. 97, S. 48 f.)

Zum zweiten beherbergte das Zucht- und Arbeitshaus „ungeratene Personen", die von ihren Eltern oder Verwandten zum Zweck der „Correction" eingeliefert wurden. In manchen Quellentexten werden diese Menschen als „Verschwender" (vgl. Quanter 1905, S. 139) bezeichnet, also als Personen, die den Familienbesitz durchbringen oder bei denen die Angehörigen wenigstens diesen Eindruck haben. In ihrer Stigmatisierung und Umerziehung wird dieselbe Ethik der Sparsamkeit, der „Oeconomie" deutlich, die die anderen Insassengruppen zu Außenseitern stempelt, weil sie ihre Reproduktion nicht aus eigener Kraft sichern können. Drittens saßen im Zucht- und Arbeitshaus „geringere Kriminalverbrecher" (Hippel 1898, S. 610), die wegen eines geringeren Delikts rechtskräftig verurteilt worden waren. Bemerkenswert ist an dieser Gruppe, daß ihr Vergehen in der überwiegenden Zahl aller Fälle in der unrechtmäßigen Aneignung fremden Eigentums, also einer illegalen Form der Reproduktion, bestand, und daß an ihnen nicht mehr die überkommenen Leibes- und Lebensstrafen, sondern nunmehr die Freiheitsstrafe vollzogen wurde.

Die weitaus größte Gruppe von Insassen waren aber jene „Bettler und Müßiggänger", um derentwillen das Zucht- und Arbeitshaus überhaupt errichtet worden war. Hinter dem allgemein verwendeten Sammelbegriff „Vagabundage" verbergen sich aber genau besehen sehr verschiedene Personengruppen. Kulischer (1971, S. 149) beschreibt sie folgendermaßen: „Abgebrannte, Schiffbrüchige, verabschiedete Soldaten und Matrosen, Kriegsbeschädigte, verarmte Handwerker und Schankwirte, wandernde Studenten, verstoßene Prediger, ehemalige Schulmeister, Gesellen, die nicht Meister geworden waren, Blinde, Lahme u.a.m." Dörner (1969, S. 198) zählt folgende Gruppen auf: „Abgebrannte, Krüppel, Kranke — auch darunter eben Irre, Kriegsverletzte, Alte, Witwen, Waisen, abgedankte Soldaten oder Offiziere sowie durch die Justiz am Körper Bestrafte." Und Otto Rühle (1930, S. 74): „Altersschwache Greise, Sieche und Gebrechliche, Kranke und Verrückte, Prostituierte, Arbeitslose, Bettler und Landstreicher, Obdachlose, verlassene Mütter, Waisenkinder." Und (S. 64): „Fahrende Schüler, angebliche Schiffbrüchige, wandernde Wahrsager, Schauspieler, Sänger, Gaukler."

Woher kommen diese Armen? Nun, ein gewisses Maß an „unstetem Leben" gehörte seit jeher zur mittelalterlichen Gesellschaft. Wandernde Gesellen und Handwerker, fahrende Kaufleute, Wanderpriester und Pilger, ja auch das fahrende Volk der Vaganten — sie alle waren eine gewohnte Erscheinung und kein Grund zur Besorgnis. Dazu wurden sie erst, als sie mit neuen Augen gesehen wurden und ihre Zahl im Zuge eines langandauernden gesellschaftlichen Umwandlungsprozesses sich dramatisch vermehrte. Im einzelnen nennt Sombart (1916, S. 792 ff.) sieben unterschiedlich weitreichende Gründe, die im 16. und 17. Jahrhundert eine große Armenpopulation entstehen ließen: (1) Die Entstehung einer Überschußbevölkerung, gemessen an der Entwicklung der Wirtschaft und der Arbeitsproduktivität; die allmähliche Verarmung eines Teils der Bauern und Handwerker. (2) Die Einhegung, in der aus Gemeindeland Weideland gemacht wurde und durch die viele Bauern ihrer Existenz beraubt wurden. (3) Die Aufhebung der Leibeigenschaft, wodurch auch bisher existierende soziale Verpflichtungen aufgehoben wurden. (4) Die Auflösung der Gefolgschaften, die ebenfalls soziale Verpflichtungen auflöste. (5) Die Aufhebung der Klöster, wodurch sowohl Menschen freigesetzt wurden als auch karitative Versorgungsmaßnahmen verloren gingen. (6) Periodische Absatzstockungen, die die Betroffenen arm machten; Kriege und ihre Folgen. (7) Steuerdruck aller Art.

Abbildung 6
Rembrandt van Rijn (1606—1669): Bettler vor der Tür (1648)
(Aus: Arm in de Gouden Eeuw. Amsterdams Historisch Museum, Amsterdam 1965, Abb. 3, Cat. No. 33, S. 17)

Abbildung 7
Adriaen van de Venne (1589–1662): Bettlerfamilie mit Hund (1. Hälfte 17. Jh.)
Auf dem niederländischen Spruchband ist zu lesen: „Es sind elende Beine, die
die Armut tragen müssen." (Aus: Arm in de Gouden Eeuw. Amsterdams Historisch Museum, Amsterdam 1965, Abb. 2, Cat.No. 6, S. 14)

Abbildung 8
Adriaen van de Venne (1589–1662): Die Katzen- und Mäusefängerin (um 1630)
Die niederländische Bildunterschrift lautet: „Sieht, wie ich Katzen fange wegen
der großen Mäuse-Plage." (Aus: Arm in de Gouden Eeuw. Amsterdams Historisch Museum, Amsterdam 1965, Abb. 7, Cat.No. 43, S. 19)

Es ist schwer zu ermitteln, *wieviele* Insassen jeweils in einem Zucht- und Arbeitshaus lebten. Soweit sich in den Quellen und in der Literatur Angaben darüber finden, scheinen die Anstalten von sehr unterschiedlicher Größe gewesen zu sein. Von vielen Anstalten wird berichtet, sie seien nur für 20 bis 30 Insassen geeignet gewesen (z.B. Augsburg, Frankfurt/M.; vgl. Wagnitz 1794, Bd. II, 1. Hälfte, S. 3, 88). In Amsterdam saßen 50 bis 70 Insassen (vgl. Sellin 1944, S. 47 f.). Andere Anstalten scheinen erheblich größer gewesen zu sein. Beispielsweise saßen im Zucht- und Arbeitshaus in Waldheim (Sachsen) im Jahre 1750 bis zu 1000 Insassen (vgl. Wagnitz 1791, Bd. I, S. 228; Selig 1783, S. 319). Und im Berliner Armen- und Arbeitshaus sollen um 1785 etwa 1250 Personen gewesen sein (vgl. Krüger 1958, S. 381).

Greift man allerdings auf die oben wiedergegebene Übersicht über die preußischen Zucht- und Arbeitshäuser von Helga Eichler (1970, S. 146 f.) zurück, so zeigt sich bei Addition sämtlicher Höchstzahlen, daß im 17. Jahrhundert im östlichen und mittleren Preußen einschließlich des volkreichen Schlesien höchstens 5—6000 Personen zu einem bestimmten Zeitpunkt in Arbeitshäusern gewesen sind. Diese Zahl ist zudem wahrscheinlich noch zu hoch angesetzt, weil viele Arbeitshäuser unterbesetzt waren. Zudem waren sie oft als Armenhäuser auch für Arbeitsunfähige zuständig, so daß auch insoweit das Ausmaß an Zwangsarbeit in Arbeitshäusern begrenzt war. „1784 faßten sämtliche Berliner Anstalten 1594 Personen. Im Laufe des Jahres 1785 kamen 5288 dazu, bei dem Abgang 5034 Personen in der gleichen Zeitspanne." (Eichler, 1970, S. 134). Es ist bei diesem hohen Durchlauf allerdings unklar, ob er für alle Arbeitshäuser typisch war und ob er nicht die beabsichtigte Wirkung des Arbeitshauses auf die betroffenen Individuen wieder abschwächte.

Hohe Insassenzahlen sind aus den anderen europäischen Ländern belegt. Im englischen Norwich waren es zu Ende des 18. Jahrhunderts 700 und in Liverpool von 55000 Einwohnern sogar 1120 (vgl. Longmate 1974, S. 30 f.). Für Frankreich berichtet Kulischer (1971, S. 152), daß das Zucht- und Arbeitshaus in Bordeaux über 900 Insassen beherbergt habe. Im „Bicêtre", einem Armenhospital in Paris, laut Friedländer „Zucht- und Armenhaus zugleich" (1804, S. 95) saßen um 1790 2450 Insassen, und in der „Salpetrière", in der der berühmte Pinel als Arzt arbeitete, lebten vor der Revolution 8000 Menschen, „fast eine kleine Stadt" (ebd. S. 97). Nach der Revolution seien die Verhältnisse etwas verbessert und die Insassen auf 4000 reduziert worden — 3040 Gesunde, 600 Tolle, 360 Kranke (ebd., S. 98). In Poitiers sollen 2000 Menschen interniert gewesen sein, in Orléans 2400, in Bordeaux immerhin 900.

Noch schwieriger ist zu ermitteln, wie groß der *Anteil* der Anstaltsinsassen an der Bevölkerung insgesamt war. Hierzu bedürfte es detaillierter Regional- und Stadtstudien. Kulischer berichtet (1971, S. 153), daß im Hôpital général von Paris im Jahre 1690 dreitausend Leute gelebt hätten, und Foucault (1973, S. 79) gibt sogar an, besagte Anstalt habe wenige Jahre nach ihrer Gründung 6000 Personen umfaßt, das bedeutet etwa 1 % der damaligen Pariser Bevölkerung. Nach Schätzungen des damaligen französischen Finanzministers Necker sollen um 1780 von 24 Millionen Gesamtbevölkerung etwa 100 000 Menschen in ca. 800 Anstalten versorgt worden sein. Das entspricht 0,42% der Bevölkerung. Diese Zahlen sagen jedoch nur etwas aus über die jeweilige Relation von Insassen und Bevölkerung. Bei der hohen Fluktuationsrate der Insassen der Zucht- und Arbeitshäuser kann jedoch angenommen werden, daß ein erheblich höherer Prozentsatz der Bevölkerung irgendwann mit dieser Einrichtung in Berührung kam.

Um die Funktion der Zucht- und Arbeitshäuser zu verstehen, ist es von einiger Bedeutung zu wissen, inwieweit die oben aufgeführten Gruppen von Insassen in der Anstalt voneinander getrennt waren und behandelt wurden, wie weit die Anstalten also in sich *differenziert* waren. Bereits über den Bridewell in London formuliert Hippel vorsichtig, es habe zwischen dem „Corrections- und dem Armenhause ... kein völlig klarer Unterschied" (1898, S. 427 f.) bestanden; und zusammenfassend urteilt er, die Zucht- und Arbeitshäuser seien „Sammelplatz völlig heterogener Elemente" (S. 657) gewesen. Die „Bicêtre" in Paris nennt Friedländer 1803 ein „Krankenspital oder Hotel Dieu, Armenhospital, Pensionsanstalt, Zuchthaus, Spital für Venerische, Tollhaus usw. zu gleicher Zeit" (S. 94). Im Jahre 1716 „faßte der König und Churfürst Friedrich August I. den rühmlichen Entschluß, auf diesem, ihm ohnehin unnützen, Schlosse ein Zucht- Armen- und Waisenhaus anzulegen, in welchem nicht nur die Verbrecher aus dem ganzen Lande bestraft, sondern auch hülflose Waisen erzogen und arme Kranke, Wahnwitzige, Blödsinnige oder Verlassene entweder ganz umsonst, oder für ein geringes Entgelt auf Lebenszeit versorgt werden konnten." (Selig 1783, S. 308). Auch die Anstalt in Lübeck war gleichzeitig Unterstützungsanstalt für Bedürftige, Zwangsarbeitshaus für Arbeitsscheue, Zwangserziehungsanstalt für mißratene Jugendliche (Hippel 1898, S. 623); diese Gruppen erfuhren keine verschiedene Behandlung und waren hier auch nicht räumlich voneinander getrennt. Und die musterhafte Pforzheimer Waisenanstalt, die eine berühmte Spinnerei betrieb, war noch zu Ende des 18. Jahrhunderts Blinden-, Taubstummen-, Idiotenanstalt, Säuglingsstation und Zuchthaus zugleich (Kulischer 1971, S. 150).

Schließlich geben auch die Inschriften, die häufig die Portale der Zucht- und Arbeitshäuser zierten, Hinweise darauf, daß die Anstalten von vornherein für unterschiedliche Gruppierungen gedacht waren. In Hamburg hieß es: „Labore nutrior, labore plectior" (Durch Arbeit werde ich ernährt; durch Arbeit büße ich). Und in Leipzig: „Et improbis coercendis et quos deseruit sanae mentis usura custodiendis" (Um die Bösen zu zähmen und diejenigen zu bewachen, die der Gebrauch eines gesunden Geistes im Stich gelassen hat). Und in Celle war zu lesen: „Puniendis facinorosis, custodiendis furiosis et mente captis publico sumpto dedicata domus" (Ein Haus, das aus öffentlichen Mitteln dazu bestimmt ist, die Verbrecher zu bestrafen, die Rasenden und die Tollen zu bewachen).

In seinem Überblick über die „merkwürdigsten Zuchthäuser in Deutschland" von 1791/94 führt Wagnitz u.a. folgende Anstalten als in sich nicht differenziert auf: Braunschweig, Torgau, Halberstadt, Leipzig, Frankfurt/M., Magdeburg, Celle, Würzburg, Dessau, Potsam, Hamburg (vgl. auch Koch 1933, S. 144). Obgleich es auch Ansätze einer inneren Differenzierung gibt, auf die wir zurückkommen werden, können wir zusammenfassend doch Endres (1974/75, S. 1014) zustimmen, es habe in den Zucht- und Arbeitshäusern in der Regel zunächst keinen Unterschied gegeben zwischen „unverschuldet Armen, Kranken, Irren, Findel- und Waisenkindern, Sozialunwilligen und Kriminellen". Diese seien vielmehr „unterschiedslos unter das gemeinsame Dach des Arbeits- und Zuchthauses gezwungen" worden.

Es ist eine bemerkenswerte Erscheinung und für das Verständnis des Zucht- und Arbeitshauses von großer Bedeutung, daß in den Epochen vor und nach der Blüte dieser Institution offenbar ein klareres gesellschaftliches Bewußtsein von der inneren Differenzierung sozialer Problemgruppen herrschte. Weder im Mittelalter noch nach der Entfaltung der bürgerlichen Gesellschaften wurden Arme, Irre und Verbrecher derartig miteinander identifiziert, wie dies in und durch die Institution des Zucht- und Arbeitshauses geschah (vgl. Foucault 1973, S. 112 ff.; Barabas u.a. 1975, S. 433). In der gesellschaftlichen Wahrnehmung schwinden alle differenzierenden Kriterien hinsichtlich Art, Herkunft und Lösung des Problems zugunsten des *einen* dominierenden Merkmals, das sich ganz in den Vordergrund schiebt und alle Problemgruppen miteinander verbindet: die Unfähigkeit, aus eigener Kraft für den eigenen Lebensunterhalt aufzukommen. Die Unfähigkeit zur eigenständigen Reproduktion ist der Kern des Anstoßes. Und sie wird nun als individuelles Versagen interpretiert, dem durch entsprechende Maßnahmen abzuhelfen ist. Unschwer erkennt man in diesem Vorwurf des Versagens gleichsam ein negatives Spiegelbild bürgerlichen Erwerbsinns, Geschäftigkeit und Selbständigkeitsstrebens, den Normen und Leitbildern des neuen Zeitalters. Bis ins 18. Jahrhundert zeigt das Zucht- und Arbeitshaus keine systematische innere Differenzierung (vgl. v. Weber, 1941, S. 451). Gleichwohl gab es pragmatische Ansätze dazu schon recht früh. In Amsterdam arbeiteten schon zu Beginn des 17. Jahrhunderts Prostituierte, Trinker und Kriminelle in getrennten Arbeitssälen (vgl. Hippel 1898, S. 458). Frauen und Männer waren in verschiedenen Häusern, dem Spinhuis und dem Rasphuis, untergebracht, und 1603 wurde das „Separate oder Secrete Zuchthaus" gebaut, eine Sonderabteilung der Anstalt für mißratene Söhne unbescholtener Familien (ebd. S. 442 f.). In Danzig waren ebenfalls Männer und Frauen sowie die Verbrecher von anderen Insassen getrennt (ebd. S. 646). Aber erst zu Ende des 18. Jahrhunderts und im Zusammenhang aufklärerischer und naturrechtlicher Anschauungen nahm die Diskussion um eine angemessene Gestaltung des Armenwesens einen neuen Aufschwung und führte zu dem allgemeineren Bewußtsein, daß es zweckmäßig und notwendig sei, die Zucht- und Arbeitshäuser in sich nach verschiedenen Adressatengruppen zu differenzieren (vgl. Ristelhueber 1831, S. 135 ff.; Koch 1933, S. 144).

Besonders eindrucksvoll kommt dies im Werk John Howards (1726–1790, vgl. Abbildung) zum Ausdruck, der als Initiator des modernen Gefängniswesens gilt. Auf mehreren Reisen inspizierte er die englischen und kontinentalen Zuchthäuser und unterzog sie einer scharfen Kritik. Zur Verbesserung, ja als Bedingung, ohne die der Anstaltszweck der Besserung nicht erreicht werden könne, forderte er die Differenzierung und Isolierung der Gefangenen bei Tag und Nacht. Ebenso setzte er sich ein für strikten Arbeitszwang, eine prämienartige Arbeitsbelohnung, eine angemessene Anstaltshygiene und gesunde Ernährung. Als erster plädierte Howard für die Einführung des Stufenvollzugs, d.h. die Gewährung von Hafterleichterungen für Fleiß und Wohlverhalten der Insassen. Dem „Geiste Howards und denen, die er umschwebt" widmete der Gefängnispfarrer Heinrich Balthasar Wagnitz (1755–1838) sein Werk: „Historische Nachrichten und Bemerkungen über die merkwürdigsten Zuchthäuser in Deutschland" (1791 bis 1794), in dem er die Ergebnisse seiner Studien- und Inspektionsreisen zusammenfaßte. In diesem Werk schreibt er: „Und wären sie die größten Verbrecher, so bleiben sie Menschen." (Bd. I, S. XI) Ebenfalls mit großer Schärfe kritisierte er die baulichen, hygienischen, ökonomischen, personellen und maßnahmenbezogenen Mängel der Anstalten. Insbesondere die Undifferenziertheit der Anstalten erschien ihm zweckwidrig und ein Übel: „Ich habe auch nur selten aus solchen zusammengesetzten Anstalten einen Geheilten weggehen sehen. Sie sind ein offenes Grab, das die Elenden verschlingt, und seine Beute nur selten lebendig wieder herausgibt." (Bd. II, 2. Hälfte, 1794, S. 265) Zur Abhilfe schlägt er in seinem Werk zahlreiche konkrete Verbesserungen vor, plädiert energisch für eine innere Differenzierung der Anstalten und für ein besonderes Krankenpersonal für die psychisch Kranken (ebd., S. 251 ff.) und fordert die Einrichtung eines „Seminariums", in dem die Anstaltsbediensteten „zu ihrem künftigen Dienste vorbereitet werden". (Bd. I, S. 99).

Die Überzeugung von der Notwendigkeit der inneren Differenzierung der Zucht- und Arbeitshäuser setzte sich auch in anderen Ländern durch. Beispielsweise wurden die Anstaltsinsassen in der Reform des englischen Armenwesens von 1834 nach ihrer Arbeitsfähigkeit, ihrem Alter und ihrem Geschlecht in sieben Gruppen eingeteilt: 1. Arbeitsunfähige Männer; 2. arbeitsfähige Männer und Knaben über 15 Jahren; 3. Knaben zwischen sieben und fünfzehn Jahren; 4. bis 6. dieselben Kategorien für das weibliche Geschlecht; 7. Kinder unter sieben Jahren. Besondere Abteilungen sollten für Kranke und Irre bestehen (vgl. Muensterberg

John Howard.

Abbildung 9
John Howard (1726–1790) gilt allgemein als Initiator des modernen Gefängniswesens. Aufgrund seiner Untersuchungen unterzog er das europäische Gefängniswesen einer scharfen Kritik und unterbreitete zahlreiche Anregungen zur
Reform. Er forderte eine Binnendifferenzierung der Anstalten, eine prämienartige Arbeitsbelohnung, Anstaltshygiene und gesunde Ernährung der Insassen.
Als erster plädierte er für die Einführung des Stufenvollzugs. (Aus: H.B. Wagnitz:
Historische Nachrichten und Bemerkungen über die merkwürdigsten Zuchthäuser
in Deutschland, 2 Bde., Halle, J.J. Gebauer 1791–1794)

1887, S. 529; Longmate 1974, S. 88). Ob diese oder ähnliche Klassifikationen jemals praktische Geltung erlangt haben, ist gegenwärtig noch kaum zu beantworten und bedarf sorgfältiger Einzeluntersuchung.

Systematisch betrachtet, faßt das Zucht- und Arbeitshaus also zunächst alle diejenigen unter einem Dach zusammen, die in einer Zeit des Umbruchs ihre Reproduktion nicht selbständig zu sichern in der Lage waren. Zunächst vereinzelt, nach und nach immer stärker findet dann eine innere Differenzierung der Anstalt statt, welcher im dritten Schritt die Ausdifferenzierung des Zucht- und Arbeitshauses in verschiedene, spezialisierte Anstaltstypen des Armen-, Gefängnis-, Gesundheits- und Bildungswesens folgt.

5. Die institutionelle Struktur des Zucht- und Arbeitshauses

Im folgenden soll untersucht werden, wie das Zucht- und Arbeitshaus in sich aufgebaut war und wie es als Anstalt funktionierte. Dazu werden zunächst die baulichen Voraussetzungen dargestellt, sodann die innere Organisation und Verwaltung sowie die verschiedenen Formen der finanziellen Absicherung und schließlich Programm und Maßnahmen des eigentlichen Vollzugs. Ein zusammenhängender zeitgenössischer Bericht über das 1771 erbaute Zuchthaus von Torgau ist im Quellenanhang abgedruckt. Er stammt von H. B. Wagnitz (Bd. I, 1791, S. 243 ff.) und vermittelt einen übersichtlichen Eindruck über die Personalausstattung, die jeweiligen Aufgaben, die räumlichen Gegebenheiten und das Leben der Gefangenen: Aufnahme, Kleidung, Verköstigung, Arbeit, religiöse Unterweisung, Strafen u.ä.

5.1. Die Bauweise

Bis zum Ende des 18. Jahrhunderts scheint es kein einheitliches System für den Bau von Zucht- und Arbeitshäusern gegeben zu haben. Dies hängt vermutlich weniger mit unklaren oder differierenden Konzeptionen zusammen als vielmehr mit dem Gebot der Sparsamkeit. Meist wurden die Zucht- und Arbeitshäuser in Gebäuden untergebracht, die vordem zu anderen Zweck genutzt worden waren — in Klöstern, Burgen, Hospitälern und anderen Bauten, die geeignet erschienen und zu haben waren. Der Bridewell in London beispielsweise war ein Palast Heinrichs VIII., erbaut 1523, den sein Nachfolger Edward VI. im Jahre 1553 der Stadt London schenkte. Daraus erklärt sich, daß wir auf Stichen oft sehr repräsentative Gebäude abgebildet sehen, während in anderen Quellen häufig berichtet wird, daß die baulichen Verhältnisse in den Zucht- und Arbeitshäusern sehr beengt, unzweckmäßig und unhygienisch gewesen seien (vgl. Eicher 1970, S. 143). Die hohe Sterblichkeitsquote, die ihnen allgemein attestiert wird, nimmt daher nicht Wunder.

HET RASP-HUYS

Abbildung 10
Das Rasp- oder Zuchthaus in Amsterdam von 1595/96
Das „Rasp-Huys" in Amsterdam war das Zuchthaus für die Männer. Vorne rechts sieht man das große Eingangsportal, das mit allegorischen Darstellungen geschmückt war. In der Mitte der Innen- und Arbeitshof des Zuchthauses, rechts das sog. Secrete Zuchthaus für ungeratene Jugendliche. (Aus: Eberhard Schmidt, Zuchthäuser und Gefängnisse, Göttingen, Vandenhoeck o.J. (1955))

Um das Zucht- und Arbeitshaus etwas anschaulicher zu machen, sei exemplarisch die bauliche Anlage der Amsterdamer Anstalt genauer beschrieben, deren besondere Stellung und Bedeutung für die Geschichte des Zucht- und Arbeitshauses im 3. Abschnitt hervorgehoben wurde (vgl. dazu auch die zeitgenössische Beschreibung von Philipp von Zesen im Anhang und die Abbildungen). Nach verschiedenen Zeugnissen (vgl. Hippel 1898, S. 452 ff.; Sellin 1944, S. 31 ff.) soll

34

Abbildung 11
Eingang zum Rasp- oder Zuchthaus in Amsterdam um 1783.
Der Stich zeigt das große Portal des Amsterdamer Männerzuchthauses. Zuoberst
thront eine geißelbewehrte Frauengestalt, flankiert von zwei gefesselten Züchtlingen. Darunter ein von wilden Tieren — offenbar eine Parallele zu den Insassen
— gezogener Wagen, gelenkt von einem peitschenschwingenden Fuhrmann.
(Aus: Thorsten Sellin: Pioneering in Penology, Philadelphia 1944, S. 32)

das „Rasphuis", die Anstalt für Männer, eine sehr ansehnliche Anlage gewesen
sein. Das Torgebäude war mit steinernen Skulpturen geschmückt, einer Darstellung der „Castigatio" in Gestalt einer Frau mit je einem Züchtling an ihrer Seite.
Darunter sah man einen Wagen, der mit Brasil-Holz und Handwerksgeräten beladen war, von wilden Tieren gezogen und von einem peitschenschwingenden
Fuhrmann gelenkt wurde. Über dieser Darstellung war zu lesen: „Virtutis est
domare quae pavent." (Es ist Aufgabe der Tugend, zu zähmen, was alle fürch-
ten.)
Zwischen den beiden Toren lag der Zugang zum Torgebäude, in dem sich das
Versammlungszimmer der Regenten, die Wohnung des Hausvaters und die Küche

befanden. Der Hof der Anstalt hatte eine Grundfläche von etwa zwanzig Metern im Quadrat. Hier arbeitete ein Teil der Insassen an den schweren Holzraspeln. Hier wurden auch Züchtigungen ausgeführt, wie der Geißelpfahl mit dem Standbild der „Castigatio" und viele zeitgenössische Abbildungen zeigen. Um den Hof lagen im Erdgeschoß neun Zimmer, in denen je nach Größe zwischen vier und zwölf Insassen arbeiteten, aßen und schliefen. Hier lagen auch die Kirche, die gleichzeitig als Schule benutzt wurde, die Waage zum Abwiegen des geraspelten Holzes und einige andere Räume. Im ersten Stock gab es Vorratsräume und wei-

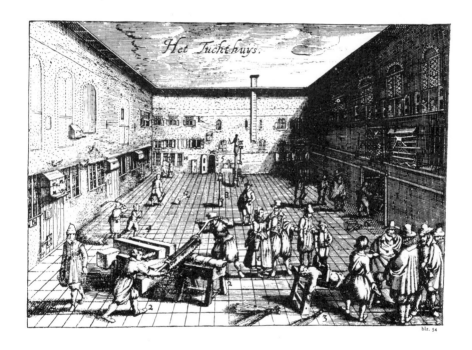

Abbildung 12
Innenhof des Rasp- oder Zuchthauses in Amsterdam.
Der Stich zeigt den Innen- und Arbeitshof des Männerzuchthauses von Amsterdam. Vorne links sehen wir zwei Männer an der schweren Hartholzsäge arbeiten. Hinten in der Mitte das Standbild der „Justitia" auf dem Geißelpfahl. Rechts an der Wand die Krücken, Stöcke und Bänder, die bei der „Wunderheilung", die die „Miracula" ironisch beschreiben, zurückgeblieben sind. Rechts vorn die Auspeitschung eines Gefangenen mit der Rute, der mehrere Besucher beiwohnen. (Aus: Arm in de Gouden Eeuw. Amsterdams Historisch Museum, Amsterdam 1965, Abb. 20, Cat.No. 87, S. 46)

36

tere Insassen-Räume; im Keller lagen vier Strafzellen. Alle Fenster waren mit eisernen Gittern versperrt.

Ein Beispiel für ein „Kreis-Arbeitshaus, wodurch die Betteley abgeschafft werden soll" und das den Ansprüchen des ausgehenden 18. Jahrhunderts gerecht werden sollte, bietet F.E. von Rochow in seinem „Versuch über Armenanstalten" von 1789. Im „Anhang" findet sich der Grund- und Aufriß einer solchen Anstalt mitsamt einer „Erklärung des Bauverständigen" (vgl. die nachstehenden Abbildungen 13 + 14). Sie sollte Raum für das Personal (Direktor, Unteraufseher, Zuchtmeister, Pförtner) und etwa 60 Insassen beiderlei Geschlechts bieten. Für

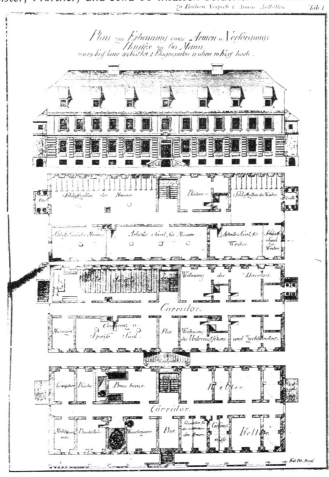

Abbildung 13
Plan zur Erbauung eines Armen- und Versorgungshauses (1789)
(Aus: F.E. von Rochow: Versuch über Armenanstalten und Abschaffung aller Betteley, Berlin, Nicolai 1789, Tab. I)

letztere waren getrennte Zellen, Schlaf- und Arbeitssäle, Empfangs-, Gefängnis- und Krankenzimmer vorgesehen; dazu die notwendigen Funktionsräume, Ställe, zwei Brunnen, ein Badehaus und ein geräumiger Garten zum Zwecke der Bewegung und des Gemüseanbaus.

Ob diese ansprechende Anlage so oder ähnlich gebaut wurde, ist nicht bekannt. Jedenfalls blieb dem Plan Kritik nicht erspart. J.B. Ristelhueber, Direktor des Land-Arbeitshauses in Brauweiler bei Köln, vermerkt in seiner Literaturübersicht von 1831 (S. 55 f.), daß die Trennung männlicher und weiblicher Gefangener unzureichend, eine hinreichende Aufsicht baulich nicht gesichert und überdies

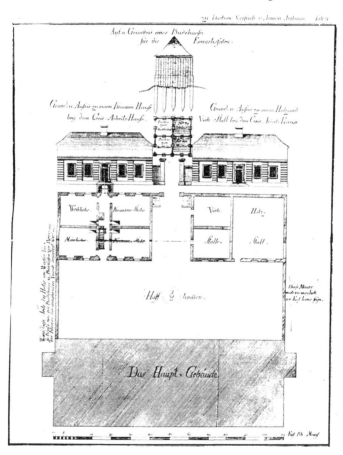

Abbildung 14
Plan zur Erbauung eines Armen- und Versorgungshauses (1789); Hof und Neben-
gebäude.
(Aus: F.E. von Rochow: Versuch über Armenanstalten und Abschaffung aller
Betteley, Berlin, Nicolai 1789, Tab. II)

die Ausführung etwa dreimal teurer kommen würde als die veranschlagten 12573,— Reichstaler.

Insgesamt scheinen die Zucht- und Arbeitshäuser in ihrer baulichen Anlage sehr unterschiedlich gewesen zu sein. Dies betrifft sowohl ihre Größe als auch ihre innere Differenzierung. Es gab Arbeits- und Zuchthäuser, in denen tatsächlich alle Insassen in einem Raum lebten und arbeiteten. Andere weisen eine räumliche Trennung der Arbeits- und Schlafplätze auf; andere haben Männer und Frauen in verschiedenen Räumen oder Gebäudeteilen untergebracht oder die Verbrecher und psychisch Kranken von den übrigen Insassen abgesondert. In einzelnen Anstalten wie z.B. im „Secreten Zuchthaus" in Amsterdam wurden die Insassen nachts in Einzelzellen verschlossen. Hippel (1898, S. 456) sieht hier die Anfänge der Einzelhaft.

Trotz dieser Vielfalt der Bauweise, die ihrerseits ja ein Produkt der Armen-Ökonomie war, fehlte es nicht an Versuchen, das Prinzip der zeitlich und räumlich totalen Überwachung in eine zweckmäßige Architektur umzusetzen. Zur Zeit der Reform des englischen Armenwesens von 1834 waren dort die Fachzeitschriften für Architektur voll von Vorschlägen, wie dieses Prinzip am geeignetsten zu realisieren sei. Stark beeinflußt war diese Diskussion von dem eigentlichen Genie auf diesem Gebiet, Jeremy Bentham (1748—1832), der 1787 das berühmt gewordene Modell eines „Panopticums" (eines „Alles-Sehers") entwickelte. Das war ein Rundbau, dessen vergitterte Zellen strahlenförmig um einen Zentralschacht angebracht waren. Auf jeder Etage befand sich ein Kontrollpunkt, von dem aus der Aufseher jegliche Aktion der Insassen in und außerhalb ihrer Zellen beobachten konnte. Genial daran ist vor allem Benthams Erkenntnis, daß dieses Prinzip der Totalüberwachung weitreichende Geltung haben werde und deshalb gleichermaßen geeignet sei für „Schulen, Hospitäler, Lazarette, Armenhäuser (das heißt die Versorgung der Verlassenen), Korrektionsanstalten, Irrenhäuser, Waisenhäuser, Kindergärten, Einrichtungen für Blinde und Taube, Heime für verlassene junge Frauen, Fabriken und sogar für eine riesige Hühner-Farm". (J. Bentham, zit. nach Longmate 1974, S. 289)

Benthams Panopticum wurde nie gebaut. Offenbar überwogen die Nachteile: abnehmende Kontrolle bei wachsendem Kreisumfang des Rundbaus, schlechte Belüftung und Schallisolierung; keine Aufteilungsmöglichkeit der Gefangenen in Gruppen (vgl. Peter 1978, S. 60). Es ist dennoch eine interessante historische Schaltstelle: Den Anstoß zur Idee des Panopticums soll Bentham nämlich von seinem Bruder Samuel erhalten haben (vgl. Peter 1978, S. 55), einem Ingenieur, der mittels eines kreisförmigen Werkstattgebäudes mit wenigen Aufsehern ein Optimum an Überwachung zu erzielen hoffte. Jeremy Bentham verallgemeinerte das Prinzip und brachte es gewissermaßen auf die Höhe der Zeit. In zahlreichen Gefängnisbauten der Folgezeit fand es seine Anwendung (Gent 1773; Virginia

126

Anhang.

Erklärung des Bauverständigen zu dem von ihm gezeichneten Plane.

Bey Anlage eines Kreis-Arbeitshauses, wodurch die Betteley abgeschaft werden soll, ist vorzüglich Rücksicht zu nehmen

a) auf einen gesunden, freyen und geräumigen Bauplatz, möglich nahe am Wasser, um Badehäuser dabey anlegen zu können.

b) Auf den gehörigen Raum und Gelaß im Hause *)

1. für die Aufseher,

2. für die Eingelieferten,

3. zur Oekonomie des Hauses.

Ad 1.

*) Ich nehme an, daß das Haus zu 60 Eingelieferten eingerichtet werden soll. Da unter den Eingelieferten gewiß halb so viel Frauens- als Mannspersonen sind; so ist für jede im Verhältniß eine besondere Abtheilung nöthig. Für die Hälfte derselben jedes Geschlechts würde ich Zellen, und für die Hälfte Schlafsäle wählen, weil die schon eine Zeitlang Vorhandenen, die sich gut aufführen, eine bessere Behandlung verlangen und verdienen, als die erst Angekommenen, welche man erst kennen lernen muß. Desgleichen gehören darunter alte ganz schwache Leute, die eine Unterstützung unumgänglich bedürfen, auch im Winter bey strenger Kälte nicht in ganz kalten Zellen schlafen können, u. dergl. Deshalb habe ich das Arbeitshaus für 20 Männer zu Zellen, und für 20 zu einem Schlafsaale, und desgleichen für 10 Weiber zu Zellen, und für 10 zu einem Schlafzimmer eingerichtet; wie alles dieses aus beygefügter Zeichnung am deutlichsten erhellet.

Ad 1. Auffeher sind in diesem Hause

a) der Direktor, welcher verheyratet seyn kann, und daher wenigstens zwey Stuben, drey Kammern, eine Küche und dergl. gebraucht;

b) der Unteraufseher und Zuchtmeister, welche beide zusammen ungefähr eben den Gelaß brauchen, als der Direktor allein;

c) der Pförtner, welcher nur eine Stube, Küche und Kammer gebraucht.

Ad 2. Für die Eingelieferten werden gesunde und geräumige und luftige Arbeitsstuben, Schlafgemächer, Speisezimmer und Betsaal gebraucht, und es ist hieben vorzüglich nöthig, damit nicht Unordnungen zu unerlaubtem Umgang entstehn, daß die Geschlechter separirt werden. Da nun verhältnißmäßig weit weniger Frauensleute als Mannspersonen sich so eigentlich des Metiers der Landstreicher befleißigen; so ist auch mehr Gelaß für die Mannspersonen als Frauensleute erforderlich, und wird man gegen 40 Männer kaum 20 arme Weiber rechnen können.

Da nun unter diesem aufgegriffenen Gesindel viel ganz ausgeartetes Volk ist, was man nicht einmal des Nachts füglich wird in einem Zimmer zusammen lassen können; so scheint mir die Einrichtung der Zellen für diese Klasse von Menschen die schicklichste, weil man deren jeden besonders verwahren und vielerley Unordnungen vorbeugen kann.

Da aber alle Eingelieferte vielleicht nicht auf einerley Fuß behandelt werden dürfen, manche auch ganz schwach und unbehülflich sind, und so wenig ohne Hülfe als ohne Wärme gelassen werden können; so ist für diese ein besonderer Schlafsaal, der geheizt werden kann, nöthig, und ist dieserwegen in der anliegenbenden Zeichnung alles nach dieser Idee eingerichtet; so daß 20 Männer in Zellen, 20 aber in einem Saale schlafen, desgleichen liegen 10 Weiber in Zellen und 10 in einer Kammer; übrigens arbeiten die Weiber und die Män-

Männer besonders in ihren Sälen, und haben auch ihre besondere Flure und Abtritte, so daß bey schlechtem Wetter jede Partie auf ihrem Flur gehen und frische Luft schöpfen kann.

Für ankommende Armen ist ebenfalls für jedes Geschlecht ein besonderes Empfangszimmer, in welchem sie ungereinigt allenfalls übernachten können, nöthig, und eben so zwey Gefängnisse für die Uebelgesinnten, und welche zur Strafe oder wegen anderer Vergehungen eingesetzt werden müssen.

Für die Kranken sind ebenfalls getheilte Krankenzimmer, und zwar für jedes Geschlecht wenigstens zwey nöthig: welche, wo möglich, mit einem besondern Krankenwärter zu versehen sind, der nur eine Dachstube bewohnet. Sie müssen dort besonders in einem kleinen Hause wohnen, damit sie das Hauptgebäude um so weniger verunreinigen können. In demselben muß zugleich eine Stube für den Doktor und Chirurgus, und zur Hausapotheke der nöthige Platz seyn, welches auch in der 2ten Dachstube Platz haben kann.

In allen Zimmern für die Armen und Kranken müssen Luftzüge in den Decken angebracht seyn, damit die zusammengepreßte Luft den an sich das Sitzen und Einsperren nicht gewohnten Leuten nicht schadet und Krankheiten verursacht.

Da man auf den Böden über den Wohnungen gewöhnlich allerley Vorräthe aufbewahrt, so muß man die Dunstzüge sämmtlich bis übers Dach führen, weil sonst die Vorräthe dadurch übelschmeckend oder ganz verdorben werden.

Ad 3. Zur Oekonomie ist eine geräumige Küche und Speisekammer, Mehlkammer, Backstube, Backofen, Waschzimmer, Brauhaus und mehrere Keller nöthig.

Desgleichen ein Holzstall und einige ordin. Viehställe, auch ein geräumiger Hof, ein besonderer Backofen zur Reinigung

nigung der Kleider der Ankommenden, zwey Brunnen, als einer im Hofe, wo möglich, in der Küche, und einer im Hofe ohnweit des Krankenhauses.

Desgl. wo möglich, ein Badehaus, am besten an fließendem Wasser, und ein geräumiger Garten, in welchem die Armen zur Motion etwas arbeiten und sich ihr Gemüse selbst bauen können.

Nach dieser Voraussetzung ist das hieby befindliche Arbeitshaus gezeichnet, und ich wünsche nichts mehr, als daß der geprüfte Kenner es der Sache angemessen finde! Hiezu sind auch die beygefügten Anschläge sämmtlich eingerichtet; und es ist sehr zu wünschen, daß das Publikum von dieser Bemühung wahren Nutzen haben möge.

State Prison in Richmond (USA) 1727; Western Penitentiary in Pittsburgh (USA) 1820; Arnheim 1886; Harlem (1901).

5.2 Organisation und Verwaltung

Die Aufsicht über die Anstalt lag beim jeweiligen Magistrat bzw. einem damit beauftragten Direktorium. Die oberste Instanz blieb der Landesherr — in England der jeweilige Friedensrichter; er verlieh Privilegien und war auch letzte Strafinstanz. Die Zucht- und Arbeitshäuser wurden in der Regel durch folgenden Stab verwaltet: An der Spitze stand ein ehrenamtlicher Direktor oder Vorsteher; ihm unterstanden der Hausvater und seine Frau, die Hausmutter, ein Werkmeister, ein Zuchtmeister und weiteres Spezial- oder Aufsichtspersonal. So gab es in Amsterdam z.B. einen Schulmeister und einen Arzt (Hippel 1898, S. 451 f.). Mit dieser Personalstruktur wurden verschiedene Modelle der Verwaltung und Organisation der Produktion des Zucht- und Arbeitshauses realisiert (vgl. Hinze 1927, S. 157; Eichler 1970, S. 138 f.):

a) Staatliche bzw. kommunale Administration, bei der ein Verwalter die Rohstoffe besorgte und nach Verarbeitung gegen Taxe auslieferte bzw. ein Verleger-Unternehmer Rohstoffe und Arbeitsgeräte an die Anstalt lieferte und von dieser gegen Bezahlung Fertig- oder Halbfertigprodukte erhielt.

b) Verpachtung der Anstalt an einen privaten Unternehmer, der den Insassen einen gewissen Satz zu zahlen hatte und sie dafür nach Belieben verwenden konnte (vgl. hierzu den Küstriner Pachtvertrag aus dem Jahr 1750). Auf diese Weise kam es zur Ansiedlung zentralisierter Manufakturen im Zucht- und Arbeitshaus. In anderen Fällen verlieh die Anstalt ihre Arbeitskräfte gegen Bezahlung an einzelne Unternehmer außerhalb.

c) Vergabe der Anstalt an einen Inspektor zur freien Verfügung, der von anderen Unternehmen Arbeit für die Insassen zu besorgen hatte.

5.3 Die Finanzierung

Ähnlich unterschiedlich wie die Organisation der Produktion und der Verwaltung der Zucht- und Arbeitshäuser stellte sich auch ihre Finanzierung dar. Sie folgte allgemein dem Grundsatz, die Armenkassen durch das Zucht- und Arbeitshaus zu entlasten (vgl. Duda, S. 167). Sofern die Anstalt in die Pacht eines Unternehmers gegeben war, mußte dieser für den Unterhalt der Insassen aufkommen, konnte aber in vielen Fällen seinerseits auf einen guten Profit hoffen (vgl.

Rusche/Kirchheimer 1939, S. 69, 71); sicher belegt ist dies für Pforzheim (vgl. Wagnitz, Bd. II, 2. Hälfte, 1794, S. 92 f.) und München (vgl. Koch 1933, S. 239).

Abbildung 16
Ferdinand Bol (1616–1680): Die Regenten des Leprosenhauses in Amsterdam (1649). Meist wurden die Zucht- und Arbeitshäuser durch ein Direktorium verwaltet, dessen Mitglieder – die Regenten – aus dem Patriziat auf Zeit gewählt wurden und ihr Amt unentgeltlich wahrnahmen.

Stand das Zucht- und Arbeitshaus unter staatlicher oder kommunaler Verwaltung, war es in der Regel gehalten, sich durch Verkauf seiner Produkte finanziell selbst zu tragen (vgl. Kulischer 1971, S. 150). Häufig wurde es zur Unterstützung von allen Steuern befreit („Accisenfreyheit") wie etwa in Amsterdam oder Bremen (vgl. Hippel 1898, S. 460), oder es wurden ihm die Erträge besonderer Collecten und Lotterien zuerkannt. Eine weitere Förderung lag in der Erteilung von Privilegien. So erhielt das Zucht- und Arbeitshaus in Amsterdam im Jahre 1602

Pacht-Vertrag zwischen dem Fabrikanten Tobias Schiele und dem Küstriner Magistrat zur Uebernahme des dortigen A r b e i t s - h a u s e s, Cüstrin, b. 5. Januar 1750. — (Geh. Staatsarchiv Berlin-Dahlem, Rep. 9. C. 6. c. 1. Beilage zu einem Bericht der Neu-märkischen Kammer vom 18. Januar 1770.)

Aus dem Inhalt des Vertrages sei folgendes wiedergegeben:

1. Das Arbeitshaus wurde dem Tobias Schiele „als Arbeits-Hauß-Meister und Fabricanten, auf zwölf nach einander folgende Jahre" mit allem Inventar, worunter sich „Spinn-Räder, Haspel, Woll-Winde, Spuhl-Räder p." befanden, übergeben, „dergestalt d a ß e r s o l c h e s a l l e s z u s e i n e m N u t z e n u n d Z e u g - F a b r i q u e d i e Z e i t s e i n e r M i e t h s - J a h r e, j e d o c h w i e e i n e n g u t e n W i r t h zustehet, gebrauchen möge".

2. „Uebergiebet ihm E. Hochpreißl. Cammer d i e d a r i n s i t z e n d e u n d v o n Z e i t z u Z e i t d a r i n a n k o m m e n d e D e l i n q u e n t e n z u s e i n e m G e b r a u c h u n d H a n d t h i e r u n g, jedoch daß er Inhalts des Arbeits-Hauß-Reglements vom 3ten Mart: 1729 mit ihnen gebührlich verfahren und sich überall nach denselben hierunter richte, und ihnen d a s G e s p i n s t e u n d z w a r j e d e S t r e h n e v o n 4. E l l e n l a n g e n B e r l i n s c h e n H a s p e l m i t 8 d. b e z a h l e n, v o r d e n 9.t d. a b e r, d a s o n s t i n d e r S t a d t s o v i e l g e g e b e n w i r d, i h n e n d a s S a l z u n d C o n v e n t l i e f e r n."

3. Die Bezahlung sollte an die Züchtlinge im voraus oder unmittelbar nach Ab-lieferung der Arbeit erfolgen, „damit sie ihren Unterhalt davon nehmen und erkaufen können", wofür Schiele einen besonderen Einkäufer halten sollte.

4. „Wenn die Züchtlinge, wegen ihrer begangenen Verbrechen gezüchtigt werden sollen, muß s o l c h e s m o d e r a t g e s c h e h e n, d a m i t s i e n i c h t z u m S p i n n e n u n t ü c h t i g g e m a c h t [!], allenfalls muß, wenn das Ver-brechen groß, dem Inspectori solches zuvor angezeiget, von diesen ein Protocoll gehalten, und befundenen Umständen nach, a Camera illustri Resolution darüber eingeholet werden."

5. Bei Krankheit hatte er für die Verpflegung der Insassen zu sorgen, deren Kosten sie ihm bei ihrer Entlassung zu vergüten hatten; oder sie mußten „bey ihrer eigenen Persohn den Vorschuß abzuspinnen suchen."

6. Von den ihm als Unterstützung pro Jahr zugebilligten 50. Tl. hatte er Bekleidungskosten für die Züchtlinge, ferner die Unterhaltung der Matratzen und Decken zu tragen. Die Insassen mußten sie jedoch nach Schluß der Arbeitszeit, „wenn solche schadhaft geworden, zubessern und zustopfen, wozu der Arbeits-Haußmeister die Wolle und Zwirn sodann hergiebet". Weiter hatte er die kleinen Hausreparaturen zu tragen.

7. Als Gegenleistung brauchte er für 12 Jahre keine Miete zu zahlen und war „von Servis-Einquartierung und allen bürgerlichen Oneribus, sie haben Nahmen wie sie wollen, befreyet".

Folgen Bestimmungen über Listenführung, Religionsübung, Feuer-schutz, Holzlieferung, Bewachung usw.

Abbildung 17
Mit diesem Pachtvertrag aus dem Jahr 1750 überließ der Magistrat von Küstrin das dortige Arbeitshaus einem Fabrikanten zur Nutzung. Anstalt, Inventar und Insassen wurden ihm zu seinem „Gebrauch und Handthierung" übergeben: letztere sollte er dafür versorgen und nur mäßig strafen, damit ihre Arbeitskraft nicht beschädigt werde.
(Aus: Kurt Hinze: Die Arbeiterfrage zu Beginn des modernen Kapitalismus in Brandenburg-Preußen, Berlin, de Gruyter 1963, Anlage B zu S. 158)

das Monopol für das Raspeln von Farbhölzern (vgl. Hippel 1898, S. 444), um das es in den folgenden Jahren mehrfach mit anderen Anstalten prozessieren mußte. Nicht selten führten diese Privilegien zu Protesten betroffener Handwerker oder Manufakturen, die den Magistrat aufforderten, die unliebsame Konkurrenz zu verbieten oder wenigstens nicht zu fördern. Um dieses Problem der Konkurrenz zu lösen und herauszufinden, welche Arbeiten für Zucht- und Arbeitshäuser am geeignetsten seien, wurde im Jahre 1782 in Göttingen eine entsprechende Preisfrage ausgeschrieben. Und ebenso setzte 1789 die „Hamburgische Gesellschaft zur Beförderung der Künste und nützlichen Gewerbe" eine Preisaufgabe aus mit dem Titel: „Bestimmung der zweckmäßigsten Zwangsarbeiten für faule und widerspenstige Arme". Aber auch hierbei ergab sich als realisierbar nur das Farbholzraspeln und das Verspinnen von nassem Kuhhaar (vgl. Wagnitz, Bd. I, 1791, S. 168); Bd. II, 1. Hälfte, 1792, S. 144 f.).
Die Vielfalt dieser Unterstützungsmaßnahmen deutet darauf hin, daß Zucht- und Arbeitshäuser von Ausnahmen abgesehen nicht sehr rentable Einrichtungen waren. Es ist nicht unwahrscheinlich, daß dies auch auf den latenten Widerstand der Insassen zurückzuführen ist, deren schlampige, unzuverlässige und vergeudende Arbeitsweise vielfach beklagt wurde.

5.4 Der Vollzug

Unter „Vollzug" darf man sich in den Zucht- und Arbeitshäusern des 17. und 18. Jahrhunderts keine systematische, in sich stimmige Konzeption der Gefangenenbehandlung vorstellen, obgleich alle Lebensbereiche innerhalb der Anstalt durch die Anstaltsordnungen minutiös geregelt waren. Dabei erscheint es bemerkenswert, daß zwischen den Zuchthausordnungen von Amsterdam (1599/1603) oder von Bremen (1609), die ganz am Anfang stehen und uns überliefert sind (vgl. Hippel 1898, S. 472 ff. und 614 ff.), und den „Gesetze(n) für die Zuchthaus-Gefangenen", wie sie H.B. Wagnitz im Jahre 1791 für eine aufgeklärte Anstalt vorschlägt (Bd. I, S. 103 ff.), kein sehr nennenswerter Unterschied besteht. Sie gehen ebenso wie die zeitlich dazwischen liegenden Ordnungen von dem Grundsatz aus, daß die Insassen „gleich unmündigen Kindern am Gängelband der Gesetze geleitet" werden müssen (Wagnitz 1791, Bd. I, S. 103). In allen Ordnungen finden wir dementsprechend auch dieselben Bestimmungen, die sich weniger auf konkrete Arbeitsorganisation als vielmehr abstrakt-generell auf Ordnung als solche beziehen. (Die Zuchthausordnungen von Amsterdam und Bremen sind im Quellenanhang abgedruckt.) Die Insassen waren gegenüber dem Personal zu absolutem Gehorsam verpflichtet. Es herrschte Arbeitspflicht. Jeder Verstoß gegen die Anstaltsordnung wurde mit strengen Strafen geahndet.
Die Zucht- und Arbeitshäuser zeichneten sich also durch ein besonderes Gewaltverhältnis aus, welches den Insassen außerordentlich geringe Rechte, dem Personal

aber fast absolute Souveränität, Rechtsprechung ohne die Möglichkeit der Berufung und sogar das Recht der Exekution einräumte (vgl. Foucault 1973, S. 71, 73).

Im Mittelpunkt des Vollzugs stand die *Arbeit*. Bis auf wenige Ausnahmen (Kleinkinder, Arbeitsunfähige, die „ungeratenen Personen" im Secreten Zuchthaus von Amsterdam) sind die Insassen einem strikten Arbeitszwang unterworfen, der durch positive und negative Sanktionen durchgesetzt wird.

Abbildung 18
Farbholz-Raspler bei der Arbeit.
Eine weit verbreitete Arbeit in den Zucht- und Arbeitshäusern war das Raspeln von Rosen- und Sandelholz, dessen Farbstoffe in der Textilfärberei verwendet wurden. Den Gefangenen war ein bestimmtes Arbeitspensum vorgeschrieben, das sie bei Strafandrohung täglich leisten mußten. Die Arbeit an der zwölfblättrigen Säge war außerordentlich schwer.
(Aus: Thorsten Sellin: Pioneering in Penology, Philadelphia 1944, S. 86)

Es sind vorwiegend einfache und nicht speziell qualifizierte Arbeiten, die die Insassen der Zucht- und Arbeitshäuser verrichten mußten. Im Zucht- und Arbeitshaus von Amsterdam waren die Frauen beschäftigt mit Spinnen, Netzflechten, Wollarbeiten, Nähen, Stricken (vgl. Hippel 1898, S. 462), die Männer in der Samtherstellung, Weberei und mit dem Raspeln von Rosen-, Sandel- und Sassat-

Abbildung 19
Arbeitssaal im Spinnhaus von Amsterdam.
Der Stich zeigt die Frauen des Spinnhauses an ihren Spinnrädern und anderen Handarbeiten, überwacht von drei Aufseherinnen. Im Hintergrund sitzt erhöht der Vorleser, der den Frauen aus der Bibel vorlas, während sie arbeiteten. Hinter den Gittern, die den Saal zu beiden Seiten begrenzen, konnten sich Besucher aufhalten und die Insassen besichtigen (vgl. dazu auch die zeitgenössische Schilderung bei Philipp von Zesen im Quellen-Anhang).
(Aus: Rudolf Quanter: Deutsches Zuchthaus- und Gefängniswesen, Aalen, Scientia 1970)

rashölzern, deren Farbstoffe in der Textilfärberei verwendet wurden (vgl. Abbildungen). In Hamburg waren sie beschäftigt mit Farbholzraspeln, in der Baumseidenfabrikation, mit Wollekratzen, Weben, Spinnen, Spulen, Nähen; darüber hinaus wurden sie zu Hausarbeiten aller Art herangezogen (Hippel 1898, S. 637). Ein Beispiel für eine sehr entwickelte und differenzierte Produktion ist das Zucht- und Arbeitshaus, das 1662 in Bordeaux gegründet wurde (vgl. Kulischer 1971, S. 152). Es hatte etwa 900 Insassen, die in folgenden Bereichen beschäftigt waren: Stickerei-, Spitzen-, Wirkwaren-, Seiden-, Seifenmanufaktur, Hutmacherei, Schuhmacherei, Nagelschmiederei. Als musterhaft galt den Zeitgenossen das Zucht- und Arbeitshaus in Pforzheim, das laut Wagnitz (Bd. II, 2. Hälfte, 1794, S. 53 ff.) etwa 200 Insassen hatte, die in folgenden Handwerken arbeiteten: Leineweber, Schneider, Schuhmacher, Stricker, Schreiner, Wagner, Drechsler, Zimmermann, Maurer, Steinhauer, Schlosser, Schmied, Uhrmacher, Korbflechter, Hafenbinder. Diese Anstalt soll denn auch zwischen 1780 und 1789 etwa 4000 Fl. Gewinn erwirtschaftet haben (ebd., S. 93).

Die Arbeiten, zu denen die Insassen der Zucht- und Arbeitshäuser eingesetzt wurden, sind deutlich abhängig von der jeweiligen historischen und regionalen Wirtschaftsentwicklung. Bei aller Vielfalt von Manufakturen, die in den Zucht- und Arbeitshäusern angesiedelt und durch sie gefördert wurden, stehen Tätigkeiten, die in irgendeiner Weise mit der Herstellung von Textilien zu tun haben, eindeutig im Vordergrund. Dies ist nicht verwunderlich, wenn man berücksichtigt, daß die Textilmanufaktur und -industrie in der gesamtwirtschaftlichen Entwicklung des 17. und 18. Jahrhunderts der ausschlaggebende Produktionsbereich war (vgl. Eichler 1970, S. 146 f.; Mottek 1971, Bd. 1, S. 208 f., 274 ff.; Kuczynski 1961, Bd. 1, S. 97).

Ebenso entspricht die Arbeit im Zucht- und Arbeitshaus ihrer Form nach am ehesten der manufakturellen Produktion. Es ist nicht mehr die sachkundige und kunstfertige Anfertigung eines Produkts, die der Handwerker als Ganzes und als Betätigung seiner Gesamtpersönlichkeit vornahm. Und es ist noch nicht die gänzlich zerlegte, standardisierte, repetitive Tätigkeit der entwickelten industriellen Produktion. Arbeitsteiligkeit, ein gewisser Grad an Spezialisierung und die zentralisierende Zusammenfassung der beteiligten Arbeitskräfte unter einem Dach sind bestimmende Merkmale der Anstaltsarbeit.

Die Insassen arbeiteten meist in besonderen Arbeitssälen oder auf dem Hof der Anstalt im Freien. Ihnen war ein festes Arbeitspensum vorgeschrieben. Ihre Arbeitszeit betrug fünfzehn bis siebzehn Stunden täglich. Häufig leisteten sie Akkordarbeit (vgl. Hippel 1898, S. 460). Die Entlohnung war unterschiedlich geregelt. Meist wurde ein Teil des Lohnes zur Bestreitung der Anstaltskosten einbehalten, der geringe Rest ausbezahlt. Es gab auch Anstalten, die ihre Insassen wie Lohnarbeiter ganz auszahlten; damit war dann die Verpflichtung verbunden, sich selbst zu versorgen. In vielen Anstalten erhielten die Insassen Arbeitsprämien, wenn sie das bestimmte Arbeitspensum überschritten. Häufig wurden sie auch direkt am Profit der Anstalt beteiligt. Beides deutet darauf hin, daß die Arbeit keinesfalls ausschließlich der Beschäftigung der Insassen diente, sondern großer Wert auf ihre Produktivität gelegt wurde (vgl. Hippel 1898, S. 461; Rusche/Kirchheimer 1930, S. 67).

Wurde das gesetzte Arbeitspensum nicht erfüllt oder kam es zu Verstößen gegen die Anstaltsordnung, drohte den Insassen ein ganzes Arsenal von *Strafen*. Dabei ging es nicht gerade sanft zu. In vielen Anstalten war der sog. „Willkommen" und „Abschied" (vgl. Abbildung) üblich, eine Tracht Prügel, die den Insassen bei Ankunft und Entlassung verabreicht wurde. In Amsterdam wurde dem Personal der Anstalt Straffreiheit zugesichert für den Fall, daß Insassen zu Tode kämen bei Züchtigungen, die zur Aufrechterhaltung von Disziplin und Ordnung in der stalt erforderlich gewesen seien (vgl. Hippel 1898, S. 443). Allgemein wurden folgende Strafen verhängt: Verlängerung des Anstaltsaufenthaltes — eine Maßnahme, die je nach Lage auf dem Arbeitsmarkt mit großer Willkür gehandhabt

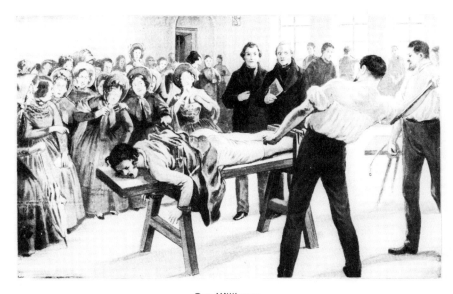

Der Willkomm.

Abbildung 20
In vielen Zucht- und Arbeitshäusern wurden die künftigen Insassen bei ihrer Ankunft mit dem „Willkomm" empfangen, einer Tracht Prügel, die sie mit dem Charakter der Anstalt bekannt machen sollte.
(Aus: Rudolf Quanter: Deutsches Zuchthaus- und Gefängniswesen von den ältesten Zeiten bis in die Gegenwart, Aalen, Scientia 1970, S. 160)

Urpheden - Notul.

Nachdem ihr wegen euerer ausgeübten Verbrechen, auf Churfürftl. Sächf. gnädigften Befehl auf N. Jahr in hiefiges Zucht - und Arbeits - Haus zur Strafe gebracht, und darinnen als ein Züchtling tractiret worden, daraus aber nunmehro wiederum entlaffen werden follet; Als müffet ihr vorhero, vermittelft abzugebenden Handfchlags geloben und verfprechen: Dafs ihr diefer allhier erlittenen Strafe halber, und was euch fonft dabey begegnet, weder an *Ihro Churfürftl. Durchl.* zu Sachfen höchfter Perfon, noch an *Dero* ganzem hohen Churfürftl. Haufe, fowohl *Dero* Landen und Leuten, hohen und niedern Bedienten, wie auch dem Zucht - und Arbeits - Haufe allhier und deffen Bedienten, auch keinesweges und zu keinen Zeiten weder mit Worten noch mit der That, felbft rächen, eifern und ahnden, noch, dafs folches durch andere gefchehen und ausgeübt werden möge, anftiften oder geftatten wollet. Ferner müffet ihr zugleich verfichern und geloben: Dafs ihr von denen andern allhier befindlichen Züchtlingen, an ihre draufsen habende Befreundte oder andere Perfonen, etwas zu beftellen, weder mündlich noch fchriftlich nicht fchon angenommen habet, folches auch ohne Vorwiffen meiner des Haufsverwalters nicht noch annehmen, am allerwenigften aber etwas ausrichten, beftellen oder abgeben wollet.

Uebrigens werdet ihr, wegen diefes jetzo mittelft Handfchlags leiftenden Urphedens, zu Folge des ins Land ergangenen gnädigften Generalis de dato 27. Octobr. 1770 und deffelben 13. §. annoch ausdrücklich bedeutet: Dafs wenn ihr euer Verfprechen nicht erfüllet, oder darwider auf einige Weife handelt, ihr fofort mit *Einjähriger* Zucht- und Arbeits - Haus - Strafe wieder beleget werden follet, wenn nicht euer Vergehen etwa noch eine härtere Ahndung verdienet.

Abbildung 21
Mit diesem „Urpheden-Notul" (um 1780) mußten in Sachsen die Entlassenen geloben, daß sie sich für die erlittenen Strafen nicht an der Anstalt und ihren Bediensteten rächen würden.
(Aus: H.B. Wagnitz: Historische Nachrichten und Bemerkungen über die merkwürdigsten Zuchthäuser in Deutschland, Bd. 1, Halle, Gebauer 1791, S. 242)

wurde. Des weiteren gab es Kostschmälerung, Arrest, Fesselung, körperliche Züchtigungen, vor allem die Geißelung mit Ruten oder mit dem Stock oder dem Tauende. In Amsterdam und später auch in Bremen ließ man Insasen auf dem „hölzernen Pferd" reiten, einem Holzgestell mit scharfen Kanten, und peitschte ihnen zusätzlich den Rücken (vgl. Hippel 1898, S. 611). Ebenfalls von Amsterdam wird berichtet, daß Insassen, die sich besonders hartnäckig geweigert hatten zu arbeiten, in einen Keller gesperrt wurden, der mit Wasser voll gepumpt wurde. Wenn ihm das Wasser bis zum Halse stand, war der Bestrafte buchstäblich vor die Alternative gestellt, entweder eine regelmäßige Arbeit aufzunehmen und zu pumpen, um dadurch ein weiteres Ansteigen des Wassers zu verhindern, oder aber seine Arbeitsverweigerung mit dem Tod zu bezahlen (vgl. Hippel 1898, S. 468, 492; Sellin 1944, S. 69 ff.).

Solche und ähnliche Strafmethoden werden gegen Ende des 18. Jahrhunderts zunehmend als unmenschlich empfunden und verurteilt. Dennoch bleiben auch in der aufgeklärten Anstalt Strafen erhalten wie die Ermahnung, Klotztragen, Tollstuhl, Hungern, Karzer, Schläge (vgl. Wagnitz 1791, Bd. I, S. 190 ff.). Aber zur Pein tritt nun stärker die Moral. Wagnitz rät, bei Körperstrafen müsse „die Stunde feierlich-traurig seyn" und „das Wort der Ermahnung (ja nicht Schimpfreden) mit dem Zeichen der Peitsche gepaart gehen" (Bd. I, 1791, S. 189). Bei ihm finden wir auch die Rede eines Anstaltsdirektors Sieveking anläßlich seines Amtsantritts in Hamburg im Jahr 1790 (Bd. II, 1. Hälfte, 1792, S. 165–174). Sie ist typisch für die pathetisch-gütige Strenge, mit welcher die „unbrauchbaren" zu „nützlichen Gliedern der Gesellschaft" (ebd. S. 166 f.) erzogen werden sollen. Sie ist im Quellenanhang abgedruckt.

Die Arbeiten, die die Insassen der Zucht- und Arbeitshäuser zu verrichten hatten, konnten in der Regel nach kurzer Anlernzeit bewältigt werden. Wohl holte man ausländische Spezialisten für die Entwicklung bestimmter Manufakturen ins Land, die diese Aufgabe dann zu übernehmen hatten. Darüber hinaus finden wir selten Angaben über einen planvollen Unterricht für die erwachsenen Insassen. Nur in Anstalten, in denen viele oder gar vorwiegend Kinder untergebracht waren, gab es verschiedentlich planmäßigen Unterricht. Die Kinder und Jugendlichen in Amsterdam genossen neben der religiösen Unterweisung, auf die in der Anstaltsordnung großer Wert gelegt wurde, auch weltlichen Unterricht (vgl. Hippel 1898, S. 463); und in Bremen sollten die Knaben zum Erlernen von „allerhand Manufacturen" (ebd. S. 613) angehalten werden. Aber nicht auf dem Erwerb spezifischer Kenntnisse und schon gar nicht auf Bildungsprozessen im Sinne individueller Entfaltung lag das Gewicht, sondern auf der Gewöhnung der Kinder an die „Arbeit sans phrase" (Marx). 1770 empfiehlt William Temple, die armen Kinder in England ab dem vierten Lebensjahr in Arbeitshäuser zu geben: „Es ist sehr nützlich, daß sie auf irgendwelche Art ständig beschäftigt werden, wenigstens 12 Stunden am Tag, ob sie damit nun ihren Lebensunterhalt verdienen oder nicht; denn wir hoffen, daß sich auf diese Weise die heranwachsende Generation so sehr an ständige Beschäftigung gewöhnen wird, daß sie dies zuletzt als angenehm und unterhaltend empfinden wird." Und noch deutlicher verlangt Powell 1772, den Kindern müsse „Arbeit und Anstrengung zur Gewohnheit, wenn nicht zur zweiten Natur werden". (Beides zitiert nach Thompson 1967, S. 95, Anm. 61 und 62.)

So kümmerlich sich die Unterrichtung der Kinder im Zucht- und Arbeitshaus auch ausnimmt, ist sie doch eine der Wurzeln unseres allgemeinen Schulwesens. Eine direkte Entwicklungslinie verbindet die Zucht- und Arbeitshäuser, die wir ja auch als Armen- und Waisenanstalten kennengelernt haben, mit den Industrieschulen, die sich im 18. Jahrhundert in Deutschland ausbreiteten (vgl. Leschinsky/Roeder 1976, S. 294 f.).

6. Das institutionelle Umfeld des Zucht- und Arbeitshauses

Arme und Arbeitsunfähige werden in der mittelalterlichen Gesellschaft durch Einrichtungen aufgefangen, deren Aufgaben teilweise umfassender, teilweise speziell hierauf konzentriert waren. Die feudalen Sozialbindungen, die bäuerliche und handwerkliche Großfamilie als Einheit von Produktion und Konsumption, die dörfliche und später die städtische Nachbarschaft, die ständische Selbsthilfe der Zünfte, Almosen und Stiftungen wohlhabender Einzelpersonen und schließlich die kirchlichen und kommunalen Einrichtungen absorbierten die sozialen Probleme teilweise schon im Vorfeld manifester Erscheinungsformen oder milderten sie durch punktuelle Maßnahmen. Aus der alten Tradition der Spitäler waren allmählich verschiedene kirchliche und kommunale Anstalten entstanden, die in ihrer Aufgabenstellung auf bestimmte Gruppen reproduktionsunfähiger Personen abzielten: das Siechhaus, das Waisenhaus, das Krankenhaus, das Irrenhaus, das Altenhaus (vgl. Hippel 1897, S. 431, 439; Koch 1933, S. 9 ff.). Träger waren zunächst vor allem die Kirchen, Klöster und Orden und später zunehmend das städtische Bürgertum. Diesen Prozeß der Übernahme der Armenpflege und Armenpolizei, also der Versorgung und Kontrolle der Armen durch das Bürgertum, hat Thomas Fischer in diesem Band in seinem Beitrag „Der Beginn frühmoderner Sozialpolitik in den deutschen Städten des 16. Jahrhunderts" ausführlich dargestellt.

Um sich das Panorama sozialer Einrichtungen in einer deutschen Stadt des 17. Jahrhunderts vorstellen zu können, seien hier die „milden Stiftungen in Bremen" aufgeführt, wie sie in einer Handschrift des 1777 geborenen Bürgermeisters und Inspektors des Armenhauses Dr. Simon Hermann Nonnen zusammengestellt sind (zit. nach Walte, um 1870, S. 238 ff.). Sie bilden das engere institutionelle Umfeld des Zucht- und Arbeitshauses. Neben der Mitte des 16. Jahrhunderts eingerichteten Diakonie und der Unterhaltung der Hausarmen durch monatliche Geld-, Brot- und Kleidungsspenden gab es folgende Einrichtungen: Das St.-Jürgens-Gasthaus für Kranke und Arme sowie vier Klöster waren inzwischen aufgelöst oder umgewandelt; Remberti-Hospital (gegr. 1346); Gertruden-Gasthaus (1366, für Bettelleute und arme Fremde); Ilsabeen-Gasthaus (1499, für arme und kranke Notleidende); Seefahrtshaus (1561, für verarmte Seeleute); St.-Jacobi-Witwenhaus (1599, für „ehrlicken Standes und Wandels Wedewen uth der Borgerschup"); Waisenhaus (1598); das alte Mannhaus (1678); Armenhaus (1698), Zucht- und Arbeitshaus (1609/13). Außer dem Seefahrtshaus standen sämtliche Einrichtungen zu Ende des 17. Jahrhunderts unter ausschließlicher oder maßgeblicher Kontrolle der Bremischen Bürgerschaft.

Abbildung 22
Werner von den Valckert (1585–1627): Brot-Austeilung (1627)
Die Regenten verteilen Brot an die notleidenden Armen, die den Raum von hinten und von der Seite betreten und das Brot im Austausch gegen ihre Brotmarke — ein Stückchen Blei — in Empfang nehmen.
(Aus: Arm in de Gouden Eeuw. Amsterdams Historisch Museum, Amsterdam 1965, Abb. 19, Cat.No. 75, S. 40)

Die Säkularisierung der Armenpflege ist ein allgemeiner Vorgang. Als mit den gesellschaftlichen Veränderungen die sozialen Spannungen und Probleme zunahmen, im Zuge der Reformation viele Klöster und Stiftungen aufgelöst wurden und damit wichtige Träger der Armenhilfe wegfielen, brach das System religiöscaritativer Hilfeleistungen zusammen. Neue Instrumente waren erforderlich, und sie mußten in der Hand der gesellschaftlich aufstrebenden und einflußreichen Kräfte liegen. In der Neuordnung des Armenwesens im 16. Jahrhundert

Abbildung 23
Das Armenhaus in Bremen. In der „Wittheit", d.h. Senatssitzung vom 15. April 1692 beschlossen, damit „die Bettler von den Gassen gehalten und zur Gottesfurcht aptiret werden möchten", wurde der Bau des Armenhauses 1696 begonnen und 1698 abgeschlossen. Die Baukosten waren zum großen Teil durch Sammlungen aufgebracht worden. Das Armenhaus beherbergte etwa 300 ortsansässige Arme; die arbeitsfähigen unterlagen der Arbeitspflicht, wie die Inschrift über dem Haupteingang andeutet: „Dieser Stat Armenhaus zum Bethen und Arbeyten". (Aus: Werner Klos: Das alte Bremen, Bremen: Schünemann 1978, Abb. 79. Vgl. auch: W.A. Walte: Dieser Stat Armenhaus zum Bethen und Arbeyten. Die Geschichte des Armenhauses zu Bremen, Bremen 1979.)

in Deutschland wird deshalb zunehmend die bürgerlich-kirchliche Gemeinde zum Träger der Armenpflege — mit zunehmendem Einfluß der städtischen Obrigkeit. Dies zeigen übereinstimmend die Bettel- und Armenordnungen von Nürnberg und Augsburg (1522), Straßburg (1523), Hamburg (1529), Bremen (1534) und der allgemeine Versuch einer Zentralisierung und Systematisierung der Zuständigkeiten und Mittel. Letztere wurden noch immer nicht durch allgemeine Steuern, sondern durch Spenden, Kollekten, Stiftungen etc. aufgebracht. Mittelknappheit, organisatorische Mängel und eine notwendig begrenzte Problemsicht ließen bestimmte Maßnahmen stärker in den Vordergrund treten.

In der Armengesetzgebung des 16. bis 18. Jahrhunderts spielt das Zucht- und Arbeitshaus eine zentrale Rolle. Neben Bettelverbot und der Androhung drakonischer Strafen bei Übertretung wurden auf diese Institution die größten Hoffnungen gesetzt. Bereits 1576 war in England ein Gesetz erlassen worden, nach welchem Correctionshäuser in jeder Grafschaft zu errichten waren (vgl. Hippel 1898, S. 426; Foucault 1973, S. 77). Das englische Armengesetz von 1601, das von Elisabeth I. erlassen wurde, steht ganz unter dem Prinzip der Erziehung der Armen und Arbeitslosen zur Arbeit durch Arbeitszwang; dieser sollte durch Arbeitshäuser institutionalisiert werden (vgl. Muensterberg 1887, S. 514; Rühle 1930, S. 66). Noch im Jahre 1723 bestimmt ein Gesetz Georgs I. in England, daß die Kirchspiele Arbeitshäuser für die arbeitsfähigen Armen einrichten sollten; außerhalb dieser solle den Armen keine Unterstützung gewährt werden (ebd. S. 70).

Ähnliche Gesetze und Verordnungen finden wir überall in Europa. 1618 erging ein Edikt des Großen Kurfürsten von Preußen, in dem die Errichtung von Zuchthäusern, Spinnhäusern und Manufakturen angeordnet wurde; die Kombination deutet auf die starken wirtschaftlichen Interessen hin, die dabei im Spiel waren. Und am 16. Juni 1676, zwanzig Jahre nach der Einrichtung des Hôpital général in Paris, erließ der französische König ein Edikt, in welchem die Errichtung eines „Hôpital général in jeder Stadt seines Reiches" angeordnet wurde (Foucault 1973, S. 74).

Es gibt einen Prozeß der Internierung, dem die Armen im 16. bis 18. Jahrhundert in ganz Europa gewaltsam unterworfen sind. Otto Rühle (1930, S. 66 ff.) hat darauf hingewiesen, daß sich dieser Prozeß in mehreren Etappen abgespielt hat. Am Anfang steht das Verbot der Vagabundage, das von grausamen Leibes- und Lebensstrafen oder mindestens ihrer Androhung begleitet wurde, das Problem aber dennoch nicht aus der Welt schaffen konnte. Durch Niederlassungsbeschränkungen, die den Armen auferlegt wurden, versuchten die Gemeinden, ihre armenpolitischen Ausgaben gering zu halten; ortsfremde Bettler wurden ausgewiesen. Für die Armen bedeutete dies eine weitere Bewegungseinschränkung, die der vom Arbeitsmarkt geforderten Mobilität oft entgegenstand. Schließlich wurden sie in ihrem Bewegungsspielraum noch mehr eingeschränkt

und im Zucht- und Arbeitshaus interniert, wo sie auf allerengstem Raum untergebracht zur Arbeit gezwungen wurden. Am Geißelpfahl, dieser festen Einrichtung jedes Zucht- und Arbeitshauses, hat ihre Bewegungsfreiheit ihr absolutes
Ende gefunden.

7. Die historisch-gesellschaftliche Bedeutung des Zucht- und Arbeitshauses

Aus den Quellen geht mit großer Übereinstimmung hervor, daß unmittelbarer und erster *Anlaß* für die Gründung von Zucht- und Arbeitshäusern die
„Bettler- und Vagabundenplage" war, die im 16. und 17. Jahrhundert ganz
Europa überzog. So argumentiert noch F.E. von Rochow in seinem „Versuch
über Armen-Anstalten und Abschaffung aller Betteley" von 1789. Er beschreibt
die Schäden, die die Bettelei mit sich bringt, weist auf die Unzulänglichkeit der
bisherigen Mittel gegen sie hin und folgert daraus die Notwendigkeit des Arbeitshauses (ebd. S. 5 ff.).

Im Zucht- und Arbeitshaus sollten die als arbeitsscheu und verbrecherisch ange-
sehenen Armen eingesperrt und bestraft, die anderen versorgt werden. „Puniendis facinorosis, custodiendis furiosis et mente captis publico sumptu dedicato
domus", lautet die Inschrift auf dem Zuchthaus, das 1710 in Celle errichtet wurde
(zit. nach Wagnitz, Bd. II, 1. Hälfte, 1792, S. 67). Gleichzeitig sollte das Zucht- und
Arbeitshaus abschrecken. Die „Miracula" von 1617 berichten in ironischer
Form, wie Kranke, die Arbeitsunfähigkeit simulierten, allein durch die Nennung
des „Rasphuis" in Amsterdam von ihrer „Krankheit" geheilt worden seien: „So
dann nun der Name des obgedachten Hauses eine solche Krafft hat, daß es
sobaldt es genennet wird, die Lahmen und Krüppel nicht allein gehend, sondern
auch so sehr lauffend machen kann, daß sie nicht mögen gefangen oder ereylet
werden." (zit. nach: Hippel 1898, S. 487; vgl. auch die Beispiele im Dokumenten-
anhang.)

Gewiß hat Hippel nicht Unrecht, wenn er für den zunehmenden Ersatz der
Leibes- und Lebensstrafen durch die Freiheitsstrafe, wie sie in der Institutiona-
lisierung des Zucht- und Arbeitshauses zum Ausdruck kommt, eine Abneigung
gegen die Grausamkeit des mittelalterlichen Strafsystems und vor allem die
Einsicht in seine weitgehende Nutzlosigkeit verantwortlich macht (1898, S. 649).
Aber woher kommt diese Abneigung und diese Einsicht?

Man versteht diese historisch, ökonomisch und sozial tiefgreifende *Umorientierung* (die hier nur angedeutet werden kann; ausführlich behandeln sie H.-G. Ritz
und V. Stamm im letzten Kapitel dieses Buches) erst richtig, wenn man sich verdeutlicht, daß es gegen Ende des 16. Jahrhunderts zu einer allmählichen Ver-

knappung der verwendbaren Arbeitskräfte kam, die auch während des gesamten 17. Jahrhunderts im wesentlichen anhielt (vgl. Abel 1970, S. 29 f.; Hinze 1927, S. 48 ff.). Neben Seuchen und Kriegsfolgen nennt Sombart (1916, S. 800 f.) weitere Ursachen, die zu einem Mangel an Arbeitskräften führten, obgleich häufig gleichzeitig große Bettlerscharen existierten:

1. Die geringe räumliche Mobilität, die teilweise sogar durch die in den Armengesetzen verankerte Niederlassungsbeschränkung für Arme gefördert wurde;
2. die geringe Qualifikation der potentiellen Arbeitskräfte; und
3. einen ausgeprägten Unwillen der aus ihren angestammten sozialen Bindungen herausgerissenen Menschen gegenüber den neuen Arbeitsformen, in denen sich die kapitalistische Produktionsweise ankündigt.

Die Entstehung der neuen Produktionsweise war an unabdingbare Voraussetzungen gebunden (vgl. dazu Mottek 1971, S. 245 ff.). Auf der einen Seite mußten große Geldfonds akkumuliert werden, aus denen unter bestimmten technischen und ökonomischen Bedingungen das gewerbliche Kapital hervorgehen konnte. Auf der anderen Seite mußten Arbeitskräfte neuen Typs hervorgebracht werden, die nicht nur über keine andere Reproduktionsquelle verfügen durften als den Verkauf ihrer Arbeitskraft, sondern die auch in ihren Kenntnissen und Fähigkeiten, ihren normativen und sozialen Orientierungen den Anforderungen der neuen Produktionsweise entsprachen. Dieser neue *Sozialcharakter* entstand nicht von selbst, sondern ist Produkt eines lang dauernden und breit gefächerten Prozesses der Sozialdisziplinierung (vgl. dazu Steinert/Treiber 1978, S. 95 ff.; Treiber/Steinert 1980). Karl Marx schreibt: ,,Es kostete Jahrhunderte, bis der ,,freie" Arbeiter infolge entwickelter kapitalistischer Produktionsweise sich freiwillig dazu versteht, d.h. gesellschaftlich dazu gezwungen ist, für den Preis seiner gewohnheitsmäßigen Lebensmittel seine ganze aktive Lebenszeit, ja seine Arbeitsfähigkeit selbst, seine Erstgeburt für ein Gericht Linsen zu verkaufen." (Das Kapital, Bd. 1, Kap. 8, 1961, S. 283)

Als institutionalisierter Bestandteil dieses umfassenden Disziplinierungsprozesses trägt auch die reformierte Armenpflege zu der Produktion des neuen Sozialcharakters bei. Die Zwangsvergesellschaftung des Lohnarbeiters, d.h. die Zurichtung der Arbeitskraft nicht nur für den einzelnen Betrieb, sondern für die neue Produktionsform der sich verallgemeinernden Lohnarbeit ist der materielle Kern aller Erziehungsprogramme, die die Zucht- und Arbeitshäuser in Europa seit dem Bridewell in London kennzeichnen. In diesen ,,Schulen der Arbeit", wie sie M. Friedländer 1804 nannte (S. 21), sollten die Insassen zu den Tugenden erzogen werden, die das heraufziehende bürgerliche Zeitalter erheischt: Pünktlichkeit, Sparsamkeit, Fleiß, Leistungs- und Gewinnstreben, Arbeitsdisziplin. Es gibt im 17. und 18. Jahrhundert eine säkulare und mit zahllosen Beispielen für alle Länder Europas dokumentierte Klage über die Faulheit, Genußsucht und

Renitenz der Arbeitskräfte (Belege u.a. bei Sombart 1916, S. 802–807; Thompson 1967, S. 90 ff.). Die Klagenden stimmen darin überein, „daß der Arbeiter nur im äußersten Notfall sich zur Arbeit bequeme und gerade nur immer so viel arbeite, als er für den notwendigsten Unterhalt brauche". (Sombart 1916, S. 804) In einer Quelle des frühen 18. Jahrhunderts heißt es: „Wenn die Leute eine solche außerordentliche Neigung zu Faulheit und Vergnügen haben, mit welchem Recht sollen wir annehmen, daß sie überhaupt arbeiten würden, wenn sie nicht durch wirkliche Not dazu gezwungen sind." (zit. bei Sombart 1916, S. 804 f.) Eine Entlohnung, die das Existenzminimum nicht überschritt und durch die damals übliche Festlegung einer Lohn-Höchstgrenze limitiert wurde, sowie unzählige andere Disziplinierungsmethoden sollten die Arbeiter abbringen von der „Idee der Nahrung" (Hinze 1927, S. 42), dieser vorindustriellen Orientierung an Gebrauchswerten, die der unmittelbaren Befriedigung der eigenen Bedürfnisse dienten. „Durch alle diese Methoden — Arbeitsteilung und Arbeitsüberwachung, Bußen, Glocken- und Uhrzeichen, Geldanreize, Predigten und Erziehungsmaßnahmen, Abschaffung von Jahrmärkten und Volksbelustigungen — wurden neue Arbeitsgewohnheiten und eine neue Zeitdisziplin ausgebildet." (Thompson 1967, S. 99) Dieser Zurichtung entspricht die Vorstellung der Bändigung einer wilden, widerspenstigen Natur, die die Besserungsversuche des Zucht- und Arbeitshauses kennzeichnet. Wilde Tiere zähmt der Fuhrmann auf dem Torgebäude in Amsterdam, und über ihm sowie auf der Geißelsäule im Innenhof thronte die geißelschwingende „Castigatio", die personifizierte Züchtigung.

Das Normensystem des entstehenden Kapitalismus, auf welches der neue Sozialcharakter des Lohnarbeiters orientiert werden mußte, wird in der Neubewertung zweier zentraler Begriffe besonders deutlich: im Begriff der Armut und im Begriff der Arbeit. *Armut* (vgl. Koch 1933, S. 123 ff.; Traphagen 1935, S. 11 ff.) hatte in den Anschauungen des hohen Mittelalters ihren unbezweifelten Ort in der gottgewollten Ordnung der sozialen Ungleichheit. Armut galt nicht nur nicht als Schande, sondern war seit Origines (um 185–253) und Cyprian (um 200 bis 258) als Bedürfnislosigkeit und im Armutsgebot vieler Orden ethisch geadelt. Von dieser Anschauung her bedurfte es keiner systematischen Anstrengung zur Linderung, Vorbeugung oder Aufhebung der Armut. Die entsprechende Konzeption der Hilfe ist deshalb die punktuell wirkende Caritas. Erst mit der Entstehung der bürgerlichen Gesellschaft wird Armut als individuelles Versagen verstanden, als ein Verschulden des einzelnen, das aus seiner geringen Arbeitswilligkeit resultiert.

Für die Besitzenden wird diese Armut zur Bedrohung. Denn Besitz, das ist die Erfahrung des jungen Bürger- und Unternehmertums, wird erworben und erhalten durch Sparsamkeit und unermüdliche *Arbeit*. Im hohen Mittelalter war die körperliche Arbeit nur als notwendiges Übel, als Voraussetzung eines gottgefälligen Lebens ohne positiven Eigenwert gesehen worden. Nun ist wirtschaftlicher Erfolg ein sichtbares Zeichen göttlicher Gnade, und die Arbeit ist zur ersten aller

Abbildung 24
Geißelpfahl im Innenhof des Zuchthauses in Amsterdam. Im Hintergrund des
Hofes steht der Geißelpfahl, gekrönt durch ein Standbild der „Justitia", die mit
verbundenen Augen, Waage und Schwert dargestellt ist. (Aus: Eberhard Schmidt:
Zuchthäuser und Gefängnisse, Göttingen, Vandenhoeck o.J. (1955))

Tugenden aufgestiegen. Aber die „Faulheit führt den Reigen der Laster an und
reißt sie mit sich". (Foucault 1973, S. 90) Die entsprechende Konzeption der
Abwehr ist Repression und Arbeitszwang, ist das Zucht- und Arbeitshaus:
„Labore nutrior (Durch Arbeit werde ich ernährt) stand über dem Werkhaus in
Hamburg; und über dem mit ihm verbundenen Zuchthaus: „Labore plector"

2. Bericht des Gassenmeisters Gabriel Schultze

LHA Potsdam, Pr. Br. Rep. 30 A, Tit. 3, Nr 3a, Bl. 103. — Protokoll. Unterzeichnet: Neddermann.

Soldat befreit festgenommenen Bettler.

Berlin, 2. Februar 1743

„Erscheinet der Gaßen Meister Gabriel Schultze in Person und saget: daß Er nebst seinen Cameraden Walther bey der Hospital Brücke diesen Morgen um 11 Uhr einen Bettler aufgehalten und als Sie denselben nach dem neuen Arbeits Hause lieffern wollen, und vor der Dönhoffschen Haupt Wache passiert, sey ihnen ein Soldat begegnet. Zu dem der Arrestirte Bettler gesprochen, daß Er Soldat werden wolle worauf dieser Soldat so vom hochlöbl. Truchsschen Regt. gewesen, sich des Bettlers annehmen wollen, Comparent habe sich aber gesperret, und gesprochen: Er hätte eher sich angeben können worauf ein Zulauff während des Zankens und Streits entstanden, und wäre Comparent von hinten zu mit einen Säbel über den Kopff durch den Hut gehauen worden. Wer es aber gewesen, könne Er nicht an Zeigen. Er habe sich zwar bey den Wachthabenden Hl. Officier von der Dönhoffschen Haupt Wache Gemeldet: allein dieser habe ihn geantwortet Er habe mit ihn nichts zu thun, Er solte nur gehen, der Bettler sey in Zwischen fortgekomen. Ferner meldet derselbe daß auch ein Mauer Geselle Kuhnt so vor dem Spand. thore wohne, ihn gleichfals den Bettler abjagen, und als Er es nicht zugeben wollen mit dem Stock auf ihn zugeschlagen.
Procuciret das attestatum des Chirurgi Catters."

4. Bericht des Polizeidirektors Kircheisen

LHA Potsdam, Pr. Br. Rep. 30 A, Tit. 3, Nr 3a, Bl. 115—116. Unterzeichnet: Kircheisen.

Bevölkerung befreit Bettlerin.

Berlin, 10. September 1743

„Heute früh um 9 Uhr erreget sich ein großes Lermen vor meinen Hause und es versamleten sich an die 200 Personhen, als ich hierauf aus meiner Stube gehe um zusehen was dis zubedeuten komt der

Armen Wächter Christian
Wach

in mein Hauß gesprungen und referiret, daß als er eine Bettlerin aufheben wollen, sey er von den Volck, verfolgt, geschlagen und mit Steinen geworffen worden, daß er sich in mein Hauß retiriren müßen. Kurtz darauf komt der Schuster Mstr. Sack und redet mich trotzig an:
Die Bürgerschafft ließe mich fragen, ob es nicht erlaubt, daß eine arme Frau auf der Straße gehen dürffe.
als ich ihm hierauf antworte daß der Armen Wächter seine Schwieger Mutter (welche einer veritablen Bettlerin gleich sehe auch noch die Schürtze voll Krautblätter, so sie erbettlet haben soll) auf Betteley getroffen und daß sie nach dem Arbeits Haußße, um die Sache zuuntersuchen gebracht werden solle, replicirt er

(Durch Arbeit büße ich) (zit. bei Quanter 1905, S. 135 f.).

mit brutalité sie habe nicht gebettlet, er laße sie nicht wegbringen. Weil nun immer mehr Volck sich versamlete, und viele Jungens auf den armen Wachter lauerten, wurde ich um mehreren Lerm zu verhüthen, genöthiget die Wacht hohlen zulaßen, welche die Leuthe auseinander brachten, und die aufgegriffene Frau zuentlaßen. Ein Junge hat sich hierbey am impertinensten aufgeführet indem er beständig auf der Gaße geschimpffet und unter meinen Fenstern offen aff ....gut[1] man solle den Armen Wächter todt schlagen, ich habe wegen Mangel der Leuthe ihn <u>nicht sofort</u> arretiren laßen können."

[1] Unleserlich.

6. Der Polizeidirektor Kircheisen an das Generaldirektorium

LHA Potsdam, Pr. Br. Rep. 30 A, Tit. 3, Nr 3a, Bl. 155—156. — Eingabe. Unterzeichnet: Kircheisen.

Von den Kanzeln soll bekanntgegeben werden, daß sich das Volk bei der Verhaftung von Bettlern nicht einmischen solle.

Berlin, 27. März 1747

„Ob ich wohl alles nur immer mögliche vorkehre, dem Straßen-Betteln völligen Einhalt zu thun, und deshalb von früh bis Abends von denen Armen Wächtern die Gaßen belauffen laße, so werde ich jedoch in diesen Anstalten darunter behindert, daß so bald der Soldat, der gemeine Mann und der Pöbel gewahr wird, daß der Armen Wächter einen Bettler angreifft und solchen zum weiteren Verfolgen wegen seines Bettelns und Persohn nach den Arbeitshauß bringen will, derselbige sich auf eine straffbahre Art zusammen rottiret, die Armen Wächter prügelt, und mit Gewehr verwundet, mithin die Bettlers befreyet.
Die Klagen über diese Excesse lauffen fast täglich bey mir ein, und die Armen Wächters sind zu verrichtung ihres Amts kaum mehr auf die Straßen zu bringen.
Das Gouvernement hat zwar die schärfsten Ordres an die Regimenter bey der parole ertheilen laßen, daß kein Soldat sich bey Gaßen lauffen unterstehen soll, wegen Behinderung der Aufgreiffung des Bettlers sich zu meliren, auch die Thäter, wenn ich solche ausfindig machen können bestraffet.
ich finde aber annoch höchst nötig, daß wiederholt in conformité des 5ten §phi des den 5. Jan. 1735[1] bereits Edicti von denen Cantzeln denen Gemeinden publiciret werde, daß der gemeine Mann und Pöbel bey wegnehmung der Bettler sich alles zusammen lauffens und rottirens auf denen Straßen, schimpfen oder schlagen der Armen Wächter, auch zu unternehmender Befreyung des Bettlers, bey einer <u>zu determinirenden</u> harten Bestraffung sich enthalten solle."[2]

[1] Edict, daß alle fremde Bettler aus Berlin weggeschaffet, keine eingelassen noch beherberget, auch deren Angreiffung durch die Gassen-Meister von niemand gehindert werden soll. Berlin, 5. Jan. 1735: Mylius, C. C. M. V, V, I, Sp. 105 ff.
[2] Am 27. Juni 1747 erließ das Polizei-Direktorium eine Bekanntmachung, in der die Bevölkerung gewarnt wurde, sich zugunsten von festgenommenen Bettlern einzumischen.

*Zeugnisse des Widerstands: Wie groß der Widerstand der Betroffenen gegen Bettlerjagden und -internierung wirklich gewesen ist, wissen wir nicht. Direkte Zeugnisse der Betroffenen haben wir nicht, indirekte nur wenige. Zu diesen gehören die oben wiedergegebenen Textstellen, die von der Befreiung festgenommener Bettler durch die Bevölkerung berichten und von einem Ersuchen der Polizei an die Kirche, die Leute von solchem Widerstand abzubringen.
(Aus: Horst Krüger: Zur Geschichte der Manufakturen und Manufakturarbeiter in Preußen, Berlin (DDR), Rütten und Loening 1958, S. 597, 598 und 600)*

Nicht nur auf Armut und Arbeit bezieht sich diese Umwertung, die sich seit dem 13. Jahrhundert in Europa allmählich vollzieht. Sie umfaßt alle Bereiche des Lebens, die Stellung des Menschen in der und zur Natur, die Stellung der Menschen zueinander, die Vorstellung von Raum und Zeit, das Bild vom Menschen. Erst jetzt erscheint er als Mängelwesen, als Homo educandus. Und es ist interessant zu beobachten, wie etwa die neue Verurteilung von Armut und Vagabundage noch lange Zeit eine obrigkeitliche Überzeugung bleibt, die das Volk nicht ohne weiteres zu akzeptieren bereit ist. So lassen sich die alten Gewohnheiten des Almosengebens zum Ärger der Behörden lange nicht abstellen, ja gibt es allerhand Widerstand gegen die repressive Ausgrenzung der Armen (vgl. die oben abgedruckten Zeugnisse des Widerstands). Und eine gewisse — wenn auch in das Träumen verbannte — Sympathie für das unstete Leben hat sich bei den Seßhaften bis heute erhalten.

Es ist kein Zufall, daß gerade das Stadtbürgertum, das aus seinen eigenen Lebens- und Arbeitsbedingungen heraus diese neue Disziplin hervorbrachte und Träger der neuen Bürgertugenden war, nun auch zunehmend die Organisation und Ausrichtung des Armenwesens zu bestimmen sich anschickte. Mit der Kompetenzausweitung der städtischen Magistrate schützt sich das Stadtbürgertum, wie Thomas Fischer in seiner Dissertation und in seinem Beitrag zu diesem Band zeigt, gegen soziale Erschütterung und Bedrohung. Mit den Zucht- und Arbeitshäusern hat es die Prinzipien des neuen Zeitalters gleichsam in besonderer Konzentration und Konsequenz durchzusetzen versucht.

Insbesondere der asketische Protestantismus und seine Spielarten — der Calvinismus, Pietismus und Puritanismus — haben die geschäftigen Ideale des aufsteigenden Bürgertums mit Eifer verbreitet. Ihr Träger war vor allem das in die Manufakturbourgeoisie aufsteigende Handwerkertum. Denn die Ethik von Beruf, Askese und Gewinn entsprach, wie Radbruch (1938, S. 47) und Kofler (1974, S. 286) gezeigt haben, exakt ihrem Versuch, sich durch die Akkumulation von Kapital aus der Abhängigkeit vom Kaufmannskapital zu befreien. Es ist deshalb auch sehr folgerichtig, daß sich die Zucht- und Arbeitshäuser, die gleichsam Verkörperungen der neuen Ideale darstellten, zunächst vor allem in den protestantischen Gebieten Europas ausbreiteten — in den Niederlanden, in England und im nördlichen Deutschland (vgl. M. Adler 1924, S. 47; Rusche/Kirchheimer 1939, S. 55; Endres 1974/75, S. 1013). Allerdings scheinen Staat und Kirche das ordnungspolitische Instrument der Internierung für ihre historisch aktuellen Zwecke auch im Zeichen der katholischen Gegenreformation erfolgreich gehandhabt zu haben (vgl. Foucault 1973, S. 74—77).

Überhaupt scheint der Hinweis nicht überflüssig, daß nicht irgendein „Zeitgeist" das Zucht- und Arbeitshaus hervorgebracht und nach seinen Prinzipien organisiert hat. Vielmehr geht es hier immer um handfeste Zwecke und Interessen:

Beseitigung der Belästigung durch den Bettel, Einsparung von Kosten, Erweiterung der eigenen Kompetenzen, die Aussicht auf Profit. Nur über die konkreten Hoffnungen, Wünsche und Ängste konkreter Menschen realisiert sich die Entwicklung auch des Zucht- und Arbeitshauses, nicht über logische Epochen-Programme. Daß diese Entwicklung dann oftmals eine andere Logik hatte, als die Akteure gedacht oder geplant hatten, steht auf einem anderen Blatt.

Für das Ende des 17. und für das 18. Jahrhundert läßt sich der Zusammenhang zwischen der wirtschaftlichen Entwicklung und der Entstehung und Funktion von Zucht- und Arbeitshäusern in Deutschland noch genauer fassen. Im Merkantilismus treffen sich die Interessen des landesherrlichen Absolutismus mit der aus ersten Anfängen sich entwickelten Industrie (vgl. Sombart 1916, S. 80 ff.; Hinze 1927, S. 67 ff.; Mottek 1971, Bd. 1, S. 257 ff.). Die Macht des absolutistischen Staates, der in Deutschland nicht die Gestalt des Nationalstaats, sondern nur die zersplitterte Form landesherrlicher Souveränität annahm, beruhte nach innen und außen auf seiner militärischen Kraft. Diese zu erhalten und zu stärken war Ziel der ,,Peuplierungspolitik'' der Fürsten, also ihrer verschiedenen Maßnahmen zur Förderung des Bevölkerungswachstums. Ihr diente auch die Förderung von Handel und gewerblicher Produktion. Der Staat verstand sich als ,,erster Unternehmer''. Er unterstützte die frühkapitalistischen Unternehmer in vielfältiger Form: durch Prämiensysteme, Steuervergünstigungen und die Gewährung von Monopolen, durch restriktive Arbeitsverträge, durch das Verbot der Auswanderung qualifizierter Arbeiter, durch die Anwerbung auswärtiger Arbeiter mit besonderen Kenntnissen und nicht zuletzt durch die Erziehung des Volkes zu Arbeitseifer, Betriebsamkeit und Pflichterfüllung. In einer ,,Vorstellung an einen Regenten wegen des Zustandes einer an einem Orte um Anno 1676 herum versuchten und nun wieder längst verschwundenen Seyden Manufactur'' (in: Leipziger Sammlungen, Bd. 3, S. 165; zit. bei Sombart 1916, S. 820) heißt es: Ein Land komme dann in Aufschwung, ,,wenn die Seyden- und Wollmanufacturen wohleingerichtet seyn und nur ein Zuchthaus dabei ist, durch dessen Furcht das liederliche Gesindlein zum erforderten Fleiß und Arbeit angewiesen wird. (...) Das ist ... gewiß, daß mit Zucht- und Waysenhäusern neue anzulegende und einzuführende Manufacturen gar unvergleichlich und am besten mit einander zu verknüpfen sind. Ein Zucht- und Waysenhaus sollte von Rechtswegen ein allgemeines Kunst-Werck und Manufactur Haus, ja eine öconomische Kunst- und Werckschule seyn ... Der Zweck ist, daß solche Häuser gleichsam Pflantz- und Baumschulen von 1000 guten Sachen und Manufacturen vor das gantze Land und alle andern Städte seyn sollen.''

Allein in Sachsen gab es Manufacturen u.a. in folgenden Zucht- und Arbeitshäusern: Waldheim (gegründet 1732), Dresden (1764), Langendorf (1764), Leipzig (1771), Zwickau, Bautzen (1785) (vgl. Forberger 1958, S. 216). Für Italien, Frankreich, England, Holland, die Schweiz, Deutschland und Österreich hat Sombart zahlreiche Beispiele für die direkte Lieferung von Arbeitskräften an Manufakturen durch Arbeitshäuser zusammengestellt (1916, S. 821 bis 823; ebenso Rühle 1930, S. 75 f.; Kulischer 1971, S. 150; Rusche/Kirchheimer 1939, S. 65 f.; Hinze 1927, S. 164).

Unter Umständen wurden die Zucht- und Arbeitshäuser sogar zur Entwicklung neuer Produktionen eingesetzt. 1710 entschied ein herzogliches Reskirpt, daß in Stuttgart ein Zucht- und Arbeitshaus für Waisen, unverschuldete Arme und Vagabunden gebaut werden solle und „daß dadurch allerhand Manufaktur und Fabrikation an bisher im Land nicht hervorgebrachten Waren eingeführt" werde (zit. nach Kallert 1964, S. 42). Seit 1743 existierte im Potsdamer Militärwaisenhaus eine Spitzenklöppelei, im allgemeinen Waisenhaus eine Seidenmanufaktur; und die Bergheimer Bijouterie-Industrie wurde im dortigen Zucht- und Arbeitshaus entwickelt (vgl. Koch 1933, S. 233). Für Brandenburg-Preußen konnte detailliert nachgewiesen werden, welch große Bedeutung die Zucht- und Arbeitshäuser für die Entwicklung des dortigen Textilgewerbes hatten (vgl. Hinze 1927, S. 104; Eichler 1970, S. 135). Und Rusche/Kirchheimer (1939, S. 74) bezeichnen die Zucht- und Arbeitshäuser allgemein als einen „wertvollen Beitrag zur Entwicklung der nationalen Wirtschaft".

Kehren wir zurück zu unserer Frage nach der Umorientierung, die wir in der Zielsetzung und den Maßnahmen des Strafsystems beobachtet haben. In den großen Entwicklungslinien erkennen wir einen deutlichen Zusammenhang zwischen dem Wandel der Formen von Strafe und sozialer Kontrolle und den grundlegenden gesellschaftlichen Veränderungen in Deutschland. Bis etwa um 1500 herrschen Bußen und Geldstrafen vor; sie entsprechen dem agrarischen Charakter der Gesellschaft. Einen Mangel an Arbeitskräften gibt es nicht. Aufgrund unterschiedlicher Ursachen finden wir dann im 16. Jahrhundert einen deutlichen Überschuß an Arbeitskräften, dem ein stark sinkender Lebensstandard der Bevölkerung entspricht (vgl. Abel 1970, S. 18). Leibes- und Lebensstrafen sind nun die vorherrschende Form der Bestrafung. Durch Bevölkerungsrückgang und durch die Entwicklung von Manufaktur und Industrie kommt es im 17. Jahrhundert zu einem erheblichen Mangel an Arbeitskräften, dem durch die Nutzung aller „brachliegenden Menschenkräfte" (Hinze 1927, S. 156) abgeholfen werden sollte. Die Freiheitsstrafe als Erziehung und Verwertung des Arbeitsvermögens dient diesem Zweck. „Was nutzet ein Dieb, der um fünfzig Gulden ist gehenket worden, sich oder diesem, den er bestohlen, da er doch im Werckhaus in einem Jahr wohl viermal so viel verdienen kann?" schreibt im Jahre 1688 der Nationalökonom J. J. Becher, der 1671 das „Zucht- und Werckhaus" in Wien angeregt und gegründet hatte (zit. bei Rusche 1933, S. 73).

Gegen Ende des 18. und zu Beginn des 19. Jahrhunderts bildet sich in den entwickelten Ländern Europas — wenn auch mit zeitlichen Verschiebungen — ein qualitativ neuer Überschuß an Arbeitskräften, die industrielle Reservearmee. Mit zunehmender Industrialisierung weicht die merkantilistische Wirtschafts- und Sozialpolitik dem Liberalismus. Th. R. Malthus (1766–1834) bestreitet in seinem „Essay on the Principle of Population" (London 1798) grundsätzlich die Berechtigung einer planmäßigen Armenfürsorge. Im Rahmen des Bevölkerungsgesetzes, nach welchem die Bevölkerung stets schneller wachse als die zu ihrer Ernährung nötigen Lebensmittel, erklärt er Not und Elend zu naturnotwendigen Phänomenen.

Wenngleich die Freiheitsstrafe auch nicht mehr abgeschafft wird, so lebt doch das alte Strafsystem der Leibes- und Lebensstrafe wieder stärker auf. Arbeit war in den frühen Zucht- und Arbeitshäusern gleichermaßen Erziehungsmittel wie produktive Quelle der eigenen Reproduktionssicherung. In den Anstalten des frühen 19. Jahrhunderts verkommt sie zunehmend zu einem Instrument der Bestrafung, ja der Folter. Sinnloses Steineschleppen von einem Ort zum anderen, endloses Pumpen ohne Zweck und vor allem die bei den Insassen so verhaßte Tretmühle waren weit verbreitet. In der Tretmühle findet die jeden Sinnes entleerte, nur auf Beschäftigung, Ermüdung und Peinigung der Insassen gerichtete Arbeit ihren klassischen Ausdruck (vgl. Rusche/Kirchheimer 1939, S. 157; Foucault 1976, S. 308).

Fassen wir schließlich das Ergebnis unserer Überlegungen zusammen. Die Zucht- und Arbeitshäuser sind Bestandteil jenes außerökonomischen Zwangs, der den Übergang von der agrarisch-feudalen zur kapitalistischen Produktionsweise als „Geburtshelfer" (K. Marx) begleitete und abkürzte. Sie sind selbst eine Übergangserscheinung in diesem gesellschaftlichen Umbruch. Nur in diesem Zeitraum sind sie entstanden, und nur in diesem Zeitraum stellten sich die wirtschaftspolitischen, sozialpolitischen und erziehungspolitischen Aufgaben, die die Herausbildung des neuen Sozialcharakters, des Lohnarbeiters, mit sich brachten.

Das Zucht- und Arbeitshaus ist ein institutionell gebündelter Lösungsversuch. Es beseitigt wenigstens zu einem Teil die Erscheinung von Bettelei und Armut, die bürgerlichem Selbstbewußtsein so widerwärtig sein mußte. Es entlastete die öffentlichen Unterstützungausgaben, indem es die Arbeitskraft der Insassen für ihre Reproduktion nutzte. Es unterwarf einen Teil der Bevölkerung einem Programm der sozialen Disziplinierung, das der wirtschaftlich-politischen Entwicklung entsprach.

Aber nicht in der direkten und quantitativ bedeutsamen Zurichtung oder Zulieferung von Arbeitskräften an eine sich entwickelnde Manufaktur ist die wesentliche Funktion des Zucht- und Arbeitshauses zu sehen. Diese liegt viel eher auf einer *symbolischen* Ebene: Es ist ein institutionalisiertes Wahrzeichen, durch welches jedermann unmißverständlich vorgeführt bekommt, was erwünschtes und was unerwünschtes Verhalten ist, worin sich eine gute von einer schlechten Gesinnung unterscheidet und vor allem, wie man auf den Pfad der (Arbeits-) Tugend gelangt. In diesem qualitativ-strukturellen Sinn kann das Zucht- und Arbeitshaus die „Kerninstitution" der frühbürgerlichen Sozialpolitik genannt werden.

Das Zucht- und Arbeitshaus ist eine Einrichtung mit historischem Übergangscharakter. Mit der feudal-absolutistischen Gesellschaft hat es die Anstaltstradition gemein und das direkte, außerökonomische Gewaltverhältnis. Neu auf die bürgerliche Gesellschaft hinweisend ist dagegen die Verkoppelung von Produktion und Sozialisation und das Prinzip der Rentabilität, also der Reproduktion der Armen nicht aus Almosen, sondern aus dem Ertrag ihrer Arbeitskraft. Die ökonomische Nutzung der Arbeitskraft für den Eigenunterhalt und für den Gewinn anderer ist der leitende Gedanke in der Geschichte dieser Einrichtung. Im Jahr 1669/70 empfiehlt Gottfried Wilhelm Leibniz (1646–1716), „Werck- und Zuchthäuser, die Müßiggänger, Bettler, Krüpel und spitalmäßige Übelthäter anstatt der Schmiedung auf die Galeeren und niemand nuzen Todesstraffe, oder zum wenigstens schädlichen Fustigation, in Arbeit zu Stellen, anzulegen; ... ein Hospital aufzurichten, so sich selbst erhalte, denn keiner so lahm ist, daß er nicht auf gewisse Maße arbeiten könne." (zit. bei Kallert 1964, S. 43) Und nicht anders beschreibt der aufgeklärte Kritiker H. B. Wagnitz 1791 den Zweck der Zucht- und Arbeitshäuser: „die Gefangenen zu und an einen gewissen industriösen Sinn zu gewöhnen, und sie dadurch für die Zukunft, so wie schon itzt durch die Arbeiten selbst, dem Publikum und sich selbst nützlich zu machen." (Bd. I, S. 164) Die ökonomische Nutzung der Arbeitskraft wird zum Leitmotiv bürgerlicher Sozialpolitik allgemein, denn je höher die durchschnittliche Produktivität der Arbeitskraft, desto rentabler ist ihr möglichst umfassender Einsatz (vgl. Rimlinger 1973, S. 114).

Dem historischen Übergangscharakter entspricht die eigentümliche Form der Disziplinierungstechnik, der wir hier begegnen. Es ist nicht mehr ausschließlich die traditionell patriarchalische Herrschaftsform, die das Zucht- und Arbeitshaus kennzeichnet. Andererseits hat sich die neue, nur regelvermittelte, internalisierte Selbstbeherrschung noch nicht durchgesetzt, die die Marktvergesellschaftung mit sich bringt (vgl. Treiber/Steinert 1980, S. 60). Vielmehr finden wir in der Kombination von Anstaltsordnung und Zuchtmeister, Moralpredigt und Peitsche eine Mischform sozialer Kontrolle, die nur an dieser historischen Nahtstelle sinnvoll war.

Dem historischen Übergangscharakter des Zucht- und Arbeitshauses entspricht der Übergangsstatus seiner Insassen. Sie sind keine Leibeigenen mehr wie im Feudalismus, aber auch noch keine freien Lohnarbeiter, wie sie der Kapitalismus als vorherrschenden Reproduktionstypus hervorbringt. Tatsächlich schwankt der

Status der Insassen zwischen diesen beiden Polen und neigt je nach regionalen Bedingungen und historischem Entwicklungsgrad eher dem einen oder dem anderen zu. Die durch physische Gewalt erzwungene Präsenz, die beschnittene Freizügigkeit, und die durch körperliche Züchtigung durchgesetzte Arbeitspflicht — diese Merkmale weisen zurück in den Feudalismus. Kein Produktionsmittel mehr zu sein, aber auch keines zu haben, durch die Teilung der Arbeit zum Teilarbeiter verstümmelt zu werden, durch Arbeitsprämien am Gesamtertrag beteiligt zu werden und einen Lohn ausgezahlt zu bekommen — dies alles sind Merkmale, die auf den neuen Status des freien Lohnarbeiters hinweisen (vgl. Forberger 1958, S. 6 ff., 216; Eichler 1970, S. 144).

Der historischen Übergangssituation entspricht auch, daß das Zucht- und Arbeitshaus für einen begrenzten Zeitraum mehrere Funktionen in sich vereinigte, die in der mittelalterlichen Gesellschaft vorher und in der bürgerlichen Gesellschaft später durch unterschiedliche Institutionen wahrgenommen wurden. Dies macht seine besondere historische Bedeutung und seine Schlüsselstellung im Rahmen der entstehenden bürgerlichen Sozialpolitik aus. Umgekehrt kommen in ihm die allgemeinen Prinzipien der bürgerlichen Reform des Armenwesens besonders deutlich zum Ausdruck. Auf der *ökonomischen* Ebene bedeutet das Zucht- und Arbeitshaus eine Entlastung der Armenkassen und damit eine allgemeine Zentralisierung, Rationalisierung und Ökonomisierung des Armenwesens. Darüber hinaus war es ein Beitrag zur Arbeiterbeschaffung und insbesondere zur Entwicklung neuer Produktionszweige und zentralisierter, kontrollierter Reproduktionsformen. Auf der *ordnungspolitischen* Ebene war das Zucht- und Arbeitshaus ein Instrument der Sozialdisziplinierung, dessen sich das aufsteigende Bürgertum mittels der Kommunalisierung der Armenpflege immer mehr bemächtigte und mit dem es seine eigenen wirtschaftlichen und gesellschaftlichen Interessen an der Hervorbringung des disziplinierten Lohnarbeiters und an der sozialen Kontrolle abweichender Verhaltensweisen absicherte. Auf der *ideologischen* Ebene erzwang, demonstrierte und verbreitete das Zucht- und Arbeitshaus pädagogisierend jene neuen Orientierungen und Normen, deren Verinnerlichung den freien Lohnarbeiter erst funktionstüchtig und verwertbar macht.

Nicht jedes Zucht- und Arbeitshaus hat das ganze Kontinuum dieser Funktionen gleichermaßen abgedeckt. Sie gingen ineinander über und traten je nach dem regionalen Umfeld und dem historischen Entwicklungsgrad verschieden stark hervor. Stark vereinfachend lassen sich daher auch unterschiedliche Typen von Zucht- und Arbeitshäusern erkennen, die bestimmten Entwicklungsstufen entsprechen und in denen jeweils spezifische Funktionen dominieren. Insofern gehorchen Entwicklung und Bestand des Zucht- und Arbeitshauses allgemein und hinsichtlich einzelner Einrichtungen nicht derselben Logik, der es seine Entstehung und Einrichtung verdankt. Die Zucht- und Arbeitshäuser des frühen 17. Jahrhunderts gleichen am ehesten den Gefängnissen mit Zwangseinweisung, -aufenthalt und -arbeit. Sie sind das „Dampfmaschinen-Zeitalter" (Treiber/Steinert

1980, S. 33) der sozialen Kontrolle. Als moralische Anstalten der Besserung und Sozialisierung haben Aufklärer wie Wagnitz und Rochow jene Einrichtung verstanden, die sie im 18. Jahrhundert als Alternative zu den vorgefundenen Zucht- und Arbeitshäusern entwarfen. Kaum von einem Manufaktur- oder Fabrikbetrieb zu unterscheiden waren zur gleichen Zeit Zucht- und Arbeitshäuser wie Pforzheim oder Potsdam, Beispiele einer erfolgreichen merkantilistischen Wirtschaftspolitik. Repressive Zwangsanstalten mit sinnentleerter Zwangsarbeit wurden die Zucht- und Arbeitshäuser wieder im 19. Jahrhundert, als sie der nunmehr entstandenen industriellen Reservearmee alle Alternativen der Reproduktion als über den Verkauf der Arbeitskraft versperren sollten. Als solche schleppen sie sich bis ins 20. Jahrhhundert; sie wurden in Deutschland erst 1963 durch ein BVG-Urteil abgeschafft. Die Entfaltung der bürgerlichen Gesellschaft überholte die Zucht- und Arbeitshäuser. Die gesellschaftlichen Probleme, auf die sie sich bezogen hatten, differenzierten sich und waren in ein- und derselben Institution nicht zu bewältigen. Die Funktionen, die das Zucht- und Arbeitshaus für eine bestimmte Epoche in sich vereinigt hatte, traten auseinander und unterlagen einem Prozeß der institutionellen Ausdifferenzierung. So gliederten sich — paradigmatisch betrachtet — die Funktionen der Arbeit aus in die Fabriken als den entwickelten Institutionen der Produktion, die Qualifikation in die Institutonen des Bildungswesens, die Reparatur des Arbeitsvermögens in die Institutionen des Gesundheitswesens, die Aufbewahrung und Kasernierung in die Institutionen der Alimentation und des Strafvollzugs. Andere Funktionen der Reproduktionssicherung gingen in Formen über, die nicht anstaltsmäßig organisiert, sondern etwa über Geldleistungen vermittelt sind. Zucht- und Arbeitshäuser, die bis ins 19. und beginnende 20. Jahrhundert existierten, nahmen denn auch zunehmend den Charakter einer dieser spezialisierten Entwicklungslinien an. In diesem Prozeß der institutionellen Ausdifferenzierung entstand schließlich auch ein besonderes Erziehungs-, Pflege- und Aufsichtspersonal. Diesen spezialisierten und professionalisierten Expertenstäben wurde zunehmend die Kompetenz übertragen, soziale Problemlagen zu definieren, Lösungsangebote zu unterbreiten und zu exekutieren.

Thomas Fischer

Die Anfänge frühbürgerlicher Sozialpolitik

1. Vorbemerkung

Wer sich aus historischem Interesse mit den Problemen Armut und Armenfürsorge beschäftigt, stößt auf zunehmende Schwierigkeiten, je weiter er sich in der Geschichte zurückbewegt. Die Materialberge flachen rasch ab, die Zahl ungelöster Fragen wächst rapide. Speziell gilt dies für die quellenarme mittelalterliche Zeit. Gerade sie aber ist in unserem Zusammenhang von großer Bedeutung. Denn im ausgehenden 15. Jahrhundert vollzieht sich der Wandel von der traditonellen kirchlichen *Caritas* zur modernen frühbürgerlichen *Fürsorge*.

Die Ursachen dieses Wandels sind auch heute noch nicht vollkommen geklärt. Es fehlt eine ausreichende Zahl von Detailstudien für eine gründliche Gesamtanalyse. Immerhin liegen einige wichtige Einzelsudien vor, und zwar zu folgenden Problembereichen:

— die Lage der städtischen Unterschichten (vgl. dazu Brandt, 1966; Davis, 1974; Fischer 1976; Maschke/Sydow, 1967 + 1969)
— die Bevölkerungs- und Preis-Lohn-Entwicklung seit dem 15. Jahrhundert (vgl. dazu Abel 1966 + 1974; Bog 1968; Elsas 1936/49; Maczak 1974; Saalfeld 1971; Scholliers 1960)
— Formen und Institutionen der mittelalterlichen Caritas (vgl. dazu Ratzinger 1868; Uhlhorn 1882—1890).

1976 habe ich in einer größeren Arbeit versucht, diese Forschungssträge zu verbinden und auf der Basis von Quellenstudien weiterzuführen. Der vorliegende Beitrag faßt wichtige Aspekte zusammen: Es geht dabei zum einen um die soziale und ökonomische Bedeutung, welche die Armut für die Betroffenen hatte, zum anderen um Probleme des sozialen Wandels; hier stehen Fragen nach den Ursachen, Zielen und Methoden der beginnenden Sozialpolitik im Mittelpunkt.

2. Einleitung: Der Beginn frühmoderner Sozialpolitik in deutschen Städten des 16. Jahrhunderts

Am 29. April des Jahres 1517, es war ein Teuerungsjahr, entschloß sich der Rat der Stadt Freiburg i. Breisgau, eine Bettelordnung zu erlassen.[1] Um „unzucht" abzustellen, wie es heißt, sollte die Genossenschaft der städtischen Bettler in Zukunft vierteljährlich zu einem Gerichtstag zusammentreten und alle Bettler mit einer Geldstrafe belegen, die in der Zwischenzeit wider die Ordnung gehandelt hätten. Die Ordnung, das war ein Katalog von Verhaltensweisen, den der Rat sogleich mitlieferte:

Jeder Bettler, so wird gefordert, solle samstagabends vor dem Magnificat zur Vesper erscheinen bei Strafe von 12 Pfennigen; am Sonntag und anderen Feiertagen solle kein Bettler vorne in der Kirche stehen, sondern im mittleren Gang nahe beim Portal Platz nehmen und dort „an seinem sitz still bliben sitzen und nit ufstan und keins für das ander dringen, bis das almusen usgeben würd" bei Strafe von 6 Pfennigen. Wenn der Bettelvogt Schweigen geböte, so habe Ruhe einzukehren bei Strafe von 3 Pfennigen. Wer „frevenlich" wider das Almosen rede, solle 12 Pfennige zahlen, und wenn er es des öfteren tue, werde er ohne Gnade der Stadt verwiesen. Wenn verlangt werde, daß die Kirchen zu säubern seien, sollen alle Bettler ohne Widerrede an die Arbeit gehen; wer sich weigere, dem solle das Almosen entzogen werden. Ähnlich geht es Punkt für Punkt weiter bis hin zum Resümee: Alle die, die das Almosen in Freiburg empfangen, sollen nicht in der Kirche betteln, niemanden zu Übermut veranlassen, weder Gott lästern noch Kuppelei, Spiel oder andere „Büberei" treiben und sich keinesfalls betrinken. Falls das übertreten werde, werde der Rat harte Strafen verhängen und die Betroffenen gnadenlos der Stadt verweisen.

Aus der heutigen Sicht muten derartige Regelungen kurios an. Für das 16. Jahrhundert jedoch bedeutete das mit dem geschilderten Bußkatalog verbundene Verfahren ständiger Kontrolle und Überwachung einer bestimmten sozialen Schicht etwas radikal Neues: Eine Jahrhunderte dauernde Tradition genossenschaftlicher Selbstregelungen wird — wenn auch nur etappenweise, so doch zielstrebig — beseitigt, und an ihre Stelle tritt die Allmacht der Obrigkeit in Gestalt von Magistrat, Verwaltung und Polizei.[2] Die Armen und Bettler waren die ersten, die diesen Wandel zu spüren bekamen. Sie, die im gesamten Mittelalter ganz selbstverständlich toleriert waren, weil sie als lebendes Zeichen irdischer Vergänglichkeit und als Empfänger sündentilgender Stiftungen eine wichtige religiöse Funktion erfüllten, sie sahen sich nun an den Rand der Gesellschaft gedrängt und Verwaltungs- und Polizeimaßnahmen ausgeliefert.

Dieser Wandel, auf den im folgenden näher einzugehen ist, bedeutet den Übergang von mittelalterlicher Caritas zur frühbürgerlichen Sozialpolitik. Mittelalterliche Caritas, das war Hilfe „ad pias causas", zu frommen Zwecken. Es ging dabei nicht um Beseitigung, sondern um Linderung von Not. Es ging nicht um planvolle Maßnahmen, die auf eine genau bestimmte soziale Gruppe zielten, sondern um spontane Hilfe, um Hilfe für den Augenblick und um Hilfe für den, der sich äußerlich als bedürftig auswies. Privatleute, Genossenschaften und geistliche Institutionen leisteten diese Hilfe, nicht irgendwelche weltlichen Einrichtungen. Und die Motive der Hilfe waren weder sozialer noch politischer Art, sondern sie waren vorrangig religiös geprägt: Das Gebot der Nächstenliebe und — mehr noch — die Hoffnung des Gebers, für seine Almosengabe im Diesseits eine Belohnung im Jenseits zu erhalten, waren die Haupttriebfedern mittelalterlicher Stiftungsfreudigkeit.

Sozialpolitik dagegen, als planvolle, auf bestimmte soziale Ziele abgestellte und auf eine genau definierte Personengruppe gerichtete Politik weltlicher Provenienz begann erst am Ende des Mittelalters, genauer: in der zweiten Hälfte des

15. Jahrhunderts, und sie begann dort, wo die gesellschaftliche Entwicklung am weitesten fortgeschritten war, nämlich in den Städten. Nicht das Mittelalter, sondern das ausgehende 15. und das beginnende 16. Jahrhundert ist also die Zeit der Entstehung der Armen- bzw. der Sozialpolitik, und da diese Politik einem Geiste entstammte, der nicht feudal-agrarischen, sondern kaufmännisch-handwerklichen Lebensformen entsprach, verdient sie das Attribut „bürgerlich" oder, wenn man die historische Entwicklung mitberücksichtigt, „frühbürgerlich".

Zur Klärung dieser Entwicklung möchte ich in einem ersten Teil kurz das Phänomen „Armut" etwas genauer kennzeichnen und dann im zweiten Teil auf die Faktoren des Übergangs von mittelalterlicher Caritas zur Sozialpolitik und auf die Folgen für die betroffenen sozialen Gruppen zu sprechen kommen.

3. Armut im 15. und 16. Jahrhundert

War der Begriff „Armut" im spätmittelalterlichen Sprachgebrauch primär dem Bereich personaler Herrschaft zugeordnet — Armut im Sinne von „schutzbedürftig", „von geringem Stande" usw. —, so trat seit dem 15. Jahrhundert der ökonomisch-soziale, durch materiellen Besitz bestimmte Armutsbegriff in den Vordergrund.[3] Dies gilt insbesondere für das städtische Bürgertum, bei dem die ständische Gliederung durch einen einheitlichen Rechtsverband beseitigt worden war und wo Arbeitsteilung und eine sich ausweitende Geld- und Erwerbswirtschaft am frühesten neue soziale Wertmaßstäbe hervorbrachten: Nicht mehr die engere oder die weitere Bindung an einen Herrn sowie dessen höhere oder geringere Position in der Ständehierarchie, sondern Beruf und Vermögen, Besitz oder Nichtbesitz des Bürgerrechts und das Maß der Partizipation des einzelnen am gesellschaftlichen Leben der Zünfte bestimmten den Sozialstatus.
Einen mittleren gesellschaftlichen Rang nahm danach derjenige ein, der handwerklich qualifiziert war, einen selbständigen Beruf ausübte, das Zunft- und Bürgerrecht besaß und der über ein ausreichendes Vermögen — im 15. und 16. Jahrhundert etwa 100 rheinische Gulden — verfügte, um die vielfältigen politischen, militärischen, sozialen und religiösen Verpflichtungen der Zünfte und Bruderschaften erfüllen zu können.[4] Wem es an diesen Statusmerkmalen gänzlich oder teilweise mangelte, vor allem wer weder einer selbständigen Arbeit nachging noch über eine handwerkliche Qualifikation verfügte, galt als arm.
Im Hinblick auf den materiellen Besitz des einzelnen und auf seine Möglichkeit, am gesellschaftlichen Leben aktiv teilzunehmen, unterschied man drei Armutsstufen:
1. Armut, die sich in einem Besitzbereich von ca. 30—100 Gulden bewegte. Das Ideal eines mittelständisch-zünftigen Lebensstandards wurde damit zwar nicht

erreicht, dennoch war die Existenz des einzelnen einigermaßen gesichert, was ihm eine partielle Beteiligung an den zünftigen Lebensformen ermöglichte. Wir bezeichnen diesen Status heute als *sekundäre Armut*.

2. Armut in den Grenzen von 0–30 Gulden Besitz, was etwa dem Gesamt des Hausrats und einfacher Produktionsmittel entsprach. Die Menschen, die diesem Armutsbereich — wir bezeichnen ihn als *primäre Armut* — angehörten, stellten ihr wirtschaftliches Handeln ausschließlich auf die Sicherung ihres Grundbedarfs an lebensnotwendigen Konsumgütern ab; für die Erfüllung gesellschaftlicher Bedürfnisse und Ansprüche bleib kein Raum.

3. Armut, bei der die Existenzsicherung aus eigenen Kräften nicht mehr gelang, so daß die Betroffenen auf die Hilfe Dritter angewiesen waren. Armut wurde hier zu einer sozialen Kategorie, insofern der Arme durch Betteln einen Anspruch auf materielle Hilfe von Seiten der Gesellschaft erhob und die Gesellschaft diesen Anspruch als grundsätzlich berechtigt anerkannte (vgl. Simmel 1906, S. 27). Wir bezeichnen diesen untersten Armutsbereich als Bedürftigkeit.

Mit Hilfe der getroffenen Unterscheidung läßt sich der Umfang der Armut in den Städten des 15. und 16. Jahrhunderts auf der Grundlage der Steuerbücher errechnen, wobei jedoch zu berücksichtigen ist, daß quellenkritische und methodische Schwierigkeiten nur die Ermittlung von Richtzahlen erlauben.

Was die *obere Armutsgrenze* von 100 Gulden angeht, so führt ein Vergleich verschiedener Städte zu dem Ergebnis, daß die breite Masse der städtischen Bevölkerung, nämlich rund zwei Drittel, als arme Unterschicht zu charakterisieren ist. Sieht man auf die *zweite Armutsschwelle*, die bei etwa 30 Gulden anzusetzen ist, so ergibt sich, daß der Anteil derjenigen Personen, die „allein von Arbeit gegen Tageslohn oder Akkord oder nach Gelegenheit wechselnder Dienstverhältnisse lebten", ca. 35 v.H. der Gesamtbevölkerung betrug (vgl. Abel 1966, S. 133) Ein großer Teil dieser Menschen, etwa 20 v.H. der Gesamtbevölkerung, war „nach Menge, Qualität und Anzahl der Mahlzeiten unregelmäßig und unzureichend ernährt" (Bog 1968, S. 65). Wenn diese ca. 20% auch nach heutigem Ermessen bedürftig waren, so galt das doch damals nicht. Mangel und Fehlernährung wurden damals als normal empfunden, was bei den wenig entwickelten Wirtschaftsweisen und bei der geringen Produktivität und Effizienz der Arbeit nicht wundert. Erst wenn die akute Gefahr bestand, daß der einzelne ohne soziale Hilfe nicht würde überleben können, trat der Bedürftigkeitsfall ein. Die Zahl dieser offiziell Bedürftigen lag bei etwa 5–10% der Stadtbevölkerung (vgl. Fischer 1976, S. 48). Die Zahlen machen deutlich, daß Armut in den spätmittelalterlichen und frühneuzeitlichen Städten und, wenn man die in ihrem Umfang nach größere Landarmut mit hinzunimmt, in den vorindustriellen Gesellschaften überhaupt, als

strukturelles Phänomen auf den bei weitem größten Teil der Bevölkerung zu-
traf. Diese Grundtatsache ist immer zu bedenken, wenn man die Chancen und
Versäumnisse der im ausgehenden 15. Jahrhundert beginnenden Sozialpolitik
angemessen beurteilen will.

4. Armut und Beruf

Bei dem geringen Vermögen der Armen, welches in der Regel nicht viel
mehr als den notwendigen Hausrat einschließlich einfacher Produktionsmittel
umfaßte, ist ihrer Arbeit, genauer: ihrer Handarbeit, eine besondere Bedeutung
beizumessen. Denn da die Handarbeit die Hauptquelle ihres Lebensunterhalts
bildete, resultierte aus der jeweils unterschiedlichen Stellung des einzelnen im
Arbeitsprozeß bzw. aus dem Grad seiner Arbeitsfähigkeit das breite Spektrum
konkreter Erscheinungsformen von Armut und Bedürftigkeit. Grundsätzlich läßt
sich feststellen, daß den Armen bei der seit dem 14. Jahrhundert schnell fort-
schreitenden Arbeitsteilung und der zunehmenden Differenzierung der Berufs-
positionen im Produktionsablauf mehr und mehr nur abhängige und untergeord-
nete Arbeit zur Verfügung gestellt wurde. Dieser Umstand erklärt sich aus dem
simplen Faktum, daß die große Mehrzahl der Armen weder über einen seit dem
15. Jahrhundert verstärkt geforderten handwerklichen Qualifikationsnachweis
noch über einen hinreichenden Besitz an Produktionsmitteln verfügte, um eine
selbständige handwerkliche Tätigkeit im Zunftverband auszuüben. Der Straßburger Almosenverwalter Lukas Hackfurt verdeutlichte seinen Zeitgenossen diese
Zusammenhänge in einer Denkschrift von 1532, in welcher er auf die schlechten
Berufsaussichten der Kinder armer Leute verwies:

> „... und ob sie (sc. die Kinder) schon einen dienst finden, so sind sie
> nit bekleidet dernoch, das eines burgers frowe ir ließ ein solchen
> äschengrüdel nochgon oder im ein alts röcklin anwürfe. So ist auch
> kein handwerksmann, der ein solchen armen knaben vergebens
> lernte...; deßhalben müssen sie ellende bettler werden und bliben,
> so sie in der jugent kein hilf haben, und im alter gibt es diebe oder
> sonst ful leitschen (Huren), und wann sie wol geraten, so werden
> saeckträger und kärchleinslüt (Karrer) darus, dern die statt voll
> ist..." (Winckelmann 1922, Nr. 113, S. 158)

Armut trat nun zwar in allen Berufszweigen auf, dennoch gab es bestimmte
Bereiche, die vorrangig mit Armen besetzt waren, weil sie einer großen Zahl von
ungelernten bzw. weniger qualifizierten Arbeitskräften Erwerbsmöglichkeiten
boten. Das waren vor allem: 1. der textile Sektor, 2. der Bausektor, 3. der städ-
tisch-agrarische Sektor.
Im textilen Bereich beschäftigte vor allem das Weberhandwerk einen Großteil

der Armen, die als Lohnarbeiter im Stücklohn für Handelsunternehmen produzierten. Die verschiedenen Formen des Verlages, die sich seit dem Spätmittelalter gerade im Textilgewerbe herausgebildet hatten, führten dazu, daß ein wirtschaftlicher und sozialer Aufstieg der armen Weber weitgehend ausgeschlossen wurde und daß auch ehemals selbständige Handwerksmeister unter dem Druck der durch den Tuchhandel reich gewordenen Unternehmer konkurrenzunfähig und lohabhängig wurden. Diese Abhängigkeit, die sich in leistungsorientierten Stücklöhnen niederschlug, hatte in den nicht seltenen Zeiten wirtschaftlicher Krisen Massenarbeitslosigkeit und, da Einrichtungen sozialer Sicherung weitgehend fehlten, sich unmittelbar anschließende Hungersnöte zur Folge. Der Straßburger Armendiakon Alexander Berner berichtet beispielsweise aus eigener Anschauung von Nürnberg, wo sich in den beiden letzten Jahrhunderten des Mittelalters die Wollweberei zu einer Industrie mit Fernabsatz entwickelt hatte:[5]

> „Etlich seind, die sich mit irer arbeit und antwerken erneren, und aber dieselbig viler kind halb, die sie haben, nit erschießen mag (dweil gar nach alle ding ufs höchst kommen seind) und sich der arm antwerksmann zu merer teil mit stuckwerk (furnehmlich zu Nurnberg und Augspurg) erneren muß und die koufherrn den gewin heimtragen, werden sie getrungen, das almusen zu nemen." (Winckelmann 1922, Nr. 204, S. 266)

Auch im Baugewerbe war der Armutsanteil vergleichsweise groß. In Freiburg i. Br. stellte die Zimmerleutezunft im 16. Jahrhundert 15% der zünftgen Unterstützungsbedürftigen und nahm damit hinter der Agrarzunft den zweiten Platz ein (vgl. Fischer 1976, S. 64). In Straßburg spricht der Ratsherr Sebastian Erb in einer Denkschrift von 1531 von zahlreichen Landflüchtigen, die „umb ein zimblichs nit dienen wöllen, sich uff holzthawen, secktragen (...) und ander hifferwerk hargethan" (StA Straßburg, Hospitalarchiv) und die als Bürger minderen Rechts in der Straßburger Maurerzunft Aufnahme fanden. Nach einer in Straßburg 1546 durchgeführten Bestandsaufnahme aller zünftigen Hintersassen betrug deren Anteil unter den Maurern fast 40%. Daß das Bauhandwerk für viele zuziehende und stadtsässige Arme so attraktiv war, hat seine Ursache auch darin, daß dieses unter strenger städtischer Aufsicht stehende Gewerbe dem Rat eine geeignete Möglichkeit bot, durch Vergabe öffentlich finanzierter Bauaufträge aktuelle Arbeitslosigkeit zu vermindern und den städtischen Armen eine Erwerbsmöglichkeit zu bieten, welche lediglich Arbeitsfähigkeit und keine Berufsausbildung voraussetzte.

Den größten Armutsanteil wiesen schließlich die Agrarzünfte auf. Ihre Mitglieder fanden als Tagelöhner überwiegend Beschäftigung im Reb-, Garten- und Ackerbau. In ihnen wurde deshalb auch ein großer Teil der aus ländlichen Gebieten zuziehenden Armen zünftig. Seit dem ausgehenden 15. Jahrhundert fühlten sich deshalb zahlreiche süddeutsche Städte veranlaßt — offenbar unter dem Druck zunehmender Bauernunruhen —, eine strengere Observierung der Agrarzünfte vorzunehmen. So beschloß beispielsweise der Rat Freiburgs i. Br. im Jahre 1497, daß die Neuaufnahme von Zunftmitgliedern in der Rebleutezunft vom Magistrat zu genehmigen und daß die Zunftkaufgebühren zu erhöhen seien, „damit nit yeder bettler die zunfft kawfft". Jeder Neuzünftige hatte außerdem zu schwören, „inn funff iaren nit zu bettlen gon on mergklich nodt, sonnder sich mit seiner armut zeerneren" (vgl. StA Freiburg, Ratsprot. 7). Zu dieser Zeit setzte eine auch in anderen Städten zu boebachtende restriktive Bevölkerungspolitik ein, die darauf abzielte, den Zuzug von vermögenslosen Armen grundsätzlich zu verringern.

5. Aspekte des Lebensstandards

Die genannten Beispiele machen die enge, armutstypische Beziehung zwischen Herkunft (überwiegend aus den Dörfern), geringer handwerklicher Qualifikation und abhängigem Tagelöhnerdasein der Armen deutlich. Folge dieser Misere war der sehr geringe Lebensstandard der Armen, der sich wiederum negativ auf die Effizienz ihrer Arbeit auswirkte. In einem „Circulus vitiosus" waren Armut und geringe Arbeitsproduktivität voneinander abhängig und dies vor dem Hintergrund eines sozialen Besitz- und Nutzungssystems, das die Produktivität hemmte.

Zwar ist über den Lebensstandard der Armen im einzelnen wenig bekannt, einige Aussagen lassen sich aber immerhin treffen. So ist festzustellen, daß der Anteil der Ausgaben für Nahrungsmittel im privaten Haushalt der Lohnempfänger unabhängig von den Preis-Lohn-Verschiebungen in der Zeit außerordentlich hoch war. Ende des 16. Jahrhunderts beanspruchten die Lebensmittel mehr als zwei Drittel des Haushaltsbudgets einer fünfköpfigen Maurerfamilie (s. Abb.). Dabei ist noch Vollbeschäftigung vorausgesetzt, welche man keineswegs als generell vorhanden ansehen kann. Die Situation vieler ungelernter Lohnarbeiter, der Reb- oder Ackerleute, der Gärtner und Hilfsarbeiter im Fuhr- und Bauwesen, die vielfach nur zu unregelmäßig anfallenden Arbeiten herangezogen wurden, war noch um einiges schlechter. Als im 16. Jahrhundert die Preise vor allem der Grundnahrungsmittel erheblich und kontinuierlich anzogen, wurde die ökonomische Krise, in der sich ein Großteil der Lohnarbeiterschaft befand, offenbar. Nach Saalfeld (1971, S. 9 ff.) sank bei einer relativ hohen Kaufkraft der Löhne in den ersten drei Jahrzehnten des 16. Jahrhunderts die Kaufkraft in den folgenden Jahrzehnten rapide unter das für die Lebenserhaltung erforderliche Minimum. Hohe und lange Teuerungswellen Ende des ersten und zu Anfang des letzten Drittels des Jahrhunderts verschärften die Situation zusätzlich (vgl. Abel 1974, s. 47 ff. + 99 ff.). Massenarbeitslosigkeit, Hungerkrisen, Desorganisation der Familien waren die Folgen auf der einen, Verschärfung der Polizeigesetzgebung und Bettlerjagden auf der anderen Seite.

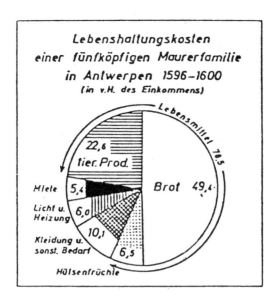

Lebenshaltungskosten
einer fünfköpfigen Maurerfamilie
in Antwerpen 1596–1600
(in v.H. des Einkommens)

Bei dem großen Anteil der Ausgaben für Nahrungsmittel im privaten Haushalt der Lohnempfänger blieb für Kleidung und Wohnung nicht mehr viel übrig. Aus einer Vielzahl privater Stiftungen, in denen die Austeilung von Textilien an Arme verfügt wird, läßt sich ablesen, daß die Bekleidung häufig unter dem gesundheitlichen Minimum lag. Ebenso stand es mit den Unterkünften. Für Lübeck beispielsweise konnte A. v. Brandt nachweisen, daß nicht weniger als 24,6% aller steuerpflichtigen Haushaltungen im Jahre 1460 in Gängen, Kellern und Hinterhäusern ansässig waren, und zwar unter kaum vorstellbar schlechten sanitären und hygienischen Bedingungen (vgl. Brandt 1966, S. 237).
Daß die Situation in den städtischen Spitälern nicht besser war, mag ein Beispiel illustrieren. 1537 klagte in Straßburg Katharina Zell, die Frau des Münsterpredigers Mathias Zell, über die Zustände im Blatterhaus:

„das hus läuft voll raten und müsz, die beth und anders zerfressen ... man kouft huffecht mit grossen kosten in, köcht hüffecht fleisch, blatiszlein (d.i. Platteise oder Stockfisch), gesalzen und dirren, speck und fleisch, das etwan die gesunden eben so wenig essen mögen als die kranken; so schütt mans dan alles in suwkübel, und den armen hat man müsz (Muß) mit hamelen unschlütt kocht, speck und fleisch, das man im salz hat lossen verderben ... hat grosse maden und würm gehaept...“ (Winckelmann 1922, Nr. 34, S. 75).

Die schlechte Ernährung vieler Armer, unzureichende Kleidung und mangelhafte Wohn- und hygienische Verhältnisse riefen eine Vielzahl von Krankheiten hervor und beschleunigten die Ausbreitung von katastrophalen Seuchen, welche bezeichnenderweise regelmäßig im Zusammenhang mit Hungersnöten auftraten. Von Art und Verlauf der verschiedenen Krankheiten braucht hier nicht im einzelnen gehandelt zu werden[6], hervorgehoben sei nur die besondere Bedeutung des sogenannten Antoniusfeuers, einer Krankheit, die durch den Genuß von durch Mutterkorn vergiftetem Roggen hervorgerufen wurde. Sie trat besonders in Notjahren auf, als auch minderwertiges und verdorbenes Brotgetreide verbacken wurde, und hatte qualvolle Leiden, Verstümmelungen und oft den Tod zur Folge (vgl. Bauer 1973).

Vor dem Hintergrund des geringen Lebensstandards der Armen und der Aussichtslosigkeit, durch wirtschaftlichen und sozialen Aufstieg der permanenten Existenzbedrohung zu entkommen, wird die in den Quellen häufig getadelte geringe Arbeitsbereitschaft vieler Armer verständlich.

Werner Sombart hat in einem Aufsatz über die ,,Arbeiterverhältnisse im Zeitalter des Frühkapitalismus'' mit Recht darauf hingewiesen, daß bis weit ins 18. Jahrhundert hinein die Erziehung des Arbeiters zum Homo oeconomicus, d.h. zum ökonomisch rational handelnden, für seine Arbeit höchsten Lohn erstrebenden Menschen, nur geringe Fortschritte machte (Sombart 1917/18, S. 26).[7]

Wenn auch Akkordlöhne, vor allem in der Textilindustrie, durchaus existierten, so blieb der Arbeitslohn im wesentlichen Unterhaltslohn. ,,Was mehr verdient wurde, wurde verjubelt, wenn man nicht vorzog, überhaupt nicht zu arbeiten'' (vgl. Sombart 1917/18, S. 26).

Wenn auch Akkordlöhne, vor allem in der Textilindustrie, durchaus existierten, so blieb der Arbeitslohn im wesentlichen Unterhaltslohn. ,,Was mehr verdient wurde, wurde verjubelt, wenn man nicht vorzog, überhaupt nicht zu arbeiten'' (vgl. Sombart 1917/18, S. 26)

Ebenso trug die Arbeitsorganisation stark den Charakter individueller Willkür, da es auch im industriellen Sektor noch an der Kontinuität der Arbeit mangelt: Häufige Stockungen in Zulieferung und Absatz, der beständige Wechsel zwischen landwirtschaftlicher und gewerblicher Tätigkeit des Arbeiters und die trotz einiger bedeutsamer Ausnahmen nur geringe Spezialisierung der Arbeit verringerten die Produktivität und ließen Rentabilitätsgedanken in den Betrieben kaum durchdringen.

Gerade vor diesem Hintergrund verdient die Frage großes Interesse, ob und, wenn ja, auf welche Weise die Sozialgesetzgebung der frühkapitalistischen Epoche versucht hat, den Prozeß der Disziplinierung des Arbeiters zu beschleunigen.

6. Der Beginn bürgerlicher Sozialpolitik
seit dem ausgehenden 15. Jahrhundert

Die beiden Hauptformen gesellschaftlicher Hilfe für bedürftige Arme waren während des gesamten Mittelalters die Pflege im Spital und das Almosen. Die Spitäler, deren Tradition im Westen bis in das Frühmittelalter zurückreicht, finden sich früh auch schon in den Städten und wurden im 13. Jahrhundert ein Teil der bürgerlichen Armenfürsorge. Nach ihrem Zweck seit dem Spätmittelalter aufgefächert in Armen- und Bürgerspitäler, in Leprosen-, Pest- und Siechenhäuser, kümmerten sie sich aber nur um einen Teilbereich individueller Not, nämlich lediglich um die bettlägerigen Kranken.

Von größerer Bedeutung für die Masse der Notleidenden war dagegen das Almosen. Es wurde von den Reichen entweder direkt den Bettlern gegeben oder den städtischen Kirchen und Klöstern zur Verteilung überlassen. Diese waren bis zum beginn des 16. Jahrhunderts die Hauptträger der institutionalisierten Almosenvergabe.

Trotz der großen Stiftungsbereitschaft der Reichen im 14. und 15. Jahrhundert konnte nun aber das ausgeteilte Almosen nur in einem sehr eingeschränkten Maße die tatsächlich vorhandene Not verringern. Denn zum einen fiel die Mehrheit der Stiftungen den kirchlichen Institutionen zur eigenen Verwendung zu, zum anderen fehlte es an Kriterien der Unterstützung: Die Almosenvergabe erfolgte in der Regel an verschiedenen Tagen über das Jahr verstreut, wobei jeder Bettler unabhängig vom Grad seiner Not ein festbemessenes Quantum an Geld oder Nahrungsmitteln erhielt, solange die Mittel reichten.

Die Planlosigkeit der Unterstützung hatte ihren Grund darin, daß mit dem Almosen nicht die soziale und wirtschaftliche Not der Bedürftigen oder gar deren Ursachen beseitigt werden sollten, sondern daß es im traditionell caritativen Sinne lediglich darum ging, bestehende Not individuell zu lindern. Da das Almosengeben integraler Bestandteil der kirchlichen Bußordnung war, besaß der religiöse Charakter des Almosens, seine sündentilgende Kraft, im Bewußtsein der Stifter weit größere Bedeutung als die soziale Funktion der Spende. Somit blieb auch die Frage nach den Verteilungskriterien sekundär, weshalb neben die tatsächlich Bedürftigen eine wachsende Zahl von Berufsbettlern treten konnte, die aus der undifferenzierten Almosenvergabe ihren Nutzen zogen. Die Armenstiftung des Freiburger Oberzunftmeisters Peter Sprung (1510) verdeutlicht exemplarisch die damals allgemein vorherrschenden Stiftungsmotive:

> „... und wir aber uß underricht, rat und ansuchen der gelerten in heilger geschrift verstond, das das allmuesen narung und fürsehung der armen dürfftigen by den höchsten und gott angenemisten guttaten seyen, dann er selbs geredt hatt, was yemandts dem aller minsten under den sinen thuege, das hab er gott selbs gethon; des auch der selig Thobias sinen sun vermandt, das er uß sinem zittlichen gut

allmuesen geben und sin angesicht von den ellenden armen nit abkeren, damit sich das angesicht gottes von im auch nit abwenden wurd, dann (als derselb spricht) so erlöst allmuesen von sunden und von dem tod und last die seele des barmhertzigen nit verdampt werden, dann ein groß vertrauen gegen den allmechtigenn got allen denen erwachsd, die zu allmuesen geneigt seyen" (StA Freiburg, Sprung 1510)

Erst seit dem ausgehenden 15. Jahrhundert begann man sich mit diesem Problem zu beschäftigen, indem man versuchte, durch sozial- und ordnungspolitische Maßnahmen die traditionelle Almosenpraxis auf eine neue Grundlage zu stellen.

Die Ursachen dieses Wandels sind bis heute noch nicht eindeutig geklärt. Allgemein geht man davon aus, daß die obrigkeitlichen Eingriffe ins Bettelwesen eine Reaktion auf die ständig wachsende Zahl der Bettler im ausgehenden Mittelalter gewesen sei. Das Wachstum selbst begründet man sehr uneinheitlich mit dem Aufkommen der Geldwirtschaft und des Kreditwesens (vgl. Winckelmann 1922, Nr. 113, S. 66), mit der Abschließung der Zünfte (vgl. Scherpner 1963, S. 45), mit der ungeordneten kirchlichen Fürsorge (vgl. Uhlhorn 1882, Bd. II, S. 445 ff.) oder mit dem starken Bevölkerungswachstum seit dem beginnenden 16. Jahrhundert und dem säkularen Preis-Lohn-Trend im selben Jahrhundert; er habe „in ganz Mitteleuropa eine rasche Zunahme der Arbeitslosigkeit" und damit der Massenarmut gebracht (Abel 1966, S. 130). Unbefriedigend an diesen Erklärungen bleibt, daß sie sich auf sehr langfristige Entwicklungen beziehen, während der Fürsorgewandel mehr oder weniger schlagartig im letzten Viertel des 15. Jahrhunderts einsetzte. In diesem Zeitraum aber, so stellt jüngst I. Bog fest, habe sich die gesamtwirtschaftliche Situation und damit die Zahl der Armen und Bettler keineswegs grundlegend geändert, weshalb die obrigkeitlichen Sozialgesetze primär politisch zu erklären seien, nämlich durch eine Kompetenzausweitung der sich zur „Obrigkeit" entwickelnden städtischen Magistrate und ländlichen Herrschaften.[8] Die These Bogs trifft Wesentliches. Tatsächlich führte der Wandel im Bereich der politischen Institutionen auch zu einem neuen Selbstverständnis der Obrigkeiten, was sich in einer Ausdehnung des obrigkeitlichen Einflusses auf alle Bereiche des sozialen Lebens niederschlug. Gleichwohl ist festzustellen, daß sich die einsetzende Restriktionspolitik gegenüber den Bettlern auf eine breite Zustimmung besonders des zünftig-handwerklichen Bürgertums stützte, was auf die Frage zurückführt, ob nicht doch strukturelle oder konjunkturelle Umstände dieses Umdenken mit hervorriefen. Das bleibt im einzelnen noch zu untersuchen. Doch läßt sich zumindest für verschiedene süddeutsche Städte die These aufstellen, daß seit der zweiten Hälfte des 15. Jahrhunderts durch den Abzug von reichen Bevölkerungsschichten aufs Land und durch den Zuzug armer ländlicher Bevölkerungsgruppen das städtische Sozialgefüge an Stabilität verlor, wodurch sich — auch infolge einer offenbar stagnierenden

Konjunktur — die Grenzen zwischen der zünftig-handwerklichen Mittelschicht und den städtischen Armen verfestigten (vgl. Fischer 1976, S. 179). Denn das zünftige Bürgertum, das seine ökonomischen und sozialen Privilegien bedroht sah, begann eine wachsende Abwehrhaltung gegenüber dem bisher weitgehend geduldeten Bettelwesen einzunehmen und versuchte, den Zutritt der zuziehenden Armen zu den Zünften einzuschränken: Durch Ausweitung der Aufnahmebedingungen (Qualifikations- und Vermögenskontrollen) und durch Erhöhung der materiellen Anforderungen wurde die soziale Integration der armen „Arbeiter" in die Stadt zunehmend erschwert. Darüber hinaus bemühte sich das zünftige Bürgertum durch eine Ausweitung der Polizeigesetzgebung eine strenge Kontrolle der Armen insgesamt zu erreichen. Ein Basler Ratsbeschluß aus dem Jahr 1541 mag das verdeutlichen:

> Beide Räte haben „gemeiner statt Basell zu wolfahrt ermessenn und bedacht, das einer jeden policy vast nutz gut und trostlich, wann sy mit vyl frommen, ehrlichen, habenden burgern und hindersässen bsetzt, unnd hinwiderumb am höchstenn schädlich und verderblich ist, wann sich unnütz, liederlich, verdorben lüt by der gmeinden inschleiffent und inzusitzenn zugelossenn werden, inn ansehen, das sollche unnütze lüth gmeinlich nit allein inen selbs schädlich, sondern auch andere mit inen zu dem verderbenn zerrichten gneigt und geflissenn sindt. sollchenn schaden mit der gnad gottes fürzekhomen unnd damit, so vyl jemer müglich, ein rechtgeschaffenn, ehrlich und dapffer volckh inn einer statt Basell gepflanzt und erhalttenn, die liederlichenn lüth, so ire tag übell gehuseth, ir selbs noch irer wyb unnd khindern, fründ nit gsyn, sonder al ir narung verschwendeth und vergüdeth etc, dem almusenn und spittal zu einer überbürde und last, nit wie bisher beschechen, so lichtlich insitzent zu burgern oder hindersässen uff noch angenommen, sonder ein ersame statt Basell mit fromen, ehrenlüthen, die zu werbenn und werckhen gneigt, bsetzt werde...[9]

Diese Bemühungen waren erfolgversprechend, da sich im Laufe des 15. Jahrhunderts einschneidende Veränderungen in Regierung und Verwaltung ergeben hatten. Die städtischen Magistrate begannen die bisher bestehenden Einzelbefugnisse in Gesetzgebung und Verwaltung unter dem Begriff „Obrigkeit" summarisch zusammenzufassen und einen Anspruch auf größere Machtfülle und auf mehr Gehorsam von Seiten der nun die „Untertanen" bildenden Bürgergemeinde zu stellen (vgl. Brunner 1968, S. 294 ff.). Durch den zügigen Ausbau der Administration ließ sich der Obrigkeitsanspruch in praktische Politik umsetzen, welche nun alle bisher vernachlässigten Bereiche der inneren Ordnung durchdrang. Damit trat neben den traditionellen Gedanken der Rechts- und Friedenswahrung das Streben nach Konsolidierung der inneren Ordnung und der Beseitigung moralischer Mißstände, welche zentrale Aufgabe der guten „Policey", wie es synonym für „Regiment" erstmals in der Nürnberger Ratsverordnung 1482 heißt, sein sollte. Die Formel des „gemein nutz" wurde dabei zur Legitimation aller Maßnahmen bemüht, die in einen bisher rechtsfreien Raum vorstießen. Das traf besonders auf die Sozialgesetzgebung und auf alle administrativen Maßnahmen gegenüber dem Bettelwesen zu.

7. Die gesetzgeberischen und administrativen Maßnahmen zur Regelung des Bettelns

Die zur Steuerung des Bettelwesens in Angriff genommenen Maßnahmen dienten der Verwirklichung von drei Zielen:
1. ging es um eine Unterscheidung der Bettler nach rein rechtlichen Gesichtspunkten. Man trennte die ortsansässigen Bedürftigen mit Voll- und Halbbürgerrecht von den fremden Bettlern. Nur für erstere sollte eine intensivere Hilfe überhaupt noch in Betracht kommen, die fremden sollten mit einer einmaligen Unterstützung, dem sog. Zehrpfennig abgespeist werden. Die gesetzgeberischen und polizeilichen Maßnahmen, die sich mit diesen Fragen befaßten, lassen sich als Kommunalisierung der Fürsorge bezeichnen.

2. ging es unter einem primär fürsorgerischen Aspekt um eine genaue Unterscheidung zwischen bloßer Armut und echter Not. Das führte in der Praxis
a) zur Einrichtung von festen Institutionen der Bedürftigkeitskontrolle,
b) zur Aufstellung von einheitlichen Kriterien, nach denen die einzelnen Umstände individueller Not zu prüfen waren,
c) zur straffen Organisation des Almosensammelns bzw. der Almosenvergabe und zur permanenten Beaufsichtigung der zum Betteln Legitimierten.

3. ging es unter einem primär moralischen Aspekt um eine Trennung zwischen „würdigen" und „unwürdigen" Bedürftigen, wobei der Rechtsstatus des einzelnen sowie seine Notlage keine entscheidende Rolle mehr spielten. Allein die würdigen Bedürftigen, d.h. solche, deren Verhaltensweisen den Normen der bürgerlichen Moral entsprachen, waren zum Almosenempfang berechtigt. Den übrigen dagegen, vor allem der großen Gruppe der arbeitsfähigen, jedoch „arbeitsunwilligen" Bettler wurde grundsätzlich jede Hilfe verweigert. Für sie waren Straf- und Erziehungsmaßnahmen vorgesehen, um sie sozial und wirtschaftlich in die Gemeinde zu integrieren. Wenn das nicht half, wurden sie der Gemeinde verwiesen. Alle Maßnahmen, die in diese Richtung gingen, dienten der Einrichtung einer „guten Policey", d.h. sozialer Ordnung, und sind unter dem Stichwort Sozialdisziplinierung zusammenzufassen (vgl. Oestreich 1968, S. 342).

Auf die Kommunalisierung der Fürsorge ist an dieser Stelle nur kurz einzugehen.

Sie brachte nicht nur das erwähnte Bettelverbot für fremde Arme, sondern auch eine restriktive Bevölkerungspolitik, indem die Verleihung des Bürgerrechts an arme Zuzugswillige durch Vermögensnachweise, amtliche Personenkontrollen und Unterstützungsverweigerung in den ersten Jahren der Ansässigkeit erschwert wurde. Dieser de iure weitgehend vollzogene Ausschluß breiter Kreise vor allem der ländlichen Bevölkerung von der Almosenvergabe führte zu einer zusätzlichen Belastung der ohnehin schon prekären Lage der ländlichen Unterschichten zu Beginn des 16. Jahrhunderts, denn auf dem Land fehlte es an mit der Stadt vergleichbaren Fürsorgeeinrichtungen. Anschaulich schildert der Straßburger Armendiakon Alexander Berner am Beispiel Augsburgs die Durchführung dieser Maßnahmen:

> Si nemen niemans (vorab zu diser zeit) weder zu burgern noch inwonern an, es kemen dann vil Fucker und reicher, deren si möchten geniessen. Si haltens gar unfreuntlich mit den frembden, haben gar kein unterscheid derselben, müssen all drussen bleiben, si seien hausarm oder bettler, fromm oder buben; es wurt gar kein frömbder eingelassen, das man si ouch nit ir notturft um ir eigen gelt last kouffen. wann einer, der arm ist, an ein port kompt und gern brot umbs gelt hett, so ists dem portner befolen, im zu holen; und ligen die husarmen im land und bettler um die statt an den muren mit einer grossen zal. (Winckelmann 1922, Nr. 204, S. 270 f.)

Folge dieser Restriktionspolitik war eine Verschlechterung der Stadt-Land-Beziehungen und eine zunehmende Kriminalität unter den unversorgten Bettlern. Viele von ihnen versuchten, sich illegal Zutritt in die Städte zu verschaffen, oder sie schlossen sich zu Banden zusammen, die plündernd durchs Land zogen. Die territorialen Obrigkeiten reagierten auf diese Entwicklung mit einer Verschärfung der Polizeigesetzgebung und von Zeit zu Zeit veranstalteten Bettlerjagden, welche die Bettler von Territorium zu Territorium trieben.

Neben der Kommunalisierung der Fürsorge ging es bei der Sozialgesetzgebung, wie gesagt, um eine genaue Differenzierung der ortsansässigen Bettler in Arme und Bedürftige. Dazu diente die Einrichtung einer Bettlerpolizei als selbständiger Verwaltungszweig mit eigener Zuständigkeit und Exekutionsgewalt und die amtlich durchgeführte Auswahl der als bedürftig anzuerkennenden Armen. Der Mechanismus des angewendeten Verfahrens soll am Beispiel der Stadt Freiburg kurz beschrieben werden. Er macht den grundlegenden Wandel, den das Unterstützungssystem durch die Eingriffe der weltlichen Obrigkeiten erfuhr, mit der nötigen Klarheit deutlich: Arme, „die us unvermöglichkeit ires leibs oder vile der kinder des almuosens nottürftig" waren, sollten sich zunächst bei ihren Zunftmeistern melden und „sie ze fürdern bitten". Daraufhin traten Zunftmeister und Zunftvorstand zusammen, um über „solcher person armut und rechter notturft" zu beraten. Kamen sie zu einem positiven Ergebnis, so hatte sich der Zunftmeister zusammen mit dem Bittsteller und dessen Familie zu einer festgesetzten Zeit im Kaufhaus einzufinden, wo die städtischen Armenpfleger vom Sachverhalt unterrichtet und gebeten wurden, das Bettelzeichen auszugeben. „Befinden dann die pfleger us solchem bericht und anzeig, auch am ansehen der pittenden person, derglichen der kinder (...), das inen das almuosen ze suchen von nöten, sollen sie, die pfleger, inen dasselbig zuelassen, das zeichen geben und die person, so also mit dem zeichen begabet, ufschreiben lassen, dieselben auch alsbald bescheiden und inen bei verwürkung irer zeichen und des almuosens einpinden, das sie hernach zue iedem vorbestimpten sonntag (sc. neunmal im Jahr) mit iren kindern (...) sich widerumben für sich die pfleger stellen und wie ir notturft geschaffen aber molen anzeigen und weitern bescheids darüber erwarten."[10]

War bisher der äußerliche Eindruck von der Not des einzelnen entscheidend für die Almosenvergabe gewesen, denn die private und kirchliche Hilfe maß nicht nach objektiven Kriterien, so mußte nun die subjektive Erfahrung auch objektiver Überprüfung standhalten. Der Obrigkeit fiel es dabei zu, das, was unter „bedürftig" alles verstanden werden konnte, zu definieren. Indem man dazu erstmals allgemeine Richtlinien entwarf, wurde Bedürftigkeit, wenn auch nicht zu einer quantifizierbaren Größe, so doch zu einer eingrenzbaren Qualität. Aus einer Vielzahl von Bettlerindividuen wurde somit die soziale Schicht der Bedürftigen „gemacht", ein Vorgang zwangsweiser Gruppenbildung, der das Bestehen einer „sozialen Frage" überhaupt erst allgemein bewußt machte und eine permanente Sozialpolitik gleichsam herausforderte. Die formale Absonderung der Bedürftigen — nach außen hin dokumentiert durch die Verpflichtung zum öffentlichen Tragen eines Almosenzeichens — erfolgte zwar in der guten Absicht, dem stiftungswilligen Bürger die Unterscheidung zwischen tatsächlich und nur scheinbar bedürftigen Bettlern zu erleichtern, in der sozialen Realität lief dies jedoch auf eine Diskriminierung der legitimen Almosenempfänger hinaus: Zahlreiche Betroffene fanden schwerer Arbeit, man bewilligte ihnen keine Kredite mehr und sie wurden innerhalb der Verwandtschaft und Gesellschaft isoliert.[11]

8. Die Unterstützungsempfänger

Kernpunkt der allgemeinen Richtlinien für die Auswahl der unterstützungsberechtigten ortsansässigen Bedürftigen war die Arbeitspflicht der Armen und damit der Ausschluß aller vollwertig Arbeitsfähigen vom Almosenempfang. Gemäß dieser Vorgabe wurden die Bedürftigen unter den Aspekten der *Arbeitsfähigkeit*, des *Arbeitsertrages* und der *Familiensituation* verschiedenen Gruppen zugeordnet, eine Unterteilung, die bis heute bestimmend geblieben ist (vgl. Strang 1970).

„was blind, lam, ires alters halb unvermöglich, doch wäfern und nit zu bet ligent, item so mit schäden und mit fallenden siechtagen beladen sind, die kindbetterin, item die sich nit wol mit irer arbeit und handwerken erneren mögen und sonst mit vil kinden uberfallen, die sie mit irer arbeit nit erziehen können; item die so us dem spital gewißen werden und doch zu schwach sind noch zur volkommenen arbeit, oder so eins derer zweier eelüt im spital oder anderer heil ligt, als nemlich der man, do wib und kinde mangel liden. item deren manne im hacket, schnittet und anderer arbeit im lande nochziehent, ouch etwan gar hinwegloufen in krieg und anderswohin; item wib und kinde, dern man ouch hie in der statt inen etwan nit guts thund, oder so der man etwan in dem thurn oder sonst in der herren straf ist. item wo etwan jemands sine fründe und verwante anderswohär als us Beyern, Schwaben etc. harlockent, und in summa, was husarme lüt sind, denen an irer narung abgehet, dern dan täglich und wuchentlich ein grosser überfall ist". (Almosenordnung Straßburg 1531)

1. Unter dem Aspekt der Arbeitsfähigkeit wurden die Erwerbstätigen von den Vollinvaliden und Erwerbsbehinderten geschieden. Als relevante Gruppe traten dabei besonders die Krüppel, Kranken und Alten auf, die in den Quellen in der Regel auch im Zusammenhang genannt werden: „was blind, lam, ires alters halb unvermüglich ... item so mit schäden und mit fallenden siechtagen beladen sind" (Winckelmann 1922, Nr. 105, S. 141). Sie bedurften permanenter Unterstützung, und zwar je nach dem Grad ihrer physischen Debilität durch dauernde Pflege im Spital oder durch materielle Hilfe in Form von Almosen. Unter dem Gesichtspunkt der Fürsorgeformen wurde also diese Bedürftigengruppe getrennt in
a) permanent kranke Spitalinsassen, „die unvermöglichkeit halben irer leibs schwach oder krank und also arm sind, das si sich nit mit arbeiten oder almusenheischen erhalten und ernören oder ouch si inen selb rat thun mögen ..." (Winckelmann 1922, Nr. 10, S. 20);
b) partiell oder gänzlich arbeitsunfähige Almosenempfänger, welche zwar auf dauernde Unterstützung angewiesen, aber nicht ständig bettlägrig waren und zu Hause lebten („Hausarme").

2. Unter dem Aspekt des Arbeitseinkommens unterschied man die partiell oder gänzlich Arbeitsunfähigen, die zwar Einkommen aus Arbeit hatten, welches jedoch nicht zum Leben ausreichte. In der Sprache der Quellen also solche, „die zu arbeiten gleichwol noch geschickht und vermüglich (= fähig), auch gern arbeiten, sich aber ettwan uß vile der kinder oder sonst anderer ursachen halben mit solcher irer handarbeit nit ußbringen köden noch mögen und also mangel nott und hunger leiden" (StA Freiburg, C 1).
Als wichtigste Gruppen hob man dabei hervor

a) die kinderreichen Familien;

b) die temporär Arbeitslosen, zu denen vor allem die zahlreichen Saisonarbeiter gehörten.

3. Unter dem Aspekt der Familiensituation wurde schließlich nach den verschiedenen Formen des Daseinsverbandes unterschieden zwischen den erwähnten kinderreichen Familien und unvollständigen Familien, wobei als relevante Typen hervortraten:

a) die „vaterlose" Familie, worunter sowohl zahlreiche verwitwete Mütter mit Kindern wie auch die getrennten Familien fielen, deren faktische Auflösung durch Kriminalität oder Flucht der Ehemänner aus dem Familienverband erfolgte;

b) die ledigen Frauen, die in starkem Maße von Bedürftigkeit bedroht waren,

c) die „elternlosen" Kinder, vor allem die Findelkinder, welche zahlreich in Teuerungsjahren von Eltern ausgesetzt wurden, „die sich und ir junge kint armut halb nit zu erziehen (= ernähren) hetten" (Winckelmann 1922, Nr. 21, S. 56).

Die materielle Hilfe, die den so Ausgewählten zuteil wurde, erfolgte je nach Gemeinde in recht unterschiedlichen Formen und verschiedenem Umfang. Bereits seit der Wende vom 15. zum 16. Jahrhundert galt der Grundsatz, „das ein yeglich commun die seinen versehe", ein Prinzip, das im 16. Jahrhundert reichseinheitliche Anerkennung fand.[12] Ein Großteil der Kommunen, vor allem diejenigen, die sich der kirchlichen Reformation anschlossen, ging nun dazu über, das Betteln grundsätzlich zu verbieten, die unterschiedlichen Almosenkassen der Kirchen und Klöster in einer einzigen Kasse, dem „gemein almosen", zusammenzulegen und daraus die anerkannten Bedürftigen wöchentlich zu unterstützen. Anderen Gemeinden, besonders solchen, die am katholischen Glauben festhielten, gelang dagegen die Zusammenfassung der Mittel nicht. Sie wählten zwar die Unterstützungsberechtigten auf die oben beschriebene Weise aus und unterwarfen sie strenger Kontrolle, ließen sie aber weiterhin ihren Lebensunterhalt in der Gemeinde erbetteln.

Das allgemeine Bettelverbot und die Einrichtung einer zentralen Almosenverwaltung war ohne Zweifel ein gewaltiger Fortschritt in Richtung auf Versachlichung, Objektivierung und Effektivität der sozialen Hilfe, ohne daß es dabei trotz des rapide wachsenden Einflusses der weltlichen Obrigkeiten zu einer Verstaatlichung der Fürsorge kam. Die finanziellen Aufwendungen für die Bedürftigen flossen nicht aus den Gemeindeetats, sondern wurden aus privaten wie genossenschaftlichen Stiftungen und aus eingezogenem kirchlich-klösterlichem Vermögen bestritten, weshalb die reformierte Fürsorge eine Zwischenstellung zwischen der alten kirchlichen Caritas und moderner staatlicher Unterstützung einnahm.

Die Finanzierung der Almosenvergabe wurde allerdings bereits im Laufe des

16. Jahrhunderts zu einem schwierigen Problem, das letztlich ungelöst blieb und zu einem weitgehenden Scheitern der initiierten Reformen führte. Am Beispiel der Stadt Straßburg, deren Sozialgesetzgebung von Zeitgenossen des öfteren als vorbildlich gerühmt wurde, soll dies kurz verdeutlicht werden.

In Straßburg trat die neue „ordnung des gemeinen almusens" 1523 in Kraft (vgl. Winckelmann 1922, Nr. 43, S. 97 ff.). In ihr wurden das allgemeine Bettelverbot und die zentrale Unterstützungskasse festgelegt. Bei einer Haussuchung hatte man 400 bedürftige Haushalte (ca. 8% aller Haushalte) ermittelt, von denen jeder 16 Pfennig wöchentliche Untersützung erhalten sollte. Hinzu kam, 1524, ein ebenfalls wöchentlich ausgeteiltes, knapp vierpfündiges Brot im Werte von 2 Pfennig „zu besserer underhaltung der jungen kinder" und, 1526, die Lieferung von Feuerholz für die Wintermonate im Wert von 36 Pfennig je Haushalt (vgl. Winckelmann 1922, Nr. 53, S. 108, + Nr. 102, S. 139 f.). Private Stiftungen und die Einziehung von Kirchengut ermöglichten es in den ersten Jahren, dieses Programm, das sich am Existenzminimum der Bedürftigen orientierte, durchzuhalten. Doch mußte man bereits jetzt weitgehend auf die Durchführung zusätzlicher Reformziele verzichten, insbesondere auf die Arbeitsplatzbeschaffung, die Arbeitsplatzsicherung und die Ausbildung der Kinder. So zukunftsweisend diese Pläne auch waren, da mit ihnen nicht nur die Symptome, sondern auch die Ursachen des Bettelwesens bekämpft werden konnten — bereits die Not der Arbeitsunfähigen war zu groß, als daß genug Geld in der Almosenkasse geblieben wäre, um diese kostspieligen, im Zweifelsfall dann doch nur sekundären Vorbeugemaßnahmen finanzieren zu können.
Aber auch die Versorgung der gänzlich oder partiell Arbeitsunfähigen konnte die Stadt auf Dauer nicht sicherstellen. Bereits während der großen, gesamteuropäischen Teuerungskrise der Jahre 1529—34 brach das Unterstützungssystem vorübergehend zusammen. Danach ließ infolge der ständig steigenden Preise und der zunehmenden Arbeitslosgkeit die Stiftungsbereitschaft der Bürger erheblich nach, was zu einer Überlastung der Almosenkasse und zur Einschränkung der Unterstützung führte. Da sich die Stadt — wie übrigens auch die anderen Kommunen in Deutschland — nicht zur Einführung einer Armensteuer nach englischem Muster entschließen konnte, wurde das allgemeine Bettelverbot de facto immer weiter ausgehöhlt. Mitte des 16. Jahrhunderts zeichnete sich so auch in den übrigen reformierten Kommunen das Scheitern der Fürsorgereformen ab. An die Stelle konstruktiver Pläne traten mehr und mehr restriktive Polizeimaßnahmen, die auf Vertreibung bzw. zwangsweise Arbeitsverpflichtung der Bettler zielten.

9. Die Sozialdisziplinierung der Armen und Bedürftigen

Mit den seit Mitte des 16. Jahrhunderts zunehmenden restriktiven Polizeimaßnahmen betrat man kein Neuland mehr. Schon bevor die Fürsorgereform in die Krise geriet, hatte die Polizeigesetzgebung bezüglich der Bettler an Umfang erheblich zugenommen. Denn von Anfang an ging es den Kommunen nicht nur darum, individueller Not mit angemessener Hilfe zu begegnen, sondern auch die große Zahl besonders der arbeitsfähigen und bisher geduldeten Bettler zu verringern, und zwar dadurch, daß man sie von der Unterstützung ausschloß und sie einem Erziehungsprogramm unterwarf, welches auf Anpassung und Arbeitswilligkeit zielte. Dasselbe galt im übrigen für die nur partiell unterstützten arbeitsfähigen Unterstützungsempfänger. Alle Almosenordnungen gaben der Erwartung Ausdruck, daß die Unterstützten sich „ingezogen, still, fromblich, ehrlich und unverwislich halten, damit si dhein ergernus geben" (Retzbach 1917, S. 147); wer sich nicht daran hielt, wurde bestraft, um „ein grosse ursach einer besseren zucht und mehr ernst zur arbeit (zu) Geben" (vgl. Winckelmann, 1922, Nr. 108, S. 147). Dieser Versuch der Erziehung gesellschaftlich nicht angepaßter Armer zu „zucht" und „ordnung", d.h. zur Einhaltung des bürgerlichen Tugendkodex durch Almosenentzug, Arbeitspflicht und Ausweitung der Strafjustiz brachte allerdings auch nur Teilerfolge. Denn erstens beruhte die vielfach mangelnde Arbeitsbereitschaft, wie bereits oben ausgeführt, in nicht zu unterschätzendem Maße auf Ernährungsmängeln, schlechten Gesundheitseinrichtungen und Wohnverhältnissen, Faktoren also, die sich in der Zeit nicht ändern ließen. Zweitens waren diese Verhaltensweisen während des Mittelalters durch die positive religiöse Bewertung des Bettelns verstärkt worden, was eine rasche Anpassung an neue Verhaltensnormen erschwerte. Drittens schließlich wurde die Arbeitspflicht im 16. Jahrhundert noch nicht mit einer planvollen Arbeitsbeschaffungspolitik verbunden, wodurch die Arbeitssuche vieler Armen trotz vorhandener Arbeitsplätze häufig erfolglos blieb.

Als sich deshalb seit der Mitte des 16. Jahrhunderts das Scheitern auch der Bettlererziehung herausstellte und der reformatorische Elan nachließ, ging man von dem zunächst im Vordergrund stehenden mittelständischen Gedanken ab, den einzelnen durch die Kombination von Hilfe und Strafe zu wirtschaftlicher Selbständigkeit bringen zu können, und beschränkte sich auf reine Abwehrmaßnahmen. Damit wurden die Arbeits- und Zuchthäuser vorbereitet, mit deren Hilfe nun nicht mehr der selbständige Handwerker, sondern ein reichliches Angebot an billigen, fügsamen und disziplinierten Arbeitskräften geschaffen werden sollte.

Anmerkungen

1. Gedruckt bei Retzbach, A., Die Armenpflege der Stadt Freiburg im 16. Jahrhundert, besonders die Betetlordnung vom 29.4.1517, in: Zeitschrift der geschichtsfördernden Gesellschaft Freiburg 33 (1917), S. 107—158, S. 141—143.

2. Zu diesem Prozeß vgl. Foucault, M.: Surveiller et punir. La naissance de la prison, 1975 (Dt.: Überwachen und Strafen. Die Geburt des Gefängnisses, Frankfurt/M. [2]1977), und Oestreich, G.: Strukturprobleme des europäischen Absolutismus, in: Vierteljahreshefte für Sozial- und Wirtschaftsgeschichte 53 (1968), S. 329—347.

3. Vgl. Stammler, W., Artikel „arm", in: Erler, A./Kaufmann, E., Handwörterbuch der deutschen Rechtsgeschichte, Bd. I, Berlin/Bielefeld/München 1971.

4. Die Literatur, die sich mit der Ermittlung von Vermögensgrenzen zur Schichtenbestimmung beschäftigt, ist in den letzten Jahren erheblich angewachsen. Die Ergebnisse weichen stark voneinander ab. Unsere Zahlen stellen Durchschnittswerte dar.

5. Vgl. dazu Amman, H., Nürnbergs industrielle Leistung im Spätmittelalter, in: Lütge 1968, S. 10 ff.).

6. Vgl. dazu Woehlkens, E., Pest und Ruhr im 16. und 17. Jahrhundert. Grundlagen einer statistisch-topographischen Beschreibung der großen Seuchen, insbesondere in der Stadt Uelzen, Uelzen 1954; mit weiterführender Literatur.

7. Sombart führt dies allerdings irrtümlich auf eine „natürlich kreatürliche" Arbeitsauffassung zurück.

8. Vgl. auch Maschke, E., Obrigkeit im spätmittelalterlichen Speyer und anderen Städten, in: Archiv f. Reformationsgeschichte 57 (1966), S. 7—23.

9. StAA Basel, Niederlassung A 1, 1541 Febr. 20.

10. Bettelordnung Freiburg i. Br. von 1556, in: Retzbach 1917, S. 145.

11. Der Straßburger Armendiakon Alexander Berner kennzeichnet das Dilemma der unterstützten Armen treffend: „die spang (i.e. das Bettelzeichen) legt in ir arbeit nider, wie zu Nurnberg, das man in nit mer trawen will. es ist das zeichen, das do ein zeichen der lieb solt sein (das man sehe, das wir unsere bruder nit manglen ließen...) zum schandzeichen worden, das man einen dester minder trawt und nit mer arbeit geben will." (Winckelmann 1922, Nr. 204, S. 271)

12. Dieser Beschluß wurde auf dem Augsburger Reichstag des Jahres 1530 gefaßt und auf den Reichstagen zu Augsburg (1548) und Frankfurt (1577) erneuert; vgl. Neue Sammlung der Reichsabschiede II, S. 343/44, S. 601, und III, S. 393.

Hans-Günther Ritz / Volker Stamm

Funktionen staatlicher Sozialpolitik im Übergang zum Frühkapitalismus

Verzeichnis der Tabellen

1. Einleitung

Unter den Stichwörtern „sogenannte ursprüngliche Akkumulation" (vgl. Marx 1972, S. 741 ff.) und „Krise des Feudalismus" findet sich eine lange wissenschaftliche Kontroverse, wie und wann in den einzelnen europäischen Ländern der Feudalismus zerfiel und die kapitalistische Produktionsweise sich durchsetzte (vgl. z.B. Kuczynski 1981, S. 101 ff.). Dieser historische Umbruchsprozeß ist ökonomisch als umfassende Durchsetzung der Geldwirtschaft und als Scheidungsprozeß von Arbeit und Produktionsmittelbesitz anzusehen.

Für den Zerfall des Feudalismus werden sowohl äußere Einwirkungen wie auch Grenzen der Entwicklungsmöglichkeiten des Feudalismus selbst benannt (vgl. Abel, 1943; Perroy, 1949; Hilton 1951; van Bath 1963; Duby 1962; Pirenne 1974). Dieser Beitrag setzt sich mit einem Teilaspekte der Entstehung der bürgerlichen Gesellschaftsordnung, der in diesen Problemkreis gehört, auseinander.

Wie entsteht die frühe Lohnarbeiterklasse? Welche gesellschaftlichen Kräfte wirken daran mit? Welchen Platz nimmt die frühbürgerliche Sozialpolitik unter allen anderen Maßnahmen zur Herausbildung einer Arbeiterklasse ein? Es werden dazu ausgewählte Ergebnisse von historischen Forschungen referiert, und es wird versucht, die gesamtgesellschaftlichen Zusammenhänge zu beschreiben und gegenseitig zu gewichten. Die Darstellung wird anhand eines theoretischen Konzepts strukturiert, das sich in Ansätzen bereits bei Sombart (Sombart 1928) findet und erneut formuliert wurde von Lenhardt/Offe (Lenhardt/Offe 1978).

Der soziale Prozeß zur Herausbildung der Lohnarbeiterklasse wird danach unterschieden in eine *Freisetzung* der potentiellen Lohnarbeiter aus ihren feudalen Bindungen — also Vertreibung von der Scholle oder Ausgliederung aus den städtischen Zünften — und eine *Eingliederung* in Lohnarbeiterverhältnisse. Den ersten Schritt nennen Lenhardt/Offe *passive Proletarisierung*, den zweiten Schritt *aktive Proletarisierung*.

2. Bürgerliche Gesellschaft und Sozialpolitik

Anders als die herrschenden Klassen des Altertums und des Mittelalters strebte das Bürgertum — auch schon bevor es die politische Herrschaft erreicht hatte — danach, der gesamten Gesellschaft seine Normen und Wertvorstellungen aufzuzwingen. Sozialpolitik war dabei ein Mittel. Der Kern frühbürgerlicher Sozialpolitik war dementsprechend das Verändern von Gesellschaftsstrukturen und das Erziehen von Personen. Die Sozialpolitik wurde ein Geburtshelfer der bürgerlichen Gesellschaft, indem sie mithalf, die Sozialstruktur so zu formen, daß ein immer größerer Bevölkerungsanteil als Lohnarbeiter verfügbar wurde. Dazu mußten die Menschen zunächst in die Normen und Werte der bürgerlichen

Gesellschaft, besonders in bezug auf das neue Arbeitsverhalten, eingepaßt werden. Die politischen Mittel solcher Sozialstruktur- und Persönlichkeitsveränderung wurden über das Verhältnis von Staat und Ökonomie und die aktuellen Auseinandersetzungen zwischen den Klassen bestimmt. Allerdings war in Deutschland, besonders in Preußen, das selbständige bürgerliche Element nur schwach entwickelt, und Maßnahmen zur Herausbildung einer Lohnarbeiterklasse gingen oft mehr vom Staat als vom Bürgertum aus. Dies geschah vielfach erklärtermaßen zwecks allgemeiner herrschaftlicher Sozialdisziplinierung, die aber auch zugleich die Herausbildung einer disziplinierten Lohnarbeiterklasse förderte.

Es mag offen bleiben, ob man sich für diese Zeit den Staat eher als Büttel wirtschaftlicher Interessen oder mehr als klugen Förderer von kapitalistischen und damit effektiveren Produktionsstätten vorzustellen hat. Jedenfalls förderten in Deutschland — einer im europäischen Maßstab zurückgebliebenen Region — eine Vielzahl von merkantilistisch-absolutistischen Staaten, die untereinander konkurrierten, die Einführung privater kapitalistischer Gewerbe und Industrien mit dem Ziel, leistungsfähige staatliche Einnahmequellen über deren Steuerzahlung zu erhalten (vgl. Grauhan/Hickel 1978; Kuske 1949). Politische Maßnahmen durch die eine Arbeiterklasse herausgebildet wurden, stellten sich so als Maßnahmen zur Steuersicherung dar. Umgekehrt förderten Maßnahmen, die aus Gründen der politischen Herrschaftssicherung, der Disziplinierung, Kontrolle und Unterdrückung durchgeführt wurden, zugleich die Herausbildung eines Untertanen, der als Lohnarbeiter einsetzbar war.

Das Interesse des absolutistischen Staates an fügsamen Untertanen und des sich entwickelnden Manufaktur- und Industriekapitals an disziplinierten Lohnarbeitern wurde in dieser Epoche weitgehend durch die gleichen politischen Maßnahmen verwirklicht.

Die aus dem Zerfall des Lehenssystems hervorgehenden bürokratischen Steuerstaaten und das die Lohnarbeit ausbeutende Kapital waren zwei sich gegenseitig stützende und fördernde Systeme.
Schon im Mittelalter wurde auf dem Land mit Hilfe des Geldes die Grundlage des kapitalistischen Arbeitsprozesses, die Lohnarbeit, entwickelt, während sich in Handwerk und Manufaktur die Warenproduktion ausbreitete. Der Motor beider Prozesse ist das Geld. Der Wechsel von einer passiven zu einer aktiven gesellschaftlichen Rolle des Geldes stellt einen wesentlichen Schritt zur Entwicklung der kapitalistischen Gesellschaft dar. Das Geld ermöglicht eine effiziente Ausnutzung der Arbeit. Eine solche Produktionsweise kennt keine immanenten Schranken mehr; Akkumulation auf einer stets höheren Stufe ist sogar eine Notwendigkeit, geboten durch die Konkurrenz der Einzelkapitale und ermöglicht durch die

Geldform des Produktionszwecks.

In einer Wirtschaft, die fast ausschließlich Gebrauchswerte produziert, ist das Interesse an Produktionssteigerungen an die leider begrenzten Möglichkeiten sinnlichen Genusses gebunden. Die Entwicklung der Geldwirtschaft zersetzte jedoch schon sehr früh die Ausschließlichkeit dieser Logik wirtschaftlichen Handelns mit ihrer Orientierung an Gebrauchswerten und sinnlichen Bedürfnissen. Es entsteht statt dessen eine neue Rationalität wirtschaftlichen Handelns, die am abstrakten Wert, dem Geld, ausgerichtet ist. Das Geld — die allgemeine Form des Reichtums — wird in den Händen des entstehenden Bürgertums zu Kapital, d.h. zu Wert, der verwendet wird, damit ein Mehrwert entsteht, also die Kapitalmenge wächst. Die alte Schranke der feudalen Akkumulation, die Konsumtionsfähigkeit, ist in der Akkumulation von Kapital aufgehoben. Der Heißhunger des Kapitals nach Profit ist somit unbegrenzt, deshalb sucht es stets nach neuen gewinnbringenden Verwertungsmöglichkeiten: Es beschränkt sich nicht nur auf den Geldverleih und Handel, es dringt in die Sphäre der gewerblichen Produktion ein und unterwirft die direkten Produzenten seiner Regie. Dabei werden die Arbeitsorganisation und die vorgefundenen Produktionstechniken grundlegend umgewälzt, um durch gesteigerte Effektivität der Arbeitskraft höhere Gewinne zu erzielen. Die Produktivkräfte erleben nun eine gewaltige Förderung, nachdem sie im Feudalismus doppelt gefesselt waren: zum einen von der geringen Investitionsbereitschaft der Adligen, zum anderen durch die nur beschränkte Verwendungsfähigkeit des erzeugten Gebrauchswertes.

Mit der Produktionsweise änderten sich auch zunehmend die Produktionsverhältnisse in allen Bereichen: Die Veränderung der Produktionsweise bedeutet eine Verschiebung der Eigentums- und Besitzstrukturen und damit der Legitimationsraster für die Abschöpfung des Mehrproduktes durch die jeweils herrschende Klasse. Im Feudalismus verfügten die Bauern über ihre Produktionsmittel, wenn sie auch nicht deren Eigentümer waren. Die gesellschaftliche Stellung der Feudalherren, aber auch deren direkter militärischer Zwang setzten die Ablieferung des bäuerlichen Mehrproduktes an die Feudalherren durch. Das Bürgertum benötigt keinen unmittelbaren, militärischen Zwang mehr, um sich einen Teil des Mehrproduktes der Arbeit der ökonomisch abhängigen Klassen anzueignen. Diese Aneignung geschieht über die Form der Lohnarbeit scheinbar viel friedlicher und auf jeden Fall viel weniger erkennbar. Damit diese „friedlichere" Form der Ausbeutung durchgesetzt werden kann, bedarf es aber sowohl bei ihrer erstmaligen Einführung als auch zu ihrer Aufrechterhaltung dauerhafter und massiver Gewaltanwendung außerhalb des Bereiches der Produktion (vgl. Lenhardt/Offe 1978). Dieses Organ der Gewaltanwendung ist der Staat.

In der Neuzeit ist es nur sinnvoll, von der „Herausbildung des Staates" zu sprechen, wenn wir unter Staat mehr verstehen als eine Organisation gemeinschaftlicher Interessen, wie sie auch schon frühere herrschende Klassen hervorgebracht hatten. Tatsächlich zeichnet sich der moderne Staat nämlich dadurch aus, daß er sich auf den Bereich des „Politischen" beschränkt und das „Ökonomische" innerhalb gewisser staatlich gewährleisteter Regeln seinem eigengesetzlichen Funktionieren überläßt. Diese Trennung ist dann vollkommen entwickelt, wenn „der stumme Zwang der ökonomischen Verhältnisse ... die Herrschaft des Kapitalisten über die Arbeiter (besiegelt)".[1] Bis jedoch ökonomische Beziehungen so sehr das Alltagsleben durchdringen konnten, daß sie die Verhaltensweisen der Menschen bestimmten, bis insbesondere die Trennung der Arbeiter von den Produktionsmitteln diesen keine andere Wahl mehr ließ, diese wirtschaftlichen Gesetze wie Naturgesetze hinzunehmen, vergingen Jahrhunderte. In dieser Zeit spielte der Staat eine überaus aktive Rolle und schuf gewaltsam die Voraussetzungen der modernen Produktionsweise.

Das französische Beispiel veranschaulicht Form und Finanzierung des Staatsapparates: Er besteht aus besoldeten Funktionären, die aus der Abschöpfung des Ertrages privater Wirtschaftstätigkeit bezahlt werden. Die Grundlagen für den bürokratischen Steuerstaat sind gelegt (vgl. dazu ausführlich Grauhan/Hickel 1978; Fawtier 1965; Fourquin 1969; Jacoby 1969; Marion 1969).

Die Notwendigkeit der Staatsbildung beruhte nicht allein auf dem Verfall feudaler Bindungen, die die persönliche Herrschaftsform unwirksam werden ließen. Auch aus der Auflösung der feudalen Produktionsweise und ihrer Ersetzung durch eine Geldökonomie resultieren ähnliche Tendenzen. Dabei wird auch der Unterschied zwischen einem einheitlichen Staatswesen wie Frankreich und einem zerrissenen Gebilde wie Deutschland deutlich.

3. Die Verbürgerlichung von Verhaltensweisen, Werten und Normen

Das Ziel der Warenproduktion besteht nicht in der Erzeugung konkreter Gegenstände zur Bedürfnisbefriedigung, sondern in der Vermehrung abstrakten Reichtums, in der Akkumulation von Kapital. Dies bildete die Grundlage für die Herausbildung einer Haltung zur Arbeit, die hauptsächlich auf den möglichst effizienten „Beitrag zum Reichtum der Nationen" abzielte. Diese Art der Arbeit wurde unablässig propagiert. Sie wurde zur Tugend schlechthin. Der Müßiggang galt dagegen als Quelle aller Übel (vgl. dazu z.B. Foucault 1973, S. 90). Dies hatte vielfältige soziale Folgen, die man mit dem Begriff „Verbürgerlichung" der Gesellschaft zusammenfassen kann.

Mit dem Begriff der *Verbürgerlichung* ist ein breites Bündel von gesellschaftlichen Veränderungen ab dem 15./16. Jahrhundert zunächst in England und Holland, dann in ganz West- und Mitteleuropa gemeint. Es ist die Veränderung des gesamten Normengefüges, das die Veränderung von Produktionssystem und ökonomischer Rationalität begleitet. Dabei besteht eine Wechselbeziehung zwischen diesen Bereichen. Die Veränderung des Produktionssystems ist in manchen Fällen Ursache, in anderen Folge kultureller Veränderungen. Im 18. Jahrhundert ist eine sprunghafte Entwicklung zu beobachten.

Kern der Verbürgerlichung ist eine generelle Umorientierung der Kultur. Im Mittelalter war die europäische Gesellschaft zyklisch-statisch orientiert. Die Grundlage dieser Orientierung war die überwiegend agrarische, *bedürfnisorientierte* Produktion. Mit dem Aufkommen der am abstrakten Wert orientierten Produktion, deren Voraussetzung das Geldwesen ist, geht der Zusammenhang von Lust und Bedürfnisbefriedigung mit den Produktionszielen immer mehr verloren. Es entsteht eine Kultur, die nicht zyklisch — im Jahresrhythmus von Saat und Ernte — orientiert ist, sondern die *zielgerichtet* ohne regelmäßige Ruhepausen die *Akkumulation von Werten* betreibt. Jos van Ussel nennt dies eine Kultur der „aufwärts gerichteten Finalität" (vgl. van Ussel 1979, S. 54). Dementsprechend orientiert sich der Bürger am Leistungsprinzip — auch und gerade an (ökonomischen) Leistungen um der Leistung selbst willen. Die ökonomische Konkurrenz — das Grundelement des Marktes — erzwingt zudem eine extreme Individualisierung. Die Verbürgerlichung ist zunächst also durch zwei Elemente zu charakterisieren: durch *Leistungsorientiertheit* und *Individualismus* (vgl. van Ussel 1979, S. 50 ff., 171 ff., 217 ff., 251). Diese beiden Grundraster haben eine Vielzahl von umwälzenden Folgen im Alltag.

Mit zunehmender Arbeitsteilung und zentraler Organisation orientierte sich der Arbeitsablauf mehr und mehr an den vom Unternehmer oder durch technische Verfahren vorgegebenen Rhythmen, die für alle Beschäftigten verbindlich wurden. Jahreszeitliche Unterschiede oder persönliche Einteilung von Arbeit und Freizeit wurden nicht mehr berücksichtigt. Symbol dieser Neuorganisation der Arbeit ist die Uhr. Der neue Zeitbegriff (Gurjewitsch 1980) war die Grundlage der nun geforderten regelmäßigen und mechanischen Disziplin. In der agrarischen Dorfgemeinschaft dagegen spielte vor allem die Jahreszeit eine Rolle. Das Leben war an natürlichen Zyklen orientiert. Darüber hinaus verkündete die Kirchenglocke die markanten Punkte des Tages: Frühmesse, Tagesbeginn, die dritte und sechste Stunde (Mittag) des Tages und die Zeit kurz vor Sonnenuntergang. Mit solch einer grobmaschigen und mit den Jahreszeiten variierenden Zeiteinteilung ließ sich das städtische Gewerbe, insbesondere die viele Menschen vereinende Manufaktur nicht organisieren. Die großen Tagesabschnitte wurden nicht nur in Stunden, sondern auch in Minuten unterteilt, der Arbeitsbeginn und die Pausen exakt festgelegt und durch Glockenzeichen verkündet. Nicht mehr die Natur, sondern die Uhr regelte den Produktionsablauf (vgl. dazu Bilfinger 1892; Le Goff 1963; Mumford 1934; Thompson 1967).

Durch diese starre Regelung der Arbeit drang die Entfremdung der Menschen noch tiefer in ihr Alltagsleben ein. Sie erstreckte sich nicht nur auf die sie umgebende, sondern auch auf ihre eigene Natur und veränderte das Verhältnis von Mann und Frau wie das des Menschen zu seinen Mitmenschen allgemein. Überall taten sich künstliche Schranken auf, die das für anstößig erscheinen ließen, was früher zum natürlichen Zusammenleben gehörte. Noch zu Beginn der Neuzeit war der öffentliche Anblick der Nacktheit nicht außergewöhnlich oder anstößig (vgl. van Ussel 1977, S. 60; Elias 1977, Bd. I, S. 223–224).

Die Individualisierung führt in Verbindung mit der steigenden Komplexität der Gesellschaft zur strikten Unterscheidung von privater und öffentlicher Sphäre (vgl. dazu van Ussel 1979; Habermas 1962). Der Begriff „öffentlich" entsteht so im 18. Jahrhundert. In dieser Zeit setzen sich Schlafzimmer und Stuhl durch. Der Stuhl ist zugleich Symbol der Individualisierung wie auch der Leistungsorientierung. Der Bürger sitzt darauf in „der besten Arbeitshaltung". „So sitzt der Bürger auch, wenn er ißt oder gemütlich erzählt." (van Ussel 1979, S. 53) Der Abstand zum Nachbarn symbolisiert die Individualisierung. Die Kontaktaufnahme und die Themen der Gespräche — Ausklammerung von bestimmten „privaten" Themen — sind bei aller Individualisierung festen Regeln unterworfen. *Der Prozeß der Verbürgerlichung ist somit sowohl durch Individualisierung wie auch durch gesellschaftliche Normierung des Verhaltens gekennzeichnet* (vgl. Elias 1977). Das Bürgertum ist zudem die historisch erste gesellschaftliche Klasse, die ihre eigenen Normen allen gesellschaftlichen Klassen aufzwingen will. Dies war noch im Mittelalter anders. Dort hatte jeder Stand gemäß seiner eigenen Stellung zu leben, sich nicht aber alle Stände an einem zu orientieren. Diese Absicht der bürgerlichen Klassen ist oberflächlich betrachtet die Ursache für die Erziehungsorientierung der Maßnahmen der frühbürgerlichen Sozialpolitik. Dieses Erziehungsbestreben hat seine ökonomischen Grundlagen: Die Leistungsorientierung des Bürgertums war zu seiner Verwirklichung auf eine Arbeiterschaft angewiesen, die nicht nur qualifiziert, sondern auch diszipliniert, pünktlich und leistungsbereit sein mußte.

Abschließend sei auf einige innere Widersprüche des bürgerlichen Normengefüges hingewiesen: der Individualismus verlangt ein Höchstmaß an Ich-Stärke vom einzelnen. Zugleich treibt er die Menschen in eine schwer erträgliche Vereinzelung, die durch die Konkurrenz untereinander und durch Reglementierung der Kommunikation über Persönliches entsteht. Es ist sicher kein Zufall, das sich gerade in dieser Zeit — zunächst in den protestantischen Ländern — ein Begriff von Liebe entwickelt, der zumindest für zwei Menschen teilweise diese Isolierung aufheben oder mildern und so erträglicher machen soll. Im interkulturellen Vergleich gesehen, entsteht so in Westeuropa ein Kuriosum. Die Menschen werden für die Spannung zwischen den Geschlechtern extrem sensibilisiert, was zu einer weitgehenden Sexualisierung der menschlichen Beziehungen führte. Gleichzeitig sind die Europäer ungewöhnlich unsensibel für Machtunterschiede (vgl.

van Ussel 1979). Der Individualismus — auf dem diese Sexualisierung beruht — ist zudem, besonders für die abhängig arbeitenden Schichten, nur sehr unvollkommen durchsetzbar. Individualismus verlangt Ich-Stärke und Autonomie der Person, gleichzeitig aber sind die abhängig arbeitenden Menschen in der Produktion total instrumentalisiert. Dabei wird ihr Selbstgefühl als Individuen zumindest angegriffen.[2] Es entsteht also die Situation, daß das Bürgertum von den anderen Schichten die Übernahme seiner eigenen Werte verlangt, aber gleichzeitig Produktionsbedingungen so organisiert, daß sie eine effektive Barriere gegen den Individualismus bilden.

4. Die passive Proletarisierung: Bauernlegen, Landflucht und Massenverarmung

4.1 Die Entwicklung auf dem Lande

Im 16. bis 18. Jahrhundert war das „flache Land" in Deutschland ökonomisch noch sehr viel wichtiger als die Städte. Selbst um 1800 wohnten in Preußen noch über 75% der Bevölkerung auf dem Lande. Die regionalen Unterschiede waren jedoch erheblich. In der Provinz „Cleve und Meurs" lebten 1778 „nur" 56,7% Landbewohner, in der Provinz Geldern dagegen 92% (vgl. Hinze 1963, S. 35).
Die soziale Situation auf dem Land war geprägt durch die Auseinandersetzung zwischen Bauern und Grundherren (Adel) um die Höhe der feudalen Abgaben und — damit verbunden — um die persönliche Freiheit der Bauern. Das steigende Geldbedürfnis des Adels führte ab dem 15. und 16. Jahrhundert zur feudalen Offensive gegen die erreichten Auflockerungen der persönlichen Bindungen der Bauern (vgl. Mottek, Bd. I, 1973, S. 310 f.; Kriedte u.a. 1977; Kuczynski 1981, S. 100 ff.; vgl. zu einer abweichenden Begründung Henning, Bd. 2, 1972, S. 250 ff.). Dabei finden sich grundlegende Unterschiede zwischen den Regionen östlich und westlich der Elbe. Während im Osten überall eine zweite Leibeigenschaft von den Feudalherren durchgesetzt wurde, lockerte sich im Westen die feudale Bindung der Bauern.

4.1.1 Die ländliche Armenbevölkerung westlich der Elbe

Obwohl im 14. bis 18. Jahrhundert auch westlich der Elbe die Feudalherren Angriffe auf die Rechte der Bauern versuchten, konnte dort nicht wie im Osten eine zweite Leibeigenschaft eingeführt werden. Mottek nennt dafür vier Gründe:

— Nur in Ostelbien bauten — seit dem 16. Jahrhundert — die Grundherren ihre eigenen Gutswirtschaften aus und hatten deshalb ein direktes ökonomisches Interesse an der persönlichen Bindung der Bauern an das Land als billige Arbeitskräfte.

— Im Osten waren die Feudalherren fast nie auf bewaffnete Bauernaufstände gestoßen. In Mittel- und Westdeutschland wirkten die Bauernkriege von 1525 noch Jahrhunderte nach. Sie hatten die Herren „gelehrt, daß sie mit den Bauern nicht umspringen können, wie sie wollen, ohne sich selbst zu gefährden" (Mottek, Bd. I, 1973, S. 3 f.).

— Nicht nur zwischen Bauern und Grundherr bestanden Interessenkonflikte um das ländliche Mehrprodukt, sondern auch um die Verteilung der bäuerlichen Abgaben zwischen Landesherren (Fürsten) und Grundherren (Adel). Im Osten war der Adel vergleichsweise stark, im übrigen Deutschland dagegen verhinderten die Fürsten die Erhöhung der grundherrlichen Abgaben der Bauern, um ihre eigenen Steuern durchsetzen zu können.

— Ein wichtiger Träger der Feudaloffensive waren die Kirchen und Klöster als Grundherren. Die Reformation hatte sie so entscheidend geschwächt, daß die feudalen Grundherren im Westen insgesamt an Stärke verloren hatten.

Trotz dieser vier Gemeinsamkeiten verläuft im westlichen Teil Deutschlands die Freisetzung von Bauern und das Anwachsen der landlosen oder landarmen Schichten regional recht uneinheitlich (vgl. Mottek, Bd. I, 1973, S. 321 ff.). Gemeinsam ist aber überall eine weitgehende Aufhebung der Leibeigenschaft, z.T. allerdings darf das Land nur gegen Zahlung eines Abzugsgeldes verlassen werden. In allen Regionen verschlechterte sich die Lage der Bauern bis ins 18. Jahrhundert. Breites Bauernvertreiben war aber selten. Dort, wo die Bauern ihre Höfe verloren, wurden sie durch Gesindeordnung und Abzugsgelder auf dem Lande als landlose Schichten gehalten. Eine gewisse Ausnahme scheint nur Sachsen zu bilden, hier war aber die Lage der Bauern im Vergleich zum übrigen Westen besonders drückend (vgl. Stulz 1953; Forberger 1958). In Sachsen gab es deswegen und wegen des relativ weit entwickelten Manufaktur- und Gewerbebereiches eine nennenswerte Landflucht.

Diese Verschlechterungen im Westen führten zu Widerstand der Landbevölkerung in den verschiedensten Formen. Als politisch zu interpretierende bzw. politisch wirksame Aufstände sind aber nur der Volksaufstand in Bayern 1705 und dann die verschiedenen Volksaufstände am Ende des 18. Jahrhunderts unter dem Einfluß der französischen Revolution, insbesondere der kursächsische Aufstand 1790, zu nennen (vgl. zu Bayern: Wuermeling 1980; vgl. Stulz 1953; zusammenfassend zum Bauernwiderstand in Deutschland: Schiffer 1924).

4.1.2 Das Bauernlegen in Mecklenburg, Holstein und Neuvorpommern

In Mecklenburg, Holstein und Neuvorpommern erreichten die adligen Gutsbesitzer für sich nahezu den Idealzustand. Sie bildeten große Eigenwirtschaften heraus, denen sie die Gemeindeweiden in der Regel mit einverleibten und die sie durch Legen oder Umlegen, d.h. Umsetzen auf schlechtere Böden, der Bauern noch weiter vergrößerten. Zusätzlich setzten sie eine zweite Leibeigenschaft der zu Tagelöhnern umgewandelten Bauern durch. So wurde in Mecklenburg fast die gesamte Bauernschaft in leibeigene Lohnarbeiter umgewandelt (vgl. dazu vor allem: Nichtweiss 1954).

In Deutschland östlich der Elbe, also in Holstein, in der Lausitz, in Brandenburg, Mecklenburg, Pommern und darüber hinaus auch in großen Teilen Osteuropas *gelang es den Grundherren, die persönliche Bindung der Bauern zu einer zweiten Leibeigenschaft auszubauen. „Ihre ökonomische Funktion war die Sicherung der Bestellung größerer ritterlicher Eigenwirtschaften durch die Zwangsarbeit der dörflichen Bevölkerung."* (Mottek, Bd. I, 1973, S. 334)

Der typische agrarische Großbetrieb war — anders als z.B. die Viehwirtschaft in England zur Zeit des von Marx im 24. Kapitel des „Kapitals" beschriebenen Bauernlegens — der arbeitsintensive Getreidebau.[3] Über die Praxis des Bauernlegens berichtet anschaulich P. Kampffmeyer (zitiert nach Wittvogel 1977, S. 312–314). Er berichtet über Mecklenburg, wo das Interesse am Bauernlegen aus der dortigen Schafzucht des Adels herrührt:

> „Gestützt auf das fremde römische Recht, das den eigenartigen Besitz- und Rechtsverhältnissen des mittelalterlichen Deutschland verständnislos gegenüber stand, suchten die Junker, ihre Bauern rechtlich als bloße Zeitpächter hinzustellen, deren Besitz nach junkerlichem Ermessen aufgekündigt und verpachtet werden konnte. Und tatsächlich erreichten sie bald von der Staatsgewalt eine förmliche Anerkennung dieser auf die Vergewaltigung der Bauern zielbar hinsteuernden Rechtsanschauungen. Im Jahre 1621 entzog eine Verordnung den Bauern kurzerhand das Besitzrecht."

Nach dem „Norddeutschen Korrespondenten" von 1860 (Nr. 184) gab es ca. 1670 noch 12.000 ritterschaftliche Bauernhöfe in Mecklenburg, um 1755 waren es noch ca. 4.000 Bauernhöfe, 100 Jahre später ca. 1.500. In etwa 200 Jahren sank die Zahl der Bauernstellen also auf ca. 12% des ursprünglichen Bestandes. Am Ende des 18. Jahrhunderts bilden in Mecklenburg die Tagelöhner die Mehrheit der Landbevölkerung (Mottek, Bd. I, 1973, S. 74). Das Bauernlegen führte so zwar zur Enteignung, aber nicht zur Freisetzung der Enteigneten. Sie wurden leibeigene Lohnarbeiter auf den Rittergütern.

Für Pommern zitiert die Schrift den Dichter Ernst Moritz Arndt. In seinen „Erinnerungen aus dem äußeren Leben" rief Ernst Moritz Arndt die starken Eindrücke noch einmal wach, die ihm vom Bauernlegen in seiner Jugend geblieben waren. Er spricht von einer wahren „Wut" des Bauernlegens und fährt dann fort:

> „Kurz für das schwedische Pommern galt noch um das Jahr 1800 der Lichtenbergische Scherz in seiner vollen Bedeutung einer hübschen Preisfrage: Eine Salbe zu erfinden zur Einschmierung der Bauern, damit sie drei-, viermal im Jahre geschoren werden können. In Rügen war noch in meinen Tagen eine Menge Dörfer verschwunden, und die Bauern der Höfe waren als arme, heimatlose Leute davongetrieben worden, so daß die, die früher Knechte gehalten hatten, nun selbst auf den großen Höfen als Knecht und Mägde dienen mußten. Ja, es gab Edelleute, welche große Dörfer ordentlich auf Spekulation kauften, Wohnungen und Gärten schleiften, große und mächtige Höfe bauten und diese dann mit dem Gewinn von 20.000–30.000 Talern verkauften. Dies veranlaßte an mehreren Stellen förmlich Bauernaufruhre, welche durch Soldatenentsendungen und Einkerkerungen gedämpft werden mußten. Auch wurden, wie es munkelte – was aber des verhaßten Gegenstandes wegen vertuscht wird –, einzelne Edelleute und Pächter gelegentlich wie Tiberius durch nächtliche Überfälle unter Kissen erstickt. Aber dergleichen Greulichkeiten waren nur eine kurze Warnung, und die Dinge liefen darum nichtsdestoweniger ihren gewöhnlichen häßlichen Lauf."

Die Gründe für dieses Vertreiben der Bauern von ihrem Land bei gleichzeitigem Verstärken ihrer persönlichen Bindung und Unterdrückung lagen in der Entwicklung von großen gutsherrlichen Eigenwirtschaften und der starken Stellung des Adels gegenüber dem sehr schwachen Landesherren. Trotz verschiedener Versuche konnten die Herzöge von Mecklenburg keinen wirksamen Bauernschutz durchsetzen.

Wegen dieser Ausbeutung als leibeigene Tagelöhner leistete die Landbevölkerung das ganze 18. Jahrhundert hindurch einen z.T. erbitterten Widerstand gegen den Adel. So kam es 1733 zu einem landesweiten Aufstand, wo die Bürger und die Landbevölkerung gemeinsam mit dem Herzog gegen den Adel und die mit ihm verbündeten kaiserlichen Truppen kämpften (vgl. Nichtweiss 1954, S. 100 ff.). Davor und danach wendeten die Bauern bzw. die Landbevölkerung neben den schon erwähnten individuellen Anschlägen auf besonders verhaßte Gutsherren und Aufseher andere Formen des Widerstandes an. Sie erhoben Klage bzw. Beschwerde beim Landesherrn (dieses Recht wurde aber im Laufe des 18. Jahrhunderts stark eingeschränkt), sie befreiten Bauern, die zum Auspeitschen weggeschleppt werden sollten, und flüchteten massenhaft aus Mecklenburg, z.T. unter Mitnahme von Gerät und Vieh, das eigentlich den Gutsherren gehörte (vgl. Nichtweiss 1954, S. 135 ff.). Diese Fluchtbewegung ging nach Rußland und Preußen auf Bauernstellen mit besseren Rechten, aber auch in die größeren Städte Norddeutschlands, besonders nach Hamburg. Das genaue Ausmaß der Fluchtbewegungen ist nicht mehr festzustellen. Die Gutsherren versuchten mit mäßigem Erfolg durch drakonische Strafen für gefangene Flüchtlinge die Landbevölkerung als Leibeigene auf ihren Gütern zu halten.

Im 17. und 18. Jahrhundert fand in Holstein, Neuvorpommern und besonders in Mecklenburg eine ganz radikale Verringerung der Bauern statt. Sie wurden zu leibeigenen Tagelöhnern auf den großen Gütern des Adels verwandelt. Diese Landbevölkerung war dabei den wohl elendesten Bedingungen in ganz Deutschland ausgesetzt. Die Gutsherren führten ein Regime mit Stock und Peitsche, sämtliche feudalen Fürsorgepflichten der Gutsherren wurden weitgehend abgebaut.

4.1.3 Der Kompromiß zwischen König und Gutsbesitzern in Preußen: Bauernschutz und zweite Leibeigenschaft

In Brandenburg-Preußen richtete der Adel große Eigenwirtschaften ein, die vorwiegend auf Getreideanbau spezialisiert waren. Auch hier versuchte der Adel den eigenen Gütern möglichst viel Bauernland anzugliedern und die Bauern zu leibeigenen Tagelöhnern zu machen. Der Landesherr versuchte aus militärpolitischen und fiskalischen Gründen, diese Tendenz einzudämmen. Jedoch war im 17. Jahrhundert die Macht des Adels in Preußen sehr groß, und erst während des 18. Jahrhunderts gewann der König eine stabile Herrschaft über den Adel.

Der preußische Adel hatte nicht zufällig diese starke Stellung errungen. Die Ritter waren als Kolonisatoren in den Osten gekommen und galten als „brutaler, aktiver und wenig mit der Tradition behaftet" (Mottek, Bd. I, 1973, S. 337). Aus den Raubrittern des 15. Jahrhunderts wurden im 16. und 17. Jahrhundert nicht nur Ritter mit Eigenwirtschaften, sondern auch Getreidegroßhändler. Handelsprofite flossen so dem Adel zu und stärkten seine ökonomische Macht zusätzlich (vgl. Kofler 1948, S. 398 ff.). Zur Erweiterung ihrer Eigenwirtschaften bedienten sich die Ritter zum Bauernlegen sowohl ihrer Gerichtsherrschaft als auch der Einheit von Grundherrschaft und Polizeigewalt (vgl. Büsch 1962, S. 49, S. 77 f.). Der Grundherr hatte im 18. Jahrhundert zudem die Aufsicht über Kirche und Schule. Wie diese starke Stellung ökonomisch von den Gutsherren genutzt wurde, zeigt ein frühes Beispiel (vgl. Kaphahn 1911, S. 26 f.; zitiert nach Mottek, Bd. I, 1973, S. 345), eine Beschwerde der Bauern von Fischbeck über ihren Herrn im Jahre 1616:

> „Dort wird gesagt, daß ... 1560 der Kurfürst Joachim II. in Schönhausen noch einen Besitz von fünf Hufen gehabt habe, auf denen er vier Gespannpferde gehalten, so daß die Schönhausener und Fischbecker Ackerleute mit der Bestellung nichts zu tun, sondern ihm nur einige größere Reisedienste zu leisten hatten. Im Jahre 1562 habe er

aber Jost und Jürgen v. Bismarck seinen Besitz abgetreten und begehrt, daß die Schönhausener und Fischbecker Ackerleute dazu fünf Hufen von ihrem Acker hinzugäben und die 10 Bismarckschen bestellten, dagegen versichert, daß sie keine Reisen mehr tun sollten. Sie seien darauf eingegangen; aber bei den 10 Hufen sei es nicht geblieben, der Junker habe in den Dörfern wüste und bebaute Hufe hinzu erworben, welche alle die Untertanen bestellen müßten. Früher hätten sie auch beim Bau der Elbdeiche eine Tonne guten Biers erhalten, was sie aber jetzt erhielten, wäre kein Bier mehr, und sogar das Gesinde weigere sich, es zu trinken. Nun verlange der Junker gar noch, ihm einen Wispel Gerste von fernher zu holen, ein jeglicher mit 4 Pferden, und auch zwei Nächte Futter mitzunehmen; von langen Reisen seien sie aber doch befreit. Als sie sich aus diesem Grunde geweigert hätten, habe er ihrer drei gefänglich bestraft, den anderen aber eine Geldstrafe und jedem eine Speckseite abgenommen.'' (Mottek, Bd. I, 1973, S. 345)

Der Adel setzte sich so gegen den bis zum Anfang des 18. Jahrhunderts relativ schwachen Landesherren oft durch. Hinzu kam die extrem hohe Belastung der Bauern durch Militärabgaben und -dienste — wie Vorspannleistungen, Transportdienste, Futter- und Weidestellung, Einquartierungen und den Militärdienst selbst (vgl. Büsch 1962, S. 21 ff.).

Die Entvölkerung des flachen Landes nach den häufigen Kriegen gefährdete sowohl die Rekrutierung der Soldaten als auch die wirtschaftliche Basis des Adels. Die starke Militarisierung Preußens (vgl. Tabelle 4) im 18. Jahrhundert führte zu ernsten Konflikten zwischen Grundherren und Landesherr.
Der Streit um die Bauern als Soldaten oder als Leibeigene löste sich 1733 durch eine Militärverfassung, die Kantonsystem genannt wurde. Es wurden Militärbezirke eingeführt (Kantone), die für bestimmte Armeeeinheiten Rekruten zu stellen hatten. Alle männlichen Bauern und Wehrpflichtigen wurden „enrolliert'' (registriert). Durch die Enrollierung und die Kantone wurden in diesen Gebieten Preußens die oft beklagten Soldatenwerber weitgehend abgeschafft. Zusätzlich wurde ein jährlicher Arbeitsurlaub von 9—10 Monaten für die Soldaten eingeführt, was diese unter die doppelte Herrschaft von Regiment und Grundherr stellte (vgl. ausführlich zum Militärsystem in Preußen: Büsch, 1962; Kuczynski 1981). Den Grundherren blieb die Arbeitskraft — zumindest im Frieden — weitgehend erhalten, der König behielt ein großes stehendes Heer mit hohem Inländeranteil. Auf die Bedeutung dieses Systems für die gewerbliche Entwicklung wird noch später einzugehen sein.

Die Verzahnung von Militärsystem mit dem System der feudalen Gutswirtschaft schob die Freisetzung der Bauern auf. Der König war an einer hohen Bevölkerungszahl auf dem Lande interessiert, die er durch Bauernschutz sicherte. Bauernschutz und Güterschutz (gegen bürgerliche Aufkäufer) waren zugleich Soldaten-

und Offiziersschutz.

Büsch zieht in seiner ausführlichen Studie „Militärsystem und Sozialleben im alten Preußen" (1962) folgende Schlußfolgerung:

> „Als eine der wichtigsten Konsequenzen (des preußischen Militärsystems im 18. Jahrhundert) wäre das Festhalten des bäuerlichen Untertanen auf seiner Scholle, eine von vielen Maßnahmen zugunsten des altpreußischen Militärsystems, zu nennen, die sein Abwandern in die Stadt und damit ein quantitatives Wachstum des Bürgertums begrenzte. Man lese nach in den politischen Testamenten Friedrich d. Gr., die seine Klagen über fehlende und zu schwache Manufakturen, die dringend vermehrt werden müßten, enthalten; man vergleiche in den Jahrbüchern der preußischen Monarchie und ähnlichen Quellen um die Wende vom 18. zum 19. Jahrhundert, welche Möglichkeiten damals schon das Manufakturwesen bot; dann wird man feststellen müssen, daß bei Freizügigkeit der Bewohner der altpreußischen Monarchie die Stadt im alten Preußen wohl aufnahmefähig gewesen wäre für eine vom Lande abwandernde Bevölkerung, wie sie nach der Bauernbefreiung auftrat. Die allgemeine Erkenntnis, daß die Stadt im altpreußischen Staat ein völlig unentwickeltes Gebilde gewesen ist, hat ihre Berechtigung gerade darin, daß die das Militärsystem stützenden Gesetze ein Aufleben der Stadt nicht erlaubten."

Trotz des Bauernschutzes in Preußen bildeten in fast allen Provinzen des Landes die landarmen und landlosen Schichten die Mehrheit der Landbevölkerung (vgl. Mottek, Bd. I, 1973, S. 348). Die große Masse dieser ländlichen Schichten arbeitete als *leibeigene Lohnarbeiter* auf ritterlichen Gütern (vgl. Mottek, Bd. I, 1973, S. 349 ff.).

4.2 Städtische und vagabundierende Arme

Neben den in Deutschland recht geringen Freisetzungen aus bäuerlichen Feudalbeziehungen gab es andere soziale Prozesse einer passiven Proletarisierung. So wurden die Lebensbedingungen sowohl der traditionell im ganzen Lande vorhandenen Vagabunden (Vaganten) als auch von Teilen der städtischen Bevölkerung verschlechtert.

Die Zahl der Vaganten wuchs trotz der geringen ländlichen Freisetzungen besonders in der zweiten Hälfte des 18. Jahrhunderts deutlich an. In Preußen war vor allem die Kurmark betroffen (vgl. Krüger 1958, S. 272 ff., 372 ff.).

Eine wichtige Ursache des Anwachsens der Vaganten waren die Kriege dieser Zeit. Etwa 10% der Gesamtbevölkerung waren im 18. Jahrhundert in Deutschland Vaganten (vgl. Küther 1976, S. 22). Diese nichtseßhafte ländliche Bevölkerung und die unehrlichen Berufe wie Abdecker, Schäfer, Köhler bildeten die soziale Basis des im 18. Jahrhundert zur Blüte gekommenen Räuber- und Bandenwesens (vgl. Küther 1976; Franke 1977; vgl. auch Karte in diesem Beitrag, S. ■■■; Kuczynski 1981).

Räuberbanden wie z.b. die des Schinderhannes sowie regionale politisch-soziale Widerstandsbewegungen gegen die Obrigkeit — wie die Salpeterer im Südschwarzwald — (vgl. Lehner 1977) sind weitgehend auch als Widerstand gegen die sozialen Folgen der epochalen Umwälzung anzusehen.

Neben herumziehenden Armen gab es in den Städten noch einen nennenswerten Anteil seßhafter Armer, die sich oft in einer verzweifelten Lage befanden, die ebenfalls überwiegend eine Folge des Übergangs zum Kapitalismus war. Zur Lage und Behandlung der städtischen Armen liegt im Rahmen dieses Bandes eine Spezialstudie vor, so daß sich hier auf einige allgemeine Angaben zur städtischen Situation beschränkt wird:

- In der zweiten Hälfte des 18. Jahrhunderts gelten je nach Stadt ca. 8—15% der Bevölkerung als absolut arm (vgl. Saalfeld 1975). Sie leben zeitweilig oder dauernd unter dem Existenzminimum (vgl. Henning 1977, S. 283 ff.) (vgl. Tabelle 1).
- Die Armenbevölkerung in den Städten entsteht durch Zuzug von Landflüchtigen, durch wirtschaftlichen Verfall der Zünfte und spezifische örtliche Bedingungen.
- In Preußen stellen Militärpersonen — einfache Soldaten und ihre Angehörigen — einen erheblichen Teil der Stadtarmen.

Das Ausmaß der städtischen Armut im 18. Jahrhundert soll am Beispiel von Göttingen und Hamburg mit einigen Zahlen illustriert werden.[4] Die Armut in den Städten nahm ab der Mitte des 18. Jahrhunderts noch weiter zu. Saalfeld schätzt für die Zeit im ersten Viertel des 19. Jahrhunderts und auch schon für die Jahrzehnte davor die Zahl der Stadtarmen im Mittel auf 10—15% der Stadtbevölkerung.

Für *Hamburg* lagen die detailliertesten Angaben vor (vgl. Voght 1965; Köhler 1977; Laufenberg 1910, S. 75 ff., 82 ff., S. 104 f.). Nach einer amtlichen Untersuchung soll dort um 1787 „jeder zwölfte Einwohner Hamburgs vom Bettel oder als Insasse der Hospitäler und Armenanstalten" (Laufenberg 1910, S. 75) gelebt haben. Für jene Zeit ist noch eine „Strukturanalyse" der unterstützten Armen für insgesamt drei Jahre überliefert. Hamburg hatte damals ca. 96.000 Einwohner. In den untersuchten drei Jahren wurden 2.875 Familien aus der sogenannten Vorschußanstalt unterstützt (vgl. dazu und zum folgenden Laufenberg 1910, S. 75 f.). Danach wurden folgende Armutursachen genannt:

bei 504 Familien (18% aller Unterstützten) zu hohe Miete,

bei 710 Familien (25%) Krankheit und Unfälle,
bei 631 Familien (22%) fehlende Handarbeit,
bei 307 Maurern (11%) fehlende Arbeit
bei 39 Personen (1%) fehlende Dienste als Hauspersonal,
bei 143 Familien (5%) große Kinderzahl,
bei 25 Familien fehlende Gerätschaften,
bei   6 Familien Brandschaden und
bei 19 Familien fehlende Kleidung und Bettzeug.

In vielen Berufen lag der Lohn regelmäßig und langfristig *unter* dem schon knapp angesetzten Existenzminimum (vgl. Tabelle 1). Deswegen wuchs die Bevölkerung in Hamburg nur, weil der erhebliche Überschuß an Todesfällen gegenüber den Geburten durch Neuzuwanderung mehr als ausgeglichen wurde (vgl. Laufenberg 1910, S. 69 ff.).

Tabelle 1: Existenzminimum und Arbeiterlöhne in deutschen Städten 1790—1860

Zeitraum	Existenzminimum eines Vier/Fünf-Personen-Haushalts	Jahreslöhne in Taler		
		Gesellen im Bauhandwerk	Tagelöhner	Facharbeiter
1790/99	100—120	60—120	50—70	90
1801/10	120—140	70—130	50—70	100
1821/30	85—100	90—130	65—80	150
1851/60	110—130	100—150	65—95	160

Zentrale wirtschaftliche Ursache der Armutsentstehung in den Städten war die Zerstörung bzw. der Verfall der alten Zunftstruktur. Die Zünfte waren wegen ihrer starren Reglementierung der Produktion, die zur sozialen Sicherung ihrer Mitglieder geschaffen worden war, nicht in der Lage, sich gegen die aufkommende nicht zünftige Konkurrenz ökonomisch zu behaupten. Die Konkurrenz wendete neuere, effektivere Produktionsmethoden an, und zugleich waren die Rechte und der Lohn der Arbeiter dort in aller Regel geringer. Diese neuen Produktionsstätten entwickelten sich jedoch stockend und unregelmäßig, so daß es in den meisten Orten oft zu Überangeboten von Arbeitskräften kam. Zusätzlich gab es in allen Orten noch spezifische Armutsquellen: In Hamburg verfielen die Gewerbebetriebe aller Art in der zweiten Hälfte des 18. Jahrhunderts wegen der Zoll- und Handelspolitik der umliegenden Territorialstaaten, besonders Preußens. Hamburg wandelte sich zum Handelszentrum mit saisonal schwankendem Arbeitskräftebedarf (vgl. Köhler 1977, S. 93 f.).

Tabelle 2: Schichtung der Göttinger Bevölkerung in den Jahren 1763 und 1829 (v.H. aller Personen)

Sozialschicht	1763	1829
Nonvalente	8,2	17,0
Dienstpersonal	12,6	19,9
übrige unterbürgerliche Schicht	21,3	10,3
Unterschicht	42,1	47,2
Untere Mittelschicht	26,1	32,0
Obere Mittelschicht	20,5	16,1
Oberschicht	11,3	4,7
davon Honoratiores	1,3	0,8
absolute Einwohnerzahl	5.997	10.238

Quelle von Tabellen 1 und 2: Saalfeld, Methodische Darlegung zur Einkommensentwicklung und Sozialstruktur 1760–1860, in: Winkel (Hg.): Vom Kleingewerbe ..., Berlin 1975, S. 240 und 250. — *Erläuterung:* Unter dem Begriff des „Nonvalenten" sind „die Ärmsten, Unvermögenden, Ungelernten, Besitzlosen" (Saalfeld 1975, S. 250) zu verstehen.

Wie sich die wirtschaftliche und technische Entwicklung auf die Zerstörung der alten Zunftstrukturen auswirkte, verdeutlicht Krüger am Beispiel des Tuchmachergewerbes von Goldberg in Schlesien. 1789 lebten dort 421 Meister, von denen waren aber nur noch knapp 60% selbständig (vgl. Krüger 1958, S. 172).

Trotz der grundsätzlichen Aufrechterhaltung der Zunftrechte verloren die Zünfte ihre ökonomische Hauptfunktion, die Regulierung der Konkurrenz der selbstän-

digen Meister untereinander. Sie wurden vorrangig zum Träger sozialer Sicherungs-
einrichtungen wie Unterstützungskassen etc. für ihre Mitglieder (Krüger 1958,
S. 216).

Tabelle 3: Städte nach Bevölkerungszahl

Stadt	Jahr	Bevölkerungszahl	
Frankfurt	1440	9.000	
	1792		42.600
Hamburg	1550	20.000	
	1792		100.200
Bremen	1550	15.000	
	1790		30.000
Köln	1550	31.000	
	1792		42.500
Leipzig	1529	9.221	
	1792		29.400
Breslau	1550	23.500	
	1792		56.600
Berlin	1565	12.000	
	1790		121.873
München	1500	10.800	
	1792		48.000
Dresden	1489	3.743	
	1792		53.000
Schwerin	1550	2.000	
	1792		10.000
Hannover	1618	7.500	
	1792		16.500

Quelle: Mottek, Bd. I, 1973, S. 288 f.

Neben diesen wirtschaftlichen Gründen, die zur Verarmung in den Städten führten, erhöhte zumindest in Preußen das Militärsystem die Zahl der Armen ganz spürbar. Das lag zum einen an der relativen Größe der Garnison in den Städten (vgl. Tabelle 4).

Tabelle 4: Garnisonen in preußischen Städten

Stadt	Jahr	Zivilbevölkerung	Soldatenzahl	Anzahl d. Militärs in %
Berlin	1754	ca. 100.000	25.255	ca. 20 %
Magdeburg	1740	19.580	5.–6.000	ca. 25 %
Stettin	1740	12.740	4.–5.000	ca. 30 %

(Quelle: Hinze 1963, S. 171)

Zum anderen reichte der Sold der einfachen Soldaten keineswegs zum Leben aus (vgl. Büsch 1962, S. 24 ff., 114 ff., Hinze 1963, S. 172 ff.; Krüger 1958, S. 370). Der zu niedrige Sold — besonders für die verheirateten Soldaten — hatte seinen Ursprung in menschenverachtender Haltung des preußischen Königtums gegenüber den einfachen Soldaten und in ökonomischen Interessen. Die Soldaten sollten durch Armut zur Lohnarbeit nebenher gezwungen werden. Zudem war das Sold- und Beurlaubungssystem eine wichtige Geldquelle der adligen Offiziere (vgl. Büsch 1962, S. 120 ff.).

Gegen ihre elenden Verhältnisse rebellierten die städtischen Unterschichten besonders in Zeiten der Teuerung für Brotgetreide. Es sind viele kleinere Aufstände belegt. Gegen Ende des Jahrhunderts kommt es zu Unruhen unter den wandernden Handwerksgesellen, die oft auch die neuen revolutionären Ideen aus Frankreich mitbringen (vgl. für Württemberg: Krauter 1951, S. 187 ff.). Überhaupt gelten die Wandergesellen häufig als „Taugenichtse". In Hamburg geht von den Handwerksgesellen 1791 der erste Generalstreik auf deutschem Boden aus. Es beteiligen sich daran fast alle Hamburger Zunft- und Manufakturarbeiter (vgl. Laufenberg 1910, S. 108 ff.).

Daneben leistet die Armenbevölkerung vielfältigen „Kleinwiderstand" z.B. durch Gewaltanwendung gegen die Armenvögte und Büttel (vgl. für Berlin Krüger 1958). Im Mecklenburger Aufstand 1733 sind die Stadtarmen an den militärischen Kämpfen besonders stark beteiligt (vgl. Nichtweiss 1954, S. 91 ff.). Am Ende des 18. Jahrhunderts nimmt der Volkswiderstand unter dem Einfluß der französischen Revolution vor allem im Westen Deutschlands, im Rheinland, der Gegend von Mainz und auch in Sachsen, eindeutig eine politisch-sozialrevolutionäre Form an. Den Aufständen und der Gründung der Mainzer Republik ist allerdings nur vorübergehender Erfolg beschieden. Politisch-ideologisch führend waren dabei die deutschen Jakobiner (vgl. dazu die Sammelrezension von Grab 1977 und den Sammelband mit Jakobiner-Texten: Grab (Hg.) 1977). Die Jakobiner waren eine sozial-revolutionäre, nicht jedoch sozialistische politische Strömung. Ihr Ziel war eine egalitäre Volksherrschaft. Die sozialpolitischen Vorstellungen zum Erreichen einer ,,harmonischen Gesellschaft" tasteten den Kern des Privateigentums nicht an. Die sozialen Belange des Volkes sollten über Höchstpreise für Lebensmittel und staatliche Zwangsmaßnahmen gegen Schieber und Spekulanten verwirklicht werden (vgl. Grab 1977). Sie waren eine ,,soziale Bewegung der vielen namenlosen Unterprivilegierten" (Kuhn 1976, zitiert nach Grab 1977). Sie entwickelten sozial- und bildungspolitische Reformprogramme (vgl. dazu Kuhn 1976).

Die tatsächliche sozialpolitische Wirkung der Jakobiner in der kurzen Zeit ihres politischen Einflusses ist jedoch u.W. bisher nicht genau erforscht. Für Frank—reich klassifiziert Köhler (1977, S. 94) die jakobinische Politik als den gescheiterten Versuch einer Wiederbelebung überholter staatlicher Sozialpolitik.

5. Die aktive Proletarisierung: Repression, Arbeiterpolitik und Protoindustrialisierung

Unter aktiver Proletarisierung werden alle Maßnahmen und sozialen Prozesse verstanden, die eine tatsächliche Vermehrung oder Förderung der Lohnarbeit zum Ziel oder zur Folge haben. Es geht also um Maßnahmen, die letztlich der Lohnarbeit als wichtigster gesellschaftlicher Lebensform der Unterschichten zum Durchbruch verhalfen. Die frühbürgerliche Sozialpolitik ist eine dieser Maßnahmen. Kennzeichnend für alle staatlichen Maßnahmen ist eine Mischung aus Zuckerbrot und Peitsche. Es gibt z.B. an sich nicht repressive Qualifikations-, Leistungsprämien- und Facharbeiteranwerbeprogramme, jedoch werden solche Maßnahmen sorgfältig flankiert von unmittelbarer Zwangsandrohung und auch Zwangsanwendung. Gewalt ist also auch in diesem Sinne Geburtshelfer der neuen Gesellschaft.

Die Maßnahmen und sozialen Prozesse der aktiven Proletarisierung lassen sich in vier Typen gliedern:

1. *Repressive Maßnahmen* zur Unterdrückung des Vagantentums und des Bettels. Hierbei standen staatlicherseits oft polizeiliche Ordnungsüberlegungen als Motiv im Vordergrund. Gleichwohl wirkte die Durchsetzung von Bettelverboten als starker Zwang zur Aufnahme von Lohnarbeit. Diese Maßnahmen sind also Teil der aktiven Proletarisierung, indem sie einen auch quantitativ wichtigen Ausweg aus der Lohnarbeit, den Bettel, unterdrückten.

2. *Arbeiterpolitik* als gezielte „positive" staatliche Maßnahme. Diese Politik sollte eine Lohnarbeiterklasse herausbilden und ausweiten durch Maßnahmen wie Anwerbung im Ausland, Förderung der Ausbildung von Landeskindern, Hebung der Arbeitsdisziplin durch Zucht- und Arbeitshäuser und Sozialpolitik im engeren Sinne (Versicherungen, Unterstützung von Arbeitslosen etc.). Viele dieser Maßnahmen fanden im Rahmen der absolutistischen *Manufaktur- und Bevölkerungspolitik* statt, die Starthilfen für eine gesellschaftlich eigenständige Entwicklung geben sollte, was allerdings oft nur ein Wunsch der Fürsten und ihrer Beamten blieb (vgl. Krauter 1951, S. 172 ff., S. 257 ff.; Hinze 1963, S. 240 f.).

3. Sonstige staatliche Maßnahmen außerhalb der Arbeiterpolitik mit beachtlichen Nebenwirkungen, die auf Förderung der Arbeitsdisziplin und die Verbreitung von Lohnarbeit zielten. Darunter fällt vor allem die *Militärpolitik.* Die Soldaten unterstanden in Preußen und auch in anderen Staaten der militärischen Disziplin und waren zugleich aus materiellen Gründen gezwungen, als Lohnarbeiter (oder Bauern) den größten Teil des Jahres zu arbeiten. Sie wurden eigens dazu vom Militär beurlaubt.

4. Soziale Prozesse, die gesellschaftlich organisiert die Herausbildung von Lohnarbeitern förderten. Träger solcher Prozesse ist — besonders im Westen — das Kapital selbst: Es qualifiziert und diszipliniert seine Arbeiter innerbetrieblich (zentralisierte *Manufaktur)* oder sozialisiert sie durch Gewöhnung an Geldeinkommen als *Heimarbeiter* zumindest an ein gewisses Maß von Arbeitsbereitschaft im kapitalistischen Sinne. Im Osten dient die *feudale gewerbliche Zwangsarbeit* als eine gesellschaftliche Sozialisationsinstanz zur Herausbildung von Arbeitsdisziplin.

Die staatlichen Maßnahmen sind unterschiedlich motiviert. Ausgangspunkt der Zwangsmaßnahmen gegen die Armenbevölkerung waren sowohl eigene Sicherheitsinteressen des Staatsapparates und der sozialen Klasse, die ihn trugen, als auch vermittelte ökonomische Interessen. Das ökonomische Interesse des Staates an Sicherheit und Ordnung als einer notwendigen Bedingung kapitalistisch organisierter Gewerbe- und Handelsbetriebe wuchs mit der steigenden ökonomischen Bedeutung dieses Sektors. Zu Beginn des 18. Jahrhunderts war das Interesse des preußischen Staates an Manufakturgründungen vor allem ein konkret-sächliches, an Tuchen für Uniformen, an Waffen für die Armee etc. Als die Bedeutung des städtischen und gewerblichen Steuereinkommens im Laufe des 18. Jahrhunderts wächst, wird das steuerstaatliche Interesse stärker. Das Land bleibt zwar weiterhin die zentrale ökonomische Basis des Staates, der gewerblich-frühkapitalistische Bereich wächst aber (vgl. die ausführliche Darstellung zur Entwicklung des Manufakturbereichs in Preußen im 18. Jahrhundert bei Krüger 1958 und für

Oberschlesien Franzke 1936). Der Manufakturbereich selbst bleibt trotz dieses Anwachsens klein. Er umfaßt um 1800 nur ca. 7% aller gewerblichen Arbeiter (vgl. Henning 1977, S. 265). Hennings Schätzung ist allerdings für die Erwerbstätigen des „sekundären Sektors" — ein Begriff, der für die damalige Zeit u. E. nicht angemessen ist — mit 2,24 Mio. wahrscheinlich sehr überhöht bzw. bezieht auch alle feudalabhängigen Heimarbeiter (besonders Spinner und Weber) und zünftigen Arbeiter ein. So kommt Kuczynski in seiner Schätzung der Arbeiterklasse in Preußen zu nur 180.000 (vgl. Kuczynski 1981, S. 100 ff.).

Tabelle 5: Struktur des sekundären Sektors in Deutschland um 1800

Zweig	Handwerk in v. H.	Verlag in v. H.	Manufaktur in v. H.	Zusammen in v. H.	absolut
Metall	5,6	1,0	1,0	7,6	170.000
Bau	10,4	0,0	0,0	10,4	240.000
Steine, Erden	2,9	0,0	0,2	3,1	70.000
Feinmechanik	0,7	0,1	0,1	0,9	20.000
Textil, Bekleid.	8,3	41,0	3,2	52,5	1.170.000
Holz, Papier	8,6	1,0	0,7	10,3	230.000
Nahrung	13,4	0,0	0,0	13,4	300.000
Bergbau	0,0	0,0	1,8	1,8	40.000
Insgesamt	49,9	43,1	7,0	100,0	2.240.000

Quelle: Henning 1977, S. 265

5.1 Repression zur Verhinderung des Bettelns

Angesichts eines Bevölkerungsteils von immerhin etwa 10%, der in absoluter Armut lebte, griffen sowohl die städtischen (kommunalen) wie auch staatlichen Obrigkeiten zu z.T. äußerst repressiven Maßnahmen.
Dabei standen zwei sich ergänzende Gesichtspunkte im Vordergrund:

— Aus polizeilicher Sicht waren die Armen, besonders die umherziehenden, immer eine Gefahr für Ruhe, Ordnung und Sicherheit. Sie bildeten auch das notwendige soziale Umfeld für Räuber- und Gaunerbanden.

— Aus ökonomischer Sicht mußte dafür gesorgt werden, daß angesichts eines so verbreiteten Müßigganges die Arbeitsmoral der übrigen Bevölkerung keinen

Schaden nahm. Den Bettel galt es als ideologischen Kontrapunkt der gewünschten Arbeitsmoral zu bekämpfen.

Die Bettelverbote sind so als eher flankierende Notmaßnahmen zur Durchsetzung des Arbeitszwanges zu verstehen. Für sich genommen, reichten solche Maßnahmen aber wohl kaum aus, um dem Gewerbe die notwendigen tauglichen Arbeitskräfte zuzuführen.

Im Beitrag von Thomas Fischer ist dargestellt, wie sich die soziale Bewertung von Armut verschob. Aus einem normalen, gottgewollten Ereignis, das der Fromme brauchte für seine Wohltätigkeit, wurde ein sozial negativer, unbedingt gesellschaftlich auszugrenzender Störfaktor. Entsprechend ändert sich die Haltung des Staates bzw. der Obrigkeit von weitgehendem Gewährenlassen privater und kirchlicher Mildtätigkeit zu zunächst immer mehr Kontrolle und dann Erziehungsversuchen gegenüber den Armen, die unter Anwendung unterschiedlichster Zwangsmittel durchgesetzt wurden. Dieses anspruchsvolle Programm der Armenkontrolle und repressiven Besserungsversuche wirkte bezüglich des Staatsapparates „staatstreibend". D.h., die Wahrnehmung entsprechender Aufgaben von Kommunen oder dem Staat führte zur Ausbildung von entsprechenden Apparaten wie Armenvögten, Armenrichtern, Polizeien (vgl. Krüger 1958, S. 374 ff.; Sachße/Tennstedt 1980).
Die rechtliche Grundlage dafür war zunächst im Reichspolizeigesetz von 1577 gelegt worden. Auf dieser Basis folgte eine Inflation von Bettelverboten und Armenordnungen (vgl. Eichler 1970, S. 131; Lindow 1928, S. 36, Sachße/Tennstedt 1980).

In das allgemeine Landrecht von 1794 gingen in Preußen Bestimmungen ein, die verhindern sollten, daß arbeitsfähige Arme ohne Arbeit lebten, oder zumindest verhindern sollten, daß sie in Freiheit lebten. Grundgedanke aller Bettlerordnungen war, zumindest in neuerer Zeit, die Trennung von arbeitsfähigen Armen und unterstützungswürdigen Hilflosen (vgl. dazu Fischer in diesem Band; Hunecke 1983, bes. S. 492, 496 f.). Die Arbeitsfähigen sollten auf keinen Fall ohne Arbeit leben dürfen, dabei wurde stets ihnen und nicht den Verhältnissen des Arbeitsmarktes die Schuld am Nichtarbeiten angelastet. Eine konsequente Bestrafung der Unangepaßten ist für Deutschland nach neuerer Forschung jedoch nicht schon im 15. Jahrhundert, sondern erst im 17. und 18. Jahrhundert festzustellen (vgl. Steinert/Treiber 1978, S. 95 ff.).
Eine in der Literatur wenig beachtete, aber u.E. naheliegende Frage ist, ob nicht die permanente Unterernährung bei großen Teilen der Armen deren physische Arbeitsfähigkeit tatsächlich ruiniert hatte und somit wegen dieser tatsächlichen Unfähigkeit alle staatlichen Zwangsmittel gegen Bettelei nicht wirksam werden konnten. Hunecke verweist in Anlehnung an Geremek auf zwei wenig beachtete

Ursachen für den „freiwilligen Müßiggang", d.h. das Vagantentum:

> Geremek „zufolge sind bei der Bildung des frühneuzeitlichen Vaga-
> bundentums zwei Faktoren hervorzuheben: einerseits die Gewalt,
> die in Form von Einhegungen, Kriegen usw. die Entwurzelung vieler
> Landleute bewirkte, und andererseits das Kalkül: ‚Kalkül in der
> eigentlichen Bedeutung des Worts; nämlich der Vergleich zwischen
> der entmutigenden Aussicht, von Arbeit und in wachsendem Elend
> zu leben, und der ebenso trostlosen, von Almosen zu leben, aber
> ohne Arbeit oder nur mit gelegentlicher. Wenn der Arbeitsertrag nur
> ein Existenzminimum sichert, wird die Arbeitsverweigerung zu einer
> gesellschaftlichen Versuchung.' Geremek führt keine Zeugnisse an,
> welche seine These erhärten könnten." (Hemecke 1983, S. 506, in-
> neres Zitat aus Geremek, Popolazione marginale, S. 637)

Einige wichtige Aspekte der Methoden, Ziele und Erfolgsbewertungen in der
Bettelbekämpfung im 18. und frühen 19. Jahrhundert stellt Küther (1976) zusammen. Er geht dabei allerdings teilweise von stockkonservativen Vorstellungen
aus. Der Ausgangspunkt seiner Überlegungen ist die Untersuchung des staatlichen Kampfes gegen das Banden-, Räuber- und Gaunerwesen. Da er — wohl zu
Recht — feststellt, daß die soziale Basis der Banden die herumfahrende, arme
Landbevölkerung sei, interpretiert er die gesamte Bettler- und Vagantenverfolgung
des 18. Jahrhunderts vor allem als polizeilich-kriminalpolitische, nahezu präven-
tive Maßnahme gegen das kriminelle Bandenwesen (vgl. Küther 1976, S. 125).
Die sehr scharfen Bettelverbote mit hoher Leibes-, Freiheits- und sogar der
Todesstrafandrohung wurden allerdings durch die Ineffektivität bei der Durchsetzung dieser Erlasse gemildert. Die süd- und mitteldeutsche Kleinstaaterei war
sehr zum Nutzen der Vaganten für die Strafverfolgung ein echtes Hindernis (vgl.
Küther 1976, S. 121 f.). Dort wo größere Flächenstaaten bestanden — wie z.B.
in Bayern und besonders in Preußen —, waren diese Handicaps der Strafverfolgung geringer. Gleichwohl bestanden neben solchen zwischenstaatlichen Problemen auch massive innerstaatliche Probleme. So gab es im 18. Jahrhundert noch
keine staatliche Polizei — diese entstand erst im 19. Jahrhundert —, die solchen
Großaufgaben gewachsen gewesen wäre (vgl. Küther 1976, S. 140). Allein deswegen wurde ein gewisses Maß an Banden und Vaganten als unabwendbares Übel
behandelt.

Einige Staaten, z.B. Bayern, führten allerdings gegen Ende des 18. Jahrhunderts
ständige Streifen gegen Vaganten ein (vgl. Küther 1976, S. 19 ff.). In den Jahren
zuvor waren für gelegentliche Großfahndungen Bürger und Bauern bewaffnet
worden. Diese Bürgerstreifen waren aus verschiedensten Gründen — nicht zuletzt
wegen heimlicher Sympathien für die Verfolgten oder aus Angst vor Rache —
nicht sehr effektiv (vgl. Küther 1976, S. 130 ff.). Gleiches gilt für die verschiedenen Stadtwachen. Als der Räuber Schinderhannes mit drei Begleitern in Merx-

heim den Juden Jacob Bär bestehlen wollte, ließ ihn die Stadtwache ein, nachdem er ihnen seine Absicht „entdeckt" hatte (vgl. Küther 1976, S. 133). Solche sympathisierenden Beamten waren nicht nur in diesem Bereich anzutreffen, sondern auch bei den Paßbehörden, den Gerichts- und Gefängnisdienern. Ihre Motive waren z.T. auch Bestechlichkeit. Insgesamt minderten diese Umstände die Effektivität des Staatsapparates sehr. Gleiches gilt auch für die Strafverfolgung auf Justizebene. Da hier die Tendenz bestand, dem Staat möglichst wenig Kosten durch Strafverfahren zu verursachen, wurden viele Gefangene abgeschoben oder den Werbern des Militärs überstellt. Nur sehr selten wurden die Informationen aus den Verhören für weitere Strafverfolgungen systematisch verwertet. Seit der Wende zum 19. Jahrhundert veränderte sich allerdings diese behördliche Ineffektivität entscheidend:

In Bayern wurden ständige Militärkordons auf die verschiedenen Amtsbezirke verteilt, die zwischen 1806 und 1816 mehr als 330.000 Verhaftungen vornahmen. Ab 1813 wurden sie dabei von einer neu geschaffenen Polizei-Truppe unterstützt. Bayern hatte 1805 ca. 1.321.000 Einwohner (vgl. Küther 1976, S. 19 ff.). Die Kontrolle der Gesellschaft bzw. der Armenbevölkerung wurde zusätzlich effektiviert durch eine stärkere zentralstaatliche Kontrolle des Paßwesens und durch Auswertung von Polizei- und Gerichtsinformationen in „Gauner-Listen". Zu Beginn des 19. Jahrhunderts war dann ein ziemlich umfänglicher Repressions- und Kontrollapparat entstanden. Dem Bandenwesen wurde damit bis 1820 im wesentlichen seine soziale Basis — eine umherziehende, polizeilich kaum kontrollierbare Vagantenbevölkerung — entzogen (vgl. Küther 1976, S. 138 ff.; Kopełny 1980).

Die Durchsetzung der Bettelverbote erfolgte somit erst mit der Entwicklung eines entsprechenden Kontrollapparates, bestehend aus Polizei, Justiz und Paßwesen. Massenverarmung und versäumte Sozialpolitik führten somit auch zu dieser Zeit zur Entwicklung eines allgemeinen staatlichen Repressionsinstrumentes. Die Bettelverbote gingen in der Regel im 18. Jahrhundert und frühen 19. Jahrhundert mit der Einrichtung von Arbeitshäusern einher, die in gewissem Maße dem Erziehungsgedanken verpflichtet waren (vgl. dazu ausführlich: Marzahn).

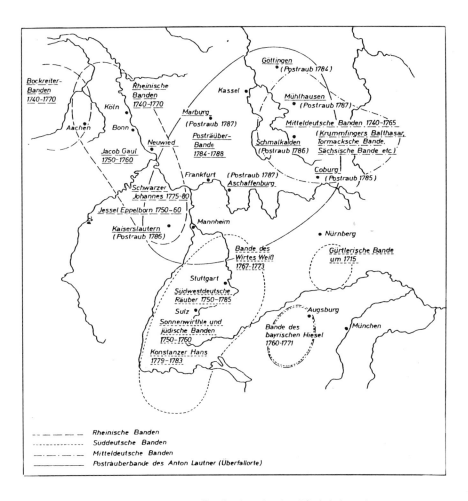

Abb. 1: Verbreitungsgebiete von Räuberbanden im 18. Jahrhundert
(Quelle: Küther 1976)

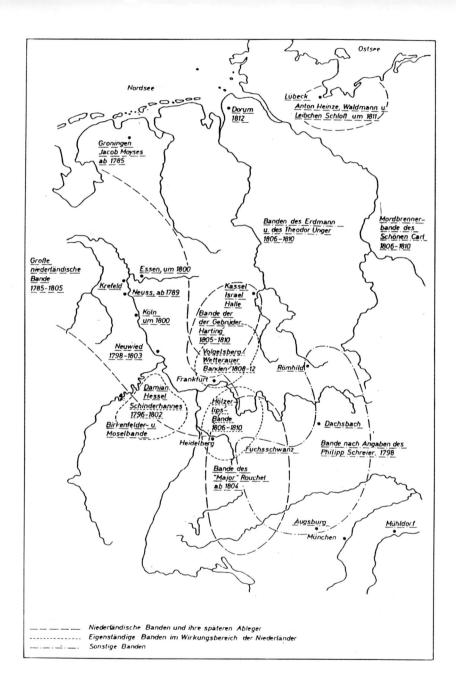

Ostsee

Nordsee

Lübeck
Anton Heinze, Waldmann u.
Leibchen Schloß um 1811

Dorum
1812

Groningen
Jacob Moyses
ab 1785

Banden des Erdmann
u. des Theodor Unger
1806-1810

Mordbrenner-
bande des
Schönen Carl
1806-1810

Große
niederländische
Bande
1785-1805

Essen, um 1800

Krefeld

Neuss, ab 1789

Köln
um 1800

Kassel
Israel
Halle

Bande der
der Gebrüder
Harting
1805-1810

Neuwied
1798-1803

Volgelsberg-
Wetterauer
Banden 1808-12

Römhild

Frankfurt

Damian
Hessel
Schinderhannes
1796-1802

Hölzer
lips-
Bande
1806-1810

Dachsbach

Birkenfelder- u.
Moselbande

Heidelberg

Fuchsschwanz

Bande nach Angaben des
Philipp Schreier, 1798

Bande des
"Major" Rouchel
ab 1804

Augsburg

Mühldorf

München

—————— Niederländische Banden und ihre späteren Ableger
-------------- Eigenständige Banden im Wirkungsbereich der Niederländer
—·—··—··— Sonstige Banden

118

5.2 Arbeiterpolitik als gezielte „positive" staatliche Maßnahmen

Die gezielten Maßnahmen zur Beschaffung geeigneter Arbeitskräfte sind in älteren Schriften (z.B. Hinze 1927; Sombart 1928) unter dem Titel Arbeiterpolitik der merkantilistischen bzw. absolutistischen Staaten abgehandelt.

Im Merkantilismus ist der Begriff der Sozialpolitik im heutigen Sinne noch nicht gebräuchlich (vgl. Lindow 1928, S. 11 ff.). Es ist Lindow zuzustimmen, wenn er schreibt: Es „läßt sich merkantilistische Sozialpolitik etwa so charakterisieren: Sie erscheint als integrierender Bestandteil der merkantilistischen Wirtschaftspolitik, der aber aufgrund unseres heutigen Begriffes von der Sozialpolitik als des Maßstabes erst daraus ausgedeutet werden muß" (Lindow 1928, S. 14). In diesem Sinne äußert sich auch Tennstedt (vgl. Tennstedt 1981, S. 15 ff.). Lindow stellt weiter fest: „Sozialpolitik ist und war im wesentlichen Arbeiterschutzpolitik, d.h. Schutz des Handarbeiters, der infolge des freien Arbeitsvertrages der größten wirtschaftlichen Ausnutzung und Unterdrückung ausgesetzt war" (ebd. S. 7). Auch nach unserem Verständnis von Sozialpolitik als Politik zur Förderung der Herausbildung einer Arbeiterklasse ist der Aussage von Lindow zuzustimmen, daß diese Politik Bestandteil merkantilistischer Wirtschaftspolitik war.
Schon die Zuordnung der sozialpolitischen Maßnahmen zur Wirtschaftspolitik im Bewußtsein der damaligen Politiker ist ein Hinweis, daß nicht — wie manchmal behauptet —, die Wahrung der sozialen Belange des einzelnen Arbeiters um ihrer selbst Willen Ziel war. Vielmehr ging es um die Sicherung und Ausweitung der steuerstaatlichen Finanzbasis. Als Mittel dazu mußten teilweise auch die sozialen Interessen der Arbeiter berücksichtigt werden. Nur wenn Arbeiter in hinreichender Anzahl vorhanden waren, konnte das kapitalistisch organisierte Manufakturwesen und Gewerbe sich ausweiten und damit die Steuerkraft der Privaten ansteigen. Schon vorn ist ausführlich dargelegt, daß im 18. Jahrhundert in Preußen die Knappheit von Arbeitskräften infolge der feudalen Gebundenheit der Landbevölkerung und der Militärpolitik ein strukturprägendes Problem war. Von daher erklären sich die vielfältigen sozialpolitischen Maßnahmen zur Vergrößerung der Arbeiterklasse.
Die Sozialpolitik, die ein Herausbilden einer Arbeiterklasse förderte, bearbeitete zwei unterschiedliche Aufgaben:

— Es mußten fachliche *Qualifikationsprozesse* gefördert bzw. Personen mit solcher Qualifikation angeworben werden. Dabei galt es vor allem, dem Facharbeitermangel abzuhelfen sowie bestimmte einfache, in großer Zahl nachgefragte Qualifikationen wie Spinnen zu vermitteln.

— Andererseits waren *Sozialisationsprozesse* zu organisieren, durch die Arbeitstugenden wie Pünktlichkeit, Angepaßtheit und Zuverlässigkeit verbreitet werden sollten. In der Regel wurde versucht, diese Arbeitstugenden mit Zwangsmitteln oder deren Androhung durchzusetzen. Von derartigen Maßnahmen waren in besonderem Maße die an- und ungelernten Arbeiter, Spinner, Farbholzraspler etc. betroffen, deren massenhafter Einsatz durch die Entwicklung von Produktionstechnik und Arbeitsteilung benötigt war.

Eine Vielzahl von Maßnahmen zielte sowohl auf Qualifikationen wie auf Sozialisation, wobei aber meist ein Ziel überwog. So vermittelt das von Christian Marzahn ausführlich behandelte Zucht- und Arbeitshaus oft ein Gemisch aus einfacher Qualifikation — meist das Spinnenlernen — und repressiver Sozialisation. Zugleich ist das Arbeitshaus auch eine ständige Bedrohung für praktisch alle Armen. Es sollte — zumindest der Idee nach — im Wege der Generalprävention zur Disziplinierung der Nichtinsassen beitragen.

Zusätzlich zu einer Unterteilung der sozialpolitischen Maßnahmen nach Qualifikations- und Sozialisationszielen ist auch eine andere Unterscheidung sinnvoll. Manche Maßnahmen dienten überwiegend oder ausschließlich dazu, überhaupt erst eine Arbeiterklasse herauszubilden. Dazu zählen vor allem Ausbildungsmaßnahmen und — noch häufiger — Anwerbungen aus dem Ausland. Andererseits bestand z.B. bei Konkurs des Betriebes die Gefahr, daß qualifizierte Facharbeiter das Land wieder verließen oder sich verstreuten. Deshalb wurden besondere Maßnahmen ergriffen, um den Bestand an Betrieben zu schützen (vgl. Hinze 1927, S. 242 ff.). Als Bestandsschutz läßt sich auch das Beibehalten versicherungsähnlicher Einrichtungen gegen Lohnarbeiterrisiken wie Alter und Arbeitsunfähigkeit verstehen. Diese Einrichtungen gehen auf zünftige Traditionen einiger Berufe — z.B. Berg- und Metallarbeiter — zurück.
Die Qualifikationsmaßnahmen des 18. Jahrhunderts in Preußen waren noch sehr einfacher Art. Nicht der Qualifikationsprozeß selbst wurde staatlich organisiert — z.B. durch Gründung von Ausbildungsstätten —, vielmehr wurden Prämien für Personen mit gesuchter Qualifikation gezahlt. Faktisch führte dies in Preußen vor allem zur *Anwerbung von ausländischen Fachkräften.* Zu dieser Zeit hatte die preußische Monarchie den Ruf eines aufgeklärten Despotismus. Während im Westen, in Frankreich, und Süden, vor allem Österreich, die Gegenreformation wütete, erkannte Preußen die Chance, durch eine gewisse *religiöse* Toleranz die Aufnahme dringend benötigter qualifizierter Arbeitskräfte zu fördern. In der zweiten Hälfte des 18. Jahrhunderts war es dann nicht mehr vorrangig der Auswanderungsdruck im Ausland, der Arbeitskräfte nach Preußen, aber auch nach Hessen-Kassel brachte, sondern es waren die staatlichen Werber im Ausland, die mit Privilegien für ausländische Fachkräfte lockten (vgl. Hinze 1963, S. 83 ff.). Nicht nur Arbeiter, auch Unternehmer wurden in dieser Zeit importiert (vgl. Mottek, Bd. I, 1973, S. 306).

Die für unsere heutigen Begriffe vergleichsweise kleine Zahl von Einwanderern hatte große wirtschaftliche Wirkungen und fand erhebliche politische Beachtung. Das läßt sich verstehen, wenn man bedenkt: Im Zeitalter der empirischen Technik war „Menschenimport" die einzige Form von Technikimport. Der Strumpfwirkstuhl, Techniken der Textilindustrie, der Seidenherstellung, der Hutmacherei, der Herstellung von Bändern, Tapeten und Schmuck, des Emaillierens und Metallgießens wurden Ende des 17. Jahrhunderts von den Hugenotten nach Brandenburg und Preußen gebracht. Insgesamt lebten um 1700 ungefähr 5.000 Hugenotten in Berlin, was etwa 25% der Gesamtbevölkerung entsprach (vgl. Mottek, Bd. I, 1975, S. 273, 267 f.). Unter Friedrich Wilhelm I. (1713–1740) wanderten insgesamt 27.323 Personen ein (vgl. Behre 1905, S. 157, zitiert bei Mottek, Bd. I, 1973, S. 267). Vergleicht man diese Zahlen mit der 1785 gegebenen Gesamtzahl an Lohnarbeitern von 165.000 in Preußen, also 85 Jahre später, so wird die enorme Bedeutung des Arbeiterimports klar. Das gilt selbst dann, wenn nur ein kleiner Teil der Eingewanderten wirklich Facharbeiter waren (vgl. ausführlich zur Einwanderungspolitik: Hinze 1963, S. 83 ff., 231 ff., zum Arbeitermangel ebenda, S. 50 ff.).

Tabelle 6: „Industrielle Arbeiter in Preußen 1785"

Leinenindustrie	80.000 Personen	51.000 Stühle
Wollindustrie	58.000	18.000 Stühle
Seidenindustrie	6.000 Personen	4.200 Stühle
Baumwollindustrie	7.000 Personen	2.700 Stühle
Lederfabriken	4.000 Personen	
Eisen- und Metallindustrie	3.000 Personen	
Tabakindustrie	2.000 Personen	
Zuckerindustrie	1.000 Personen	
Porzellan und Fayence	700 Personen	
Papierindustrie	800 Personen	
Talg- und Seifenfabrikation	300 Personen	
Manufakturen in Gold, Silber, Spitzen und Stickereien	1.000 Personen	
Ölindustrie	600 Personen	
Bernsteinindustrie	600 Personen	
	165.000 Personen	75.900 Stühle

(nach Hertzberg, zitiert bei Hinze 1963, S. 24)

Die *Ausbildung von Inländern* zu geeigneten Arbeitskräften war demgegenüber eine fortgeschrittenere Strategie des merkantilistischen Staates im 17./18. Jahrhundert (vgl. Hinze 1963, S. 180 ff.). Dabei wurden auch Landeskinder ins Ausland gesendet, später aber wohl überwiegend ausländische Fach*arbeiter* auch als Fach*lehrer* eingesetzt. Die Ausbildung „Einheimischer" mit besonderen Anwerbeprämien für „Lehrer und Lehrlinge" wurde (vgl. Hinze 1963, S. 189) gefördert.

Staatliche Prämien wurden darüber hinaus auch in sehr vielen Gewerbebereichen gezahlt, z.B. bei den Spinnern, den Bleichern und den Webern. In der Regel wurde in staatlichen Kontrollbehörden, den „Schauämtern", von den „Schaumeistern" gemäß der „Schauordnung" beurteilt, ob z.B. das Tuch einer bestimmten ausländischen Qualität entsprach. Dann wurde die Prämie ausgezahlt (vgl. Hinze 1963, S. 193).

„Ein bis ins einzelne gehendes Prämiensystem wurde für die schlesische Textilindustrie ausgebildet. In den Prämienplänen für die Jahre 1765, 1766–71, 1787–90, 1791–93, 1801 wurden für alljährliche Auszahlung auf dem Breslauer Johannismarkt Prämien für z.B. folgende Fälle ausgesetzt:

wer durch Attest nachweist, daß er zum ersten Male Kniestreicherarbeit gemacht und ein untadelhaftes Tuch hergestellt hat, erhält

für ein gefärbtes oder weißes Tuch	30 Rt.
für ein meliertes	50 Rt.
wer die meisten Zeuge gemacht hat, erhält	30 Rt.
welcher Hutmacher den feinsten Hut macht, erhält	20 Rt.

(Quelle: Hinze 1963, S. 193)

Dieser durch Prämien geförderten Ausbildung von Facharbeitern für Eisenhütten, Bergbau und Webereien, stand ein Massenbedarf an weniger beruflich-fachlich qualifizierten, aber disziplinierten Hilfskräften gegenüber, insbesondere an Spinnern. Diese eintönige Tätigkeit war an sich recht schnell zu lernen. Jedoch verlangten feinere Webtechniken auch entsprechend feinere Garne, also auch bessere Spinntechniken. Dazu sollte ein *flächendeckendes Netz von Spinnschulen* im ganzen Land errichtet werden (vgl. Hinze 1963, S. 189 ff.). Ihren Anfang nahmen die Spinnschulen um 1740 in Schlesien. Ab 1763 bzw. 1765 wurden die Spinnschulen staatlich vorgeschrieben. Es sollten in allen Dörfern Spinnschulen für Kinder ab 8 Jahren und Knechte und Mägde vom Antritt des Dienstes an eingerichtet werden. Der Unterricht fand abends von 6 bis 9 Uhr statt (vgl. Hinze 1963, S. 190). Über den Umfang der Spinnschulen gibt die nachfolgende Tabelle 7 für Teile der Provinz Schlesien Auskunft.

Die große Anzahl von Spinnschülern — 1766 allein in den genannten Teilen Schlesiens fast 75.000 Personen — läßt sich sehr gut erklären, wenn man folgendes bedenkt:

Tabelle 7: Schlesisches Spinnschulwesen 1766—1806

Glogauer Departement:

Wollspinnschulen

Jahr	Anzahl	Zahl der	
1782	61	Knechte	0— 32
1787	13	Mägde	166—377
1793	14	Jungen	31—161
1801	43	Mädchen	206—321
1804	ca. 43	(in den einzelnen Jahren)	

Leinenspinnschulen:

1766	218
1804	40

Breslauer Departement:

Wollspinnschulen

Jahr	Anzahl	Zahl der	
1790	272	Knechte	14— 215
1805	77	Mägde	82—1185
		Jungen	274—1363
		Mädchen	355—1996

Herrschaftl. Schulen:

1790	4
1794—99	keine

Leinenspinnschulen:

Jahr	Gemeind.	Herrsch.		Knechte	Mägde	Jungen	Mädchen
1766	3.532	396	=	6.739	22.392	25.371	29.857
1806	2.210	66	=	3.126	12.773	19.291	24.818

(nach Fechner, zitiert bei Hinze 1963, S. 190)

Wie aus der Tabelle 6 zu entnehmen ist, gab es in Preußen 1785 75.900 Web-stühle. Das Textilgewerbe war mit Abstand die wichtigste Industrie und beschäf-tigte etwa 90% der Lohnarbeiter (vgl. dazu ausführlich Rauter 1977). Die Tech-nik war allerdings in den verschiedenen Stufen der Textilproduktion ungleich-zeitig entwickelt. Die Webereien waren relativ fortgeschritten. Sie hatten im 18. Jahrhundert bedeutende arbeitstechnische Rationalisierungen vollzogen. Da-gegen hinkte der technische Fortschritt in der vorgelagerten Produktionsstufe, dem Spinnen von Garn, erheblich hinterher. So wurden im 18. Jahrhundert mindestens 7—8mal soviel Spinner wie Weber benötigt (vgl. Eichler 1970, S. 135). Bei ca. 75.000 Webstühlen wären das also ca. 600.000 Spinner. Preußen hatte damals ca. 5,75 Mio. Einwohner. Es mußten also über 10% der gesamten Einwohner — einschließlich der Kinder — spinnen, um den Garnmangel in Grenzen zu halten (vgl. zu den Zahlen Hinze 1963, S. 189, 240). Dies erklärt die Zwangsarbeit gerade beim Spinnen ebenso wie die Kinderarbeit besonders in diesem Bereich (vgl. Krüger 1958, S. 139 ff.). Bei der Soldatenarbeit, der Zwangsarbeit in den Zucht- und Arbeitshäusern und der feudalen Zwangsarbeit bzw. unfreien Lohnarbeit sticht das Spinnen als die wichtigste Form hervor. Das Arbeitshaus hatte dabei für die Entwicklung bürgerlicher Sozialpolitik ganz besondere Bedeutung.

Da sich der Beitrag von Christian Marzahn zentral mit dem Arbeitshaus beschäftigt, soll hier nur auf den allgemeinen Stellenwert des Arbeitshauses innerhalb aller sozialen Entwicklungen und politischen Maßnahmen zur Herausbildung einer Arbeiterklasse eingegangen werden.

Im 17. Jahrhundert waren im östlichen und mittleren Preußen einschließlich des volkreichen Schlesien höchstens 5.—6.000 Personen zu einem bestimmten Zeitpunkt in Arbeitshäusern. Zudem waren viele Arbeitshäuser oft als Armenhäuser auch für Arbeitsunfähige zuständig, so daß auch insoweit das Ausmaß an Zwangsarbeit in Arbeitshäusern begrenzt war. Die Wirkung der Arbeitshäuser beruhte jedoch vornehmlich auf Abschreckung der Nichtinsassen und einem schnellen Wechsel der Insassen. „1784 faßten sämtliche Berliner Anstalten 1.594 Personen. Im Laufe des Jahres 1785 kamen 5.288 dazu, bei dem Abgang von 5.034 Personen in der gleichen Zeitspanne." (Eichler 1970, S. 134, unter Berufung auf Hinze 1963, S. 163) Es ist bei diesem hohen Durchlauf allerdings unklar, ob er für alle Arbeitshäuser typisch war und ob er nicht die beabsichtigte Wirkung des Arbeitshauses auf die betroffenen Individuen wieder abschwächte. Allerdings ist die anstaltsförmige Organisation der Kontrolle und Versorgung in den Arbeitshäusern wichtig für die Entwicklung eines Frühproletariats und einer bürgerlichen Sozialpolitik.

Die Insassen fast aller preußischen Arbeitshäuser wurden im wesentlichen mit den einfachen, als Zwangsarbeit organisierbaren Tätigkeiten für die Textilindustrie befaßt, mit Spinnen, Farbholz raspeln, Wollekratzen.

Die Zwangsarbeit wurde nur oder fast nur für die einfachen Arbeiten eingesetzt. Die qualifizierteren Arbeiten führten freie Arbeiter aus. In einem bei Hinze (vgl. Hinze 1963, S. 159) beschriebenen Falle wurden für die einfachen Arbeiten Zwangsarbeiter, für die qualifizierten Arbeiten jedoch freie Lohnarbeiter eingesetzt.

Eine auch zahlenmäßige Bedeutung wird der Ausbildung und Erziehung von Kindern in Waisenhäusern zugeschrieben. Diese Waisenhäuser — das größte preußische war das Potsdamer Militärwaisenhaus — fanden in der königlichen Anstaltspolitik ganz besondere Beachtung.

Tabelle 8: Kinder im Potsdamer Militärwaisenhaus 1724—1792

Knaben		Mädchen	
1724—27	500—900	1727	42
1728—31	ca. 1000	1728—30	40— 60
1732	ca. 1050	1731—33	80— 90
1733	ca. 1200		
1734	ca. 1250	1734—38	125—130
1735	ca. 1150		
1736	ca. 1150		
1737	ca. 1230		
1738—40	ca. 1300—1400	1739—40	130—150
		1740	1558
1741	insgesamt 1946 Waisenkinder		
1742	1439		309
1745—50	1300—1400 Zöglinge		
1749			250 in Fabriken tätig
1750	1200		350
1755			400
1758	1250		750
1763	999		776
1764	739		661[1]
1768	1400 Kinder		
1778[2]	1950 Kinder		
1779—86	1400—1500 Kinder		
1786[3]	709		687
1787	691		654
1788	722		654
1789	684		639
1790	645		636
1791[4]	570		564
1792	339		315

1 Der Abgang rührte von einer auf kgl. Befehl vorgenommenen Entlastung des Waisenhauses her, wonach 100 Knaben an Bauern ausgetan wurden, um das durch den 7j. Krieg entvölkerte Land wieder aufzufrischen.
2 infolge Überlastung 3—400 Kinder dauernd krank, jährlich 200 Tote, daher 1779 400 Knaben zu Bauern aufs Land gegeben.
3 Diese Zahl von Nicolai, III, 1293.
4 Durch Kab.-Ordre wurde 1791 angeordnet, die Zahl auf 800 eingehen zu lassen.
Quelle: K. Hinze 1963, S. 165 f. Geschichte des Kgl. Potsd. Militärwaisen

Zusammenfassend läßt sich zur Arbeiterpolitik in Preußen vor allem hervorheben, daß die Gewichtung von Zwang und Anreizen davon abhing, welches Qualifikationsniveau bei der Zielgruppe vorlag. Die Spinner und andere Arbeitskräfte mit geringem technischen Wissen wurden in der Regel schlecht bezahlt und auch den wirtschaftsbedingten Beschäftigungsschwankungen voll ausgesetzt, ohne daß der Staat anders als mit Bettelverboten, Arbeitshausandrohungen und knapp bemessenen Almosen reagierte (vgl. Krüger 1958). Anders verhält sich die Arbeiterpolitik bei den hochqualifizierten Arbeitern. Hier wurde zumindest am Anfang des 18. Jahrhunderts von staatlicher Seite ein gewisser *Arbeitsplatzschutz* versucht. Die Motive des Staates bezogen sich zwar nicht — wie die Behauptung vom sozialen Königtum in Preußen glauben machen will — auf die soziale Lage der einzelnen Arbeiter, sondern auf das staatliche Interesse am Aufbau eines Manufakturwesens. Dabei wurden allerdings Methoden versucht, die jedes Verständnis der aufkommenden kapitalistischen Ökonomie vermissen ließen. Den Unternehmern wurden z.B. Auflagen gemacht, bestimmte Arbeiterzahlen dauernd zu beschäftigen. Aus der Zeit 1750, 1776 und 1782 gibt es jeweils Beispiele, daß Friedrich II. Entlassungen verbot (vgl. Hinze 1963, S. 242 ff.).

Diese scheinbare soziale Ausrichtung wurde jedoch erzwungen durch die Probleme des damaligen Arbeitsmarktes: Wegen der sehr niedrigen Industriedichte war die Gefahr bei der Entlassung qualifizierter Arbeiter groß, daß diese sich unwiederbringlich in alle Winde zerstreuten. Damit waren sämtliche staatlichen Bemühungen für ihre Beschaffung vergebens gewesen (vgl. Hinze 1963, S. 243 ff.).

Hinze belustigt sich insoweit zu Recht über den Kathedersozialisten Schmoller, der schreibt, vor 1806 sei „der Schutz des kleinen Mannes Sache der Regierung gewesen" (vgl. Hinze 1963, S. 245). Hinze entgegnet: „Nicht in der Erhaltung der Existenz der Arbeiter, sondern in der Schaffung und Unterhaltung der neuen Unternehmungen und *für sie* der Arbeiter lag der Zielpunkt aller Sozialpolitik des (preußischen, d. Verf.) Staates." (vgl. Hinze 1963, S. 245, im Original ist der gesamte Satz hervorgehoben.)

5.3 Militärpolitik und Disziplinierung der Arbeiterklasse in Preußen

In seinem politischen Testament fordert Friedrich II. im Jahr 1752, daß das Militär in Preußen nicht nur die königliche Herrschaft und den Platz Preußens in Europa sichern, sondern auch als Instrument der sozialen und wirtschaftlichen Entwicklung „die erste Stelle" einnehmen solle (vgl. Büsch 1962, S. 3). Das war in vielfacher Hinsicht gelungen: Im 18. Jahrhundert standen so fast 4% der Bevölkerung unter Waffen. Von den diensttauglichen Männern war dies etwa ein Sechstel — also *etwa 16%* (vgl. Büsch 1962, S. 2). Darunter waren allerdings etwa zur Hälfte im Ausland geworbene Rekruten. Preußen war unter Friedrich II. nach der Armeestärke das dritte oder vierte europäische Land, an

Fläche das zehnte, an Bevölkerung das dreizehnte.

Zweit Drittel des Staatshaushaltes verschlang die Armee. Die Bürokratie wurde durch die Bedürfnisse der Armee erheblich erweitert. „Die Ausrichtung auf die militärischen Zwecke forderte die Reglementierung des Wirtschaftslebens ebenso wie die straffe Ordnung des Soziallebens" (Büsch 1962, S. 3).

Die Stellung der Armee war Anfang des 18. Jahrhunderts so vorherrschend, daß sie die feudale Agrarwirtschaft durch Arbeitskräfteabzug zu ruinieren drohte. Es bestand aber auch die Gefahr, daß sie ein von der Gesellschaft isolierter Fremdkörper blieb. Mit der Einführung des Kantonsystems wurden diese Probleme beide gelöst. Die Bauern beim Militärdienst wurden etwa 10 Monate im Jahr beurlaubt und mußten für den Feudalherren arbeiten. Die städtischen und auch viele der ausländischen Soldaten mußten sich als Lohnarbeiter verdingen. Die Lohnarbeit der Soldaten wurde dadurch erzwungen, daß seit 1713 für eine Zeit von über 75 Jahren keine Solderhöhungen durchgeführt wurden (Büsch 1962, S. 46).

Im Militärdienst traf der bäuerliche Kantonist auf eine Form von Disziplin, die auf *Gehorsam, Püntklichkeit und Subordination* beruhte. Diese Disziplin schien nur erreichbar durch Härte und Strafe: Die Angst vor dem selbstverständlichen Prügeln und anderen schmerzhaften Strafen im Heer sollte bewirken, daß die gemeinen Soldaten „vor dem Offizier mehr Furcht als vor dem Feind haben". Die Aussagen von Zeitgenossen, unter ihnen preußische Offiziere, verraten, daß wirklich in diesem Geist gehandelt wurde. „Nach dem 7jährigen Krieg verschärfte sich die militärische Zucht, weil sich die Qualität der Rekruten verschlechterte. Es war teilweise der ‚Auswuchs der Menschheit', der angeworben wurde. Entsprechend verschärften sich die Methoden der soldatischen Erziehung gegenüber diesen Fremdlingen, denen die gleichzeitige patrimoniale Bindung der Kantonisten durch die Untertänigkeit auf dem Lande fehlte. Das verschärfte Prügelsystem des Heeres teilte sich nun aber auch den Landeskindern im Heere mit. Die Folge dieser negativen Einstellung zum Soldaten als Mensch war die Entmenschlichung der Beziehungen in der Armee." „Barbarei, tyrannisches Prügeln, Stoßen und Schimpfen" wurden angewandt, um ‚menschliche Behandlung' mußte vor den höchsten Vorgesetzten gebeten werden. Der mißhandelte Soldat schwankte zwischen Verzweiflung, Furcht vor der Fuchtel und Selbstmordgedanken hin und her; oft nahm er sich wirklich das Leben. Französische Beobachter hielten solche Art von Disziplin für ‚verwerflich' und meinten, der preußische Soldat müßte alles aus der ‚Perspektive einer elenden Sklaverei' sehen." (Büsch 1962, S. 43 f.)

Vereinzelte menschliche Offiziere konnten in diesem System wenig ausrichten. Da fast alle Offiziere adelig und etwa 60% der männlichen Adeligen Offiziere waren (vgl. Büsch 1962, S. 95), kann von einer hohen wechselseitigen Durchdringung von Gutsherrschaft und Militär gesprochen werden. So wurden die

Methoden der Menschenbehandlung durch die Armee bestimmt. Der Bauer wurde sowohl auf dem Gut wie im Regiment aus kleinstem Anlaß geprügelt (vgl. Büsch 1962, S. 42).

Etwas anders sahen die Verhältnisse im Westen Preußens aus, da dort die Einheit von Grund- und Gerichtsherrschaft und Polizeigewalt nicht so wie im Osten bestand.

Das ursprünglich für die landwirtschaftlichen Bedürfnisse eingeführte System der Beurlaubung von Soldaten hatte sich bald auch für das Gewerbe als nützlich erwiesen. Die Unternehmer hatten so Arbeitskräfte, die weiterhin der besonderen Disziplin der Militärgerichtsbarkeit unterstanden, obwohl sie beurlaubt waren (vgl. Hinze 1963, S. 175 ff.).

Da auch die Frauen und Kinder der Soldaten der Militärgerichtsbarkeit — und auch der disziplinarischen körperlichen Züchtigung — unterstanden, hatte deren Beschäftigung aus Sicht der Unternehmer die gleichen Vorteile wie bei Soldaten. Wegen der völlig unzureichenden Familienhilfen bestand für die Soldatenfrauen und -kinder ein hoher ökonomischer Zwang zur Arbeit. Ihre Hauptarbeit war die Spinnerei für alle Textilzweige (Hinze 1963, S. 176 ff.) Friedrich II. erließ um 1763/64 die entsprechenden Armeebefehle und verwandelte so die Kasernen in Spinnhallen und Fabriken. Frauen, die nicht spinnen wollten, wurde das Servis- und Brotgeld kurzerhand entzogen. Auch in anderen Berufen arbeiteten Militärpersonen, als Weber, Kohlenknechte u.a. (vgl. Krüger 1958; Hinze 1963, S. 179). Nachteil für die Unternehmen waren die Kriege und Manöver, da dann plötzlich die Arbeitskräfte fehlten.

Da der Militärdienst in Preußen durch sein Beurlaubungssystem einen erheblichen Teil der Soldaten gleichzeitig auch zu Lohnarbeitern machte, erfüllte er eine wichtige Sozialisationsfunktion und entlastete die eigentliche Sozialpolitik. Die Militärgewalt trägt so erheblich dazu bei, die notwendigen Arbeitstugenden der Lohnarbeiterschaft — Disziplin, Pünktlichkeit, Subordination — nachdrücklich nahezubringen. Soldatenarbeit gab es auch in anderen Armeen, „... spezifisch preußisch ist, daß durch die Größe der Armee der Bedarf an Arbeitskräften in Verbindung mit der allgemeinen Notlage der Soldaten ein sonst nirgendwo erreichtes Ausmaß der Soldatenarbeit bewirkte" (Krüger 1958, S. 282).

Wenn man dazu Kofler oder auch Mehring liest, so erfährt man klarer als in neueren oder ausländischen Darstellungen, welche fatalen politisch-ideologischen Spätfolgen diese Militarisierung der Gesellschaft und auch der Arbeiterklasse in Deutschland hatte. Kofler schreibt (Kofler 1948, S. 428):

„... auch das Proletariat war von der allgemeinen Tendenz zur ‚Verpreußung' nicht ganz unberührt... Die Bourgeoisie, deren Geist und deren Moral seit Friedrich II. in preußischer Manier gedrillt worden waren und die entsprechend ihrer traditionellen Rückgratlosigkeit sich daran gewöhnt hatte, den preußischen Stil für das Vorbild aller Menschenbildung zu nehmen, war nun zur Herrin über zahllose Arbeiter geworden (im 19. Jahrhundert, d. Verf.), und es lag nahe, diese nach der gleichen Façon zu drillen ... *Das Spezifische an den neuartigen Bedingungen ... lag in der innigen Verschmelzung des noch ungebrochenen und die ganze deutsche Gesellschaft durchdringenden preußischen Ordnungsprinzips mit dem formal ähnlichen, d.h. den Menschen ebenso entindividualisierenden Prinzipien der kapitalistischen Betriebsdisziplin.* Wir stoßen auf ein soziales Phänomen, das Ähnliches nur noch in Japan hat, wo noch sichtbarer als in Deutschland eine Aufpfropfung kapitalistischer Zustände auf eine feudale Gesellschaftsform stattfand ..." (Hervorhebungen von uns, d. Verf.)

Kofler spricht, zutreffend nicht nur für das 19., sondern auch schon für das 18. Jahrhundert, von einer „*Vermählung der rationalen Disziplin der Profitmacherei mit jener des Militärsstiefels"* (Kofler 1948, S. 428).

5.4 Gesellschaftliche Prozesse der Herausbildung einer Lohnarbeiterklasse: Protoindustrialisierung im Westen und unfreie Lohnarbeit im Osten

Über die beschriebenen staatlichen Maßnahmen hinaus gab es auch eigenständige gesellschaftliche Tendenzen, die maßgeblich die Herausbildung von Disziplin und Arbeitsbereitschaft, wie sie für kapitalistische Bedingungen gebraucht werden, förderten.

Für den Westen, d.h. für Flandern, liegt eine Regionalstudie vor, die detailliert belegt, wie ländliche Verlagssysteme die bäuerliche Hauswirtschaft so durchdrangen, daß die Landbevölkerung sich an Geldeinkommen und regelmäßige, monotone Arbeit gewöhnte (vgl. Kriedte u.a. 1977). Mit der Abhängigkeit von regelmäßigen Geldeinkommen war eine wichtige Anreizmöglichkeit geschaffen, die betreffenden Personen auch für eine außerhäusliche Lohnarbeit zu gewinnen. Der Verlag ist also nicht nur als technische und unternehmerische Vorform der zentralisierten Manufaktur und Fabrik anzusehen, sondern er leistet auch Beiträge zur Herausbildung einer Arbeiterklasse. Eine solche Protoindustrialisierung „läßt sich kennzeichnen als Herausbildung von ländlichen Regionen, in denen ein großer Teil der Bevölkerung ganz oder in beträchtlichem Maße von gewerblicher Massenproduktion für überregionale und internationale Märkte lebte". (Kriedte u.a. 1977, S. 26).
Voraussetzung der Protoindustrialisierung war, daß die Grundherrschaft und Dorfgemeinde nur mehr ein schwacher Zusammenhang bildete. Die Feudalquote, d.h. die Abgaben der Bauern an die Grund-, Leib- und Landesherren, zwang die Bauern, sich außerhalb ihrer Wirtschaft nach weiteren Einkommensquellen um-

zusehen (vgl. Kriedte u.a. 1977, S. 48 f.). So konnten sich ländliche Gewerbe-
räume konstituieren.

Im Osten, wo die Bauern eng an die Grundherren gebunden waren, bildeten sich
auf andere Weise ländliche Gewerbegebiete. Im schlesisch-böhmischen Grenz-
gebiet und in der Oberlausitz zogen es die Feudalherren vor, anstelle von
Getreideproduktion mit Leibeigenen auf Vorwerken der Güter eine ländliche,
gewerbliche Warenproduktion mit unfreier Lohnarbeit aufzuziehen (vgl. Kriedte
u.a. 1977, S. 48 f.; Mottek, Bd. I, 1973, S. 314 f.; Hinze 1963, S. 151 ff.). Gleiches wird von Franzke (1936) auch für Oberschlesien detailliert beschrieben. Er
untersucht die Lage der oberschlesischen Industriearbeiter von 1740–1886 im
Bergbau und in der Metallerzeugung. Diese Gewerbezweige waren nahezu völlig
in der Hand des Adels und des preußischen Staates.
Die Facharbeiter waren im 18. Jahrhundert fast ausschließlich Ausländer, die
zahlreichen Hilfskräfte waren Leibeigene. Bestimmte leibeigene Lohnarbeiter
erhielten das Recht zum Freikauf.
Es wurde so im Laufe des 18. Jahrhunderts im Bergbau und der Metallerzeugung
ein gestuftes System der Auflockerung der Leibeigenschaft im Rahmen verschiedener königlicher Privilegien geschaffen. Die Lohnarbeiterdisziplinierung fand so
im Schoße der alten, feudalen Gesellschaft und zum ökonomischen Nutzen der
alten, feudalen Herrenklasse statt.

6. Zusammenfassung: Sozialpolitik und Proletarisierung

Wir haben einleitend behauptet, daß die Sozialpolitik in der Entstehungs-
zeit der bürgerlichen Gesellschaft im Unterschied zur feudalen Fürsorgepolitik
sowohl Gesellschaftsstrukturen als auch Persönlichkeitsstrukturen verändern
wollte. Ihr Ziel war die Herausbildung einer Arbeiterklasse, die sich in den
arbeitsteiligen Produktionsprozeß der neuen Manufakturen einfügte. Oder vorsichtiger formuliert, da es den Begriff Sozialpolitik im 18. Jahrhundert noch
nicht gab: Im Rahmen merkantilistischer Gewerbe- und Bevölkerungspolitik
wurden vielfältige Maßnahmen ergriffen, die aus heutiger Sicht eindeutig als
sozialpolitisch zu werten sind. Sie initiierten oder beschleunigten die Veränderung der agrarisch-feudalen Gesellschaftsstruktur. Dabei ist für Preußen der Staat
wegen seines gewaltigen Übergewichts gegenüber Privaten die treibende Kraft bei
der Gründung von Manufakturen (vgl. Hinze 1963; Krüger 1958; Lindow 1928,
S. 45 f.). Dadurch werden die im Vergleich zum Westen Europas rückständigen
agrarisch-feudalen Strukturen aufgelockert. Andererseits ist der Staat, d.h. der
König und seine Verwaltung, auch im 18. Jahrhundert gegenüber dem grund-

besitzenden Adel vergleichsweise schwach. Er muß Kompromisse mit ihm schließen, die auch die zweite Leibeigenschaft mit umfassen. Deshalb findet eine breite Vertreibung der Landbevölkerung, wie sie Marx für England beschreibt, in Preußen nicht statt. Es entsteht ein oft spürbarer Arbeitskräftemangel, der die Manufakturentwicklung zeitweilig ebenso behindert wie die sehr langsame und nur stückweise Aufhebung der Zunft- und Monopolprivilegien. Trotz dieser geringeren Freisetzung von Landbewohnern findet auch in Preußen die Entwicklung eines staatlichen Instrumentariums zur Kontrolle der Armenbevölkerung und zur Veränderung von Gesellschaftsstrukturen statt. Diese Maßnahmen sind eng und abgestuft verzahnt mit den eigentlichen sozialpolitischen Maßnahmen, die in dem Abschnitt „Aktive Proletarisierung" beschrieben wurden. Über das Ausmaß der Durchdringung der Gesellschaft mit repressiven Maßnahmen geben die Tabellen 9 und 10 einige Informationen. In den eigentlichen Zwangsanstalten befinden sich danach stets nur vergleichsweise geringe Personenzahlen. Ihre Bedeutung lag mehr in ihrem exemplarischen Charakter. Militärwesen und Spinnschulen dagegen hatten deutlich flächendeckende Tendenz. Sie erfaßten einen erheblichen Bevölkerungsanteil. In Preußen um 1786 lag die Zahl aller Soldaten mit 194.000 über der Zahl der „industriellen" Arbeiter mit 165.000 (vgl. Tabelle 9).

Zusammenfassend kann die Sozialpolitik im Sinne von staatlichen Maßnahmen zur Arbeiterbeschaffung des 18. Jahrhunderts in Preußen wie folgt bewertet werden:

— Eine Trennung von Ökonomie (privaten Kapitalen) und Politik (Staatsapparat) ist in dieser Zeit noch nicht sehr entwickelt. Die Schwäche des Bürgertums — besonders der gewerbetreibenden Manufakturbourgeoisie — führt dazu, daß der Staat selbst in eigener Regie Manufakturen in größerem Umfang gründet und auch Monopole an Private mit Produktionsauflagen vergibt (vgl. Hinze 1963; Lindow 1928; Krüger 1958). Der Staat versucht, nicht selten mit feudal-absolutistischen königlichen Anordnungen, sowohl Unternehmensgründungen als auch Arbeiterbeschaffung zu betreiben.

— Im Laufe des 18. Jahrhunderts wird ein Instrumentarium zur Arbeiterbeschaffung entwickelt. Das Instrument wird differenziert: Einwanderungspolitik, Anwerbepolitik, Anreizsysteme für qualifizierte Arbeiten, Maßnahmen im militärischen und anstaltsförmigen Zusammenhang und repressive Maßnahmen gegen das Bettler- und Vagantenwesen. Zwang wird vor allem mit dem Ziel der Sozialisation, d.h. der Herausbildung von Lohnarbeitertugenden, angewendet.

Von Seiten des Staates spielt dabei das Interesse an der rechten Untertanenhaltung eine Rolle. Mit diesen zwangsorientierten Sozialisationsmaßnahmen können zwei Ziele — die Erziehung des Lohnarbeiters und des Untertanen — zur Deckung gebracht werden.

Tabelle 9: Bevölkerungsstruktur und Ausmaß sozialpolitischer Institutionen in Preußen ca. 1786

Zeilen-Nr.		Anzahl		Jahr	Quelle
1	Gesamtbevölkerung	5,75 Mio.		1786	Krüger 1958, S. 53
1a	Landbevölkerung	abs. 4,48 Mio.	% 78		
1b	Stadtbevölkerung	abs. 1,27 Mio.	% 22		
2	Soldaten — insgesamt —	194.086		1786	K. Hinze 1927, S. 36 f.
3	beurlaubte Soldaten ca. 50% von (2)	ca. 100.000			Büsch 1962
4	Soldaten (2) in % der Bevölkerung		% 3,4		
5	„industrielle Arbeiter" insgesamt	ca. 165.000			ebd.
6	davon in der Leinenindustrie	80.000			
7	davon in der Wollindustrie	58.000			
8	„industrielle Arbeiter" (5) in % der Gesamtbevölkerung		% 2,9		
9	Arbeitshausinsassen	3.—6.000		2. Hälfte 18. Jahrhundert	Schätzung auf Basis der Zahlen von Eichler 1970

Tabelle 10: Bevölkerungsstruktur und Ausmaß sozialpolitischer Institutionen in Berlin ca. 1786

Zeilen-Nr.		Anzahl	Jahr	Quelle
1	Gesamtbevölkerung	147.388 davon zivil: 114.566	1786	K. Hinze 1927, S. 171 Krüger 1958, S. 274
2	Soldaten ohne Beurlaubte	33.625	1786	ebd.
3	% Soldaten ohne Beurlaubte an der Gesamtbevölkerung	% 22,81		ebd.
4	Soldaten insgesamt (mit Beurlaubten)	60.677	1786	ebd.
5	% Soldaten mit Beurlaubten an der Gesamtbevölkerung	% 41,16		ebd.
6	Lohnarbeiter in Manufakturen	ca. 19.000	1782	Krüger 1958, S. 273 davon ca. 1/3 zünftig, 2/3 freie Lohnarbeiter
7	freie Lohnarbeiter in % an der Gesamtbevölkerung	% ca. 13		
8	Frauen als Lohnarbeiter	ca. 4.000		Krüger 1958, S. 286
9	Sämtliche Armenanstalten	7.449	1786	Krüger 1958, S. 624
10	davon Arbeitshausinsassen	511	1780	Krüger ebd.; K. Hinze S. 161, 609 für 1785

— Neben diesen repressiven Methoden der Arbeiterbeschaffung bestand ein System von Anreizen, Privilegien und Sonderzuweisungen für qualifizierte Arbeiter, vor allem deshalb, weil neue Arbeitstechniken stets nur mit den Arbeitern, die sie beherrschten, importiert werden konnten. Diese Art von empirischer Technik bedeutete eine relativ starke Stellung des Facharbeiters. Gleichwohl waren aber auch diese, wenn sie ihre Macht zu deutlich hervorkehrten, stets der z.T. völlig irrational ausgeübten Gewalt des Landesherren ausgeliefert. Da aber qualifizierte Arbeit ein Mindestmaß an intrinsischer Motivation erfordert, also Freiwilligkeit des Arbeitenden, waren dort Anreize grundsätzlich häufiger als Zwangsmittel. Man sollte den Gegensatz zwischen einfacher Arbeit und Zwangsarbeit einerseits, qualifizierter Arbeit und Anreizen andererseits allerdings nicht überbetonen. Es gab auch für das Spinnen zeitweilig Prämien, und umgekehrt waren die qualifizierten Arbeitskräfte noch immer Zwang und Zwangsandrohungen in einem für uns heute unvorstellbaren Maße ausgesetzt — z. B. waren sie beim Militär dem gleichen Prügelsystem wie alle Rekruten ausgeliefert.

Im Preußen des 18. Jahrhunderts kann also insgesamt von umfänglichen staatlichen Maßnahmen gesprochen werden, die zur Herausbildung eines Frühproletariats führten. Diese klassenbildende Politik des Staates war allerdings begleitet von scharfer Unterdrückung der Interessenorganisation dieser neuen Manufakturarbeiterklasse. Es bestand ein absolutes Koalitionsverbot für Arbeiter. Die Zunftgesellen durften zwar einen Altgesellen auf Ortsebene als Sprecher wählen, es wurde aber jeglicher überörtliche Verkehr zwischen diesen Altgesellen verboten (vgl. Lindow 1928, S. 67 f.).
Der Staat förderte den sozialen Strukturwandel, unterdrückte aber gleichzeitig seine politischen Wirkungen. Auf die politische Struktur wirkte dieser Prozeß der Klassenbildung aber trotzdem im erheblichen Maße ein. Die politische Immunisierung der neuen Arbeiterklasse gelang nicht vollständig, auch wenn diese sich an den zahlreichen Gesellenunruhen des 18. Jahrhunderts kaum beteiligte (vgl. Laufenberg 1910).
Wirksam waren allerdings die „staatstreibenden" Ereignisse der Politik selbst. Es kommt sowohl zur Entwicklung der staatlichen Polizei, zu einer Ausweitung im Justizwesen und auch weiterer staatlicher Instrumente. Für Hamburg ist z. B. der Aufbau einer Armenfürsorge belegt, die allgemein die staatliche Präsenz und Kontrollmöglichkeiten steigerte (vgl. Köhler 1977). Diese Entwicklung scheint aber im 18. Jahrhundert in Deutschland noch nicht so weitgehende Wirkungen zu haben, wie sie Gerstenberger (1976) für England beschribt.

Neben Polizei, Justiz und Armenverwaltung, zu der auch die Entstehung von Anstalten wie Waisenhaus und Arbeitshaus gehörte, werden gewerbepolitische Instanzen mit deutlichen, z.T. sogar überwiegenden sozialpolitischen Aufgaben geschaffen.

Im Bereich des Bergbaus, der in Preußen praktisch ausschließlich unter staatlicher Regie oder Aufsicht stand, existierten die Oberbergämter und die Geschworenen. Die Oberbergämter hatten in Lohn- und Arbeitszeitfragen und in gewissem Umfang auch bei Einstellungen und Entlassungen Kontrollfunktionen (vgl. dazu und zum folgenden Lindow 1928, S. 55 ff.; Hinze 1962). Noch deutlicher war die sozialpolitische Bedeutung der Geschworenen, die „dem Bergarbeiter, falls er durch Wasser- oder Wetternot oder andere äußere Vorfälle an der vollen Erfüllung der übernommenen Arbeitsleistung verhindert war, dennoch einen auskömmlichen und seiner Mühe entsprechenden Lohn zu gewährleisten" hatten (Lindow 1928, S. 59).

Für den Bereich der übrigen Gewerbe wurden staatlicherseits Fabrikinspektoren berufen, die besonders die Lohnfrage zu überwachen hatten. Für die Textilindustrie gab es Manufakturkommissionen. Neben der Überwachung der Produktion in technisch-qualitativer Hinsicht hatten sie auch darauf zu achten, wie Lohnfragen geregelt waren.

Die sozialpolitischen Elemente waren alle von dem Ziel kontinuierlicher und wachsender Produktion — und somit wachsendem Wohlstand zum Nutzen des Staates — geprägt.

Die *Funktionen staatlicher Sozialpolitik* in der Phase des Übergangs zum Frühkapitalismus lassen sich wie folgt zusammenfassen:

Im Rahmen der merkantilistischen Gewerbe- und Arbeiterbeschaffungspolitik wird die Sozialstruktur zur Herausbildung einer Lohnarbeiterklasse gezielt mitverändert. Die Funktionen der Sozialpolitik können analytisch als Organisation von Qualifikations- und Sozialisationsprozessen unterschieden werden. Über die Herausbildung von Disziplin, Pünktlichkeit und Subordination fördert mittelbar auch das Militärwesen und die feudale Lohnarbeit (zweite Leibeigenschaft) das Entstehen einer disziplinierten Arbeiterklasse. Dies ist möglich, da Fabrik bzw. Manufaktur und Militär nach formal ähnlichen, hierarchischen Strukturen organisiert sind. Gehorsame Soldaten, Untertanen und Arbeiter werden somit parallel und als „soziale Einheit" hergestellt. Das unmittelbare Ziel der jeweiligen Disziplinierungsmaßnahmen ist demgegenüber nachrangig.

Während im Bereich der Disziplinierung — also der Sozialisation unter Anwendung von Zwang — eine Vielzahl von Instanzen zu verzeichnen ist, konzentriert sich die Förderung von Qualifikation nur auf wenige Teilpolitiken und die Kapitale selbst.

Insgesamt wirkt diese Sozialpolitik gesellschaftlich gesehen klassenbildend, auf den Staat bezogen fördert sie eine organisatorische Differenzierung und Ausweitung der Staatätigkeit. Im Zuge der klassenbildenden und sozialstrukturverändernden Politik entstehen so ganze staatliche Subsysteme neu oder werden grundlegend umgestaltet: Polizei und Justiz, Gewerbepolitik, das Bildungswesen und die Kontrolle sowie Versorgung der Armenbevölkerung. Der letztgenannte Bereich, der in gewissem Sinne das Kernthema der frühbürgerlichen Sozialpolitik ist, wird in den Beiträgen von Fischer über städtische Armenpolitik und Marzahn über das Arbeitshaus ausführlich behandelt.

Anmerkungen

1. Marx, MEW 23, S. 765. Zum bürgerlichen Staat siehe auch die Einleitungstexte von Reichelt, Schäfer und Hirsch zu Marx, Engels, 1974; Braunmühl 1973.
2. Diese permanente Verletzung des Selbstgefühls sieht van Ussel als ein wichtiges Hindernis für das bürgerliche Ideal der Liebe, da es nur als Beziehung zwischen Gleichberechtigten, ich-starken Personen realisierbar ist (vgl. van Ussel 1979, S. 220, 251).
3. Im 18. Jahrhundert, in Holstein schon früher, wurde die Dreifelderwirtschaft — (1. Jahr: Wintergetreide, 2. Jahr: Sommergetreide, 3. Jahr: Brache oder Erbsen) — in Mecklenburg durch die „Schlagwirtschaft" abgelöst. Die Dreifelderwirtschaft demoralisierte den Arbeitseifer der Bauern in zweifacher Weise: Sie hatten kein Interesse als Leibeigene an optimalen Erträgen, weil höhere Erträge nur höhere Abgaben bedeuten, und zusätzlich mußten sie sich wegen der Aufteilung der Felder im Gemenge bei allen Arbeiten am Feldnachbarn orientieren (vgl. Nichtweiss 1954, S. 73). Z.B. mußten alle zur gleichen Zeit das Korn ernten, dabei konnte es sein, daß überreifes Korn schon ausfiel, während anderes noch gar nicht reif war. Der Flurzwang und die Fronarbeit waren so ein echtes Hindernis für den Produktivitätsfortschritt in der Landwirtschaft. Die Schlagwirtschaft, bei der 3 Jahre Getreide auf 1 Jahr Brache und 3 Jahre Weide folgten, erzielte die 2—4-fachen Erträge. Die Bodenbearbeitung wurde aber stark intensiviert (4—6maliges Pflügen vor dem 1. Getreidejahr). Dazu brauchten die Grundbesitzer in großem Umfang leibeigene Tagelöhner (vgl. Nichtweiss 1954, S. 74 ff.).
4. Wie klein die deutschen Städte noch im 18. Jahrhundert waren, verdeutlicht Tabelle 3. Nur zwei deutsche Städte hatten 1792 über 100.000 Einwohner: Hamburg und Berlin.

Ausgewählte Quellentexte

1. „Ordnung und Gebräuche des Zuchthauses zu Amsterdam, welche durch die Fundatores und Regentes desselben gemacht sind" (1599–1603)
   (Aus: R. v. Hippel: Beiträge zur Geschichte der Freiheitsstrafe. In: Zeitschrift für die gesamte Strafrechtswissenschaft, Vol. XVIII, 1898, S. 474–480)

2. Ausgewählte Beispiele aus den „Miracula San Raspini Redivivi" (1617)
   (Aus: R. v. Hippel: Beiträge zur Geschichte der Freiheitsstrafe. In: Zeitschrift für die gesamte Strafrechtswissenschaft, Vol. XVIII, 1898, S. 480–492 [= Nr. 1, 5, 8, 17])

3. Philipp von Zesen: Das Raspel- und das Spinn-Haus zu Amsterdam um 1660.
   (Aus: Ders.: Beschreibung der Stadt Amsterdam, Amsterdam 1664. Zitiert nach: Rudolf Quanter, Deutsches Zuchthaus- und Gefängniswesen, Aalen, Scientia 1970, S. 129–134)

4. Bremer Zuchthausordnung vom 26. Januar 1609.
   (Aus: R. v. Hippel: Beiträge zur Geschichte der Freiheitsstrafe. In: Zeitschrift für die gesamte Strafrechtswissenschaft, Vol. XVIII, 1898, S. 614–617)

5. Friedrich Eberhard von Rochow: Von der Notwendigkeit der Kreis-Arbeitshäuser; Ders.: Grundsätze, so bey der ganzen Anstalt obwalten könnten.
   (Aus: Ders., Versuch über Armenanstalten und Abschaffung aller Betteley, Berlin, Nicolai 1789, S. 12–16 und 20–25)

6. Heinrich Balthasar Wagnitz: Das Zuchthaus zu Torgau.
   (Aus: Heinrich Balthasar Wagnitz: Historische Nachrichten und Bemerkungen über die merkwürdigsten Zuchthäuser in Deutschland, Bd. I, Halle, J. J. Gebauer 1791, S. 243–257)

7. „Rede bey der Übernahme der Jahrverwaltung des Zuchthauses" — gehalten von Direktor Sieveking am 13. Januar 1790 in Hamburg.
   (Aus: Heinrich Balthasar Wagnitz: Historische Nachrichten und Bemerkungen über die merkwürdigsten Zuchthäuser in Deutschland, Bd. II, 1. Hälfte, Halle, J. J. Gebauer 1792, S. 165–174)

„Ordnung und Gebräuche des Zuchthauses zu Amsterdam, welche durch die Fundatores und Regentes desselben gemacht sind" (1599—1603)

(Aus: R. v. Hippel: Beiträge zur Geschichte der Freiheitsstrafe. In: Zeitschrift für die gesamte Strafrechtswissenschaft, Vol. XVIII, 1898, S. 474—480)

Die Amsterdamer Zuchthausordnung, entstanden zwischen 1599 und 1603, ist das erste uns bekannte Dokument, in welchem die Regeln festgehalten sind, die das Leben im Zucht- und Arbeitshaus bestimmten. Die einzelnen Bestimmungen bilden zum einen die institutionelle Struktur der Anstalt ab; zum anderen aber und vor allem schreiben sie den Insassen vor, was sie zu glauben haben, wie sie sich zu betätigen haben, wie sie sich zu betragen und was sie zu unterlassen haben.

Die Zuchthausordnung hat zwei Teile. Der erste Teil — die „Ordnung und Gebräuche" — besteht aus 22 nicht sehr systematisch angeordneten Einzelbestimmungen, die sich auf die wesentlichen Bereiche des Anstaltslebens beziehen: die religiöse Unterweisung der Insassen und den Elementarunterricht für die Jugendlichen (Abs. 1—4, 20); Art und Pensum der Arbeit sowie Entlohnung (5—7, 21—22); Schlafen und Essen (8—9, 17); Krankheit (10); Strafen für diverse Verfehlungen (11—12); das Anstaltspersonal — vier Regenten, zwei Außenmütter, Binnenvater/-mutter, zwei Werk- und ein Schulmeister (13—16); Steuerfreiheit der Anstalt (18).

Der zweite Teil — die „Ordnung der Zuchtkinder" — richtet sich mit 28 Bestimmungen zunächst vor allem an die Insassen, ermahnt sie zur Gottesfürchtigkeit (Abs. 1—2), zensiert die Lektüre (3), verbietet Spitznamen (4), gibt Vorschriften für den Umgang mit Nahrungsmitteln (5—8), einen Katalog von Verboten (Messer, Schere, Feuerzeug, Tabak, Glücksspiel, Handel, Betrug, Diebstahl, Anbetteln von Besuchern, 9—15) sowie genaue Arbeitsvorschriften (Pensum, Entlohnung, Strafen, 17—21). Es folgen allgemeinere Angaben: das Monopol der Brasilienholzmühle (22), Bezahlung des Personals (23—24), Besucher- und Aufnahmeregelung (25, 27—28) und ein allgemeiner Ordnungsparagraph (26).

Die Amsterdamer Zuchthausordnung enthält in den Grundzügen alle Prinzipien, die für das besondere Gewaltverhältnis in der Anstalt konstitutiv sind: absoluter Gehorsam gegenüber Anstaltspersonal, Arbeitspflicht, weitreichende Ordnungsgebote und ein ausgedehntes Repertoire an Strafen zur Erzwingung des gewünschten Verhaltens. Damit wurde sie auf direktem oder indirektem Weg Vorbild zahlreicher weiterer Zuchthausordnungen in ganz Europa.

Ordnung und Gebräuche des Zuchthauses zu Amsterdam, welche durch die Fundatores und Regentes desselben gemachet sind.

1. Zum Ersten wird alle Sonntage, wie auch an andern heiligen Tagen, welche von der Kirche observieret werden, geprediget, zu welcher Anhörung sich alle Gefangenen einstellen müssen, nämlich diejenigen, so da weren.

2. Wird auch auf jeglichem der obgemeldten Tage, von 1—2 Uhr Nachmittags, von einem Meister etwas Nützliches gelesen und den Jungens die sonntäglichen Fragen abgefragt, welche sie auswendig beantworten müssen, ebenso maßen, wie es in der Kirchen geschieht, hernacher wird gelesen und ein Psalm gesungen.

3. Im Winter wird täglich von der Zeit an, da es anfängt finster zu werden, bis 7 Uhr für die Jugend Schule gehalten, um Lesen und Schreiben zu lernen, worinnen sie von einem Meister der Werke unterwiesen werden.

4. Auch wird am Sonntag des Morgens von 6—8 gleichwie sonsten des Abends Schule gehalten und hat die Jugend des Sonntags nach gehaltener Lection auch ihr exercitium um mit einander zu spielen, bis daß die Schulzeit wieder angeht.

5. Was anlanget die großen und starken Männer, welche schwere Mannesarbeit thun mit Holzraspeln, die gewinnen täglich für Kost und Unterhaltung 8½ Stüber und was sie über das Gesetzte mehr arbeiten, dasselbe wird ihnen bezahlet, und liefern sie alle 2 Tage ihre gesetzte Arbeit an die Meister, so von den Regenten dazu bestellet sein.

6. In den Winckeln oder Kammern, in welchen sie arbeiten, daselbst schlafen sie auch, ingleichen giebt man ihnen allda täglich dreimal zu essen, auch ist in jeder Kammer ein Secret.

7. Es ist auch allda ein großes Losament, in welchem den Knaben, so zu schwerer Arbeit untüchtig sein, das Weben gelehrt wird, wofern sie es nicht können, nämlich allerlei Art bomasynen[12])

---

[11]) Ich kann diese Behauptung deshalb mit besonderer Sicherheit aufstellen, weil ich mein Manuskript über Amsterdam bereits druckfertig abgeschlossen hatte, als die Zuchthausordnung zu meiner Kenntnis gelangte.

[12]) Bomzijde = Barchent, halbseiden Zeug.

auch doppers (?) und borates [13]) und wird jedem sein Feierabend [14]) gegeben, nachdem die Herren Regenten und Meister der Werke befinden, daß sie arbeiten können.

8. Ihr Schlafzeug oder Unterbett ist grobe Leinwand mit Stroh ausgefüllet, dergleichen ist auch der Hauptpfuhl, darauf wird ein weißes wollenes Laken, an Stelle eines leinenen Schlaflakens gelegt; noch auch ein Federkissen mit einem Überzug unter das Haupt, welches wöchentlich nebenst ihren Hembern ausgewaschen wird. Zur Decken haben sie eine gewandt Decke mit gewandt gefuttert, im Winter aber haben sie davon Zwei. Es schlafen aber die alten großen je 2 und 2 zusammen, die Jungens aber wohl zu dreien.

9. Man giebt ihnen, wie vorgedacht, des Tages dreimal zu essen, nämlich des Morgens jedem ein Stück Brod mit Butter und ein Stück Keeß mit Brod zum Frühstück, des Mittags aber graue oder weiße Erbsen oder Grütze, eins ums andere, mit einem wenig Fett darüber oder auch Fisch und alle Abend Bier und Brod, nämlich des Winters warm und des Sommers kalt, und dazu noch solche 2 Stücke wie des Morgens zum Frühstück, ausgenommen noch das Brod, so man ihnen zur Vorkost giebt. Des Sonntags aber bekommen sie allezeit ein Stück warmes Fleisch und noch eine Schale mit Fett darüber dazu.

10. Es wird auch ein Balbier [14a]) gehalten, welcher sie kurieret, wenn sie krank sind, alsdann werden sie mit der Arbeit verschonet, bis sie wieder gesund sein.

11. Wenn sie etwas verbrechen oder wenn sie einander schlagen oder sonst Schelmerei thun, so werden sie von den Regenten gestraft, entweder, daß ihnen die Arbeit vermehrt wird, oder werden sie in Ketten und Banden eine zeitlang gehalten, auch wird ihnen wohl die Zeit verlängert, so sie im Zuchthaus bleiben müssen.

12. Da es sich auch begiebt, daß sie den Meistern oder Regenten nicht wollen untertänig sein, und sich unter derselben Strafe begeben, wird die Justitia gefordert, welche auch nicht lange ausbleibt, sondern kommen bald und greifen sie an mit Brandtmahl zu geben, die Zeit zu verlängern, auch wohl gar mit dem Tode zu strafen, nachdem sie es verstehen.

13. Der Regenten oder Vögte des Hauses sein 4 der vornehmsten Bürger, guten Namens und Gerüchtes, dieselben geben auf die ganze Regierung des Hauses gute Achtung und kommen jede Woche präcise zusammen.

---

[13]) borat = baumseidener Stoff.
[14]) d. h. Arbeitspensum.
[14a]) Vergl. oben Anm. 239.

14. Es sein auch zween vornehme Bürgerfrauen, so da auf die Haus=
haltung des leinen und wollen Gerätes, wie auch auf die Kost und alles
Andere gute Achtung geben und dieselben werden Außenmütter genannt.

15. Es ist auch ein Binnenvater oder Schließer mit seiner Haus=
frauen zur Binnenmutter, welche durch die Herren Bürgermeister
beeidigt sein, dieselben haben 2 Dienstmägde, auf welche sie Achtung
geben, die Arbeit zu verrichten, zu kochen und Leinwandt zu waschen
und was sonsten die Hausarbeit angeht.

16. Über das sein noch 2 Meister über die Weberey und einer
über die Rasperey und andere Werke auch wie oben bestellet, dieselben
werden, wie das ingleichen auch der Schulmeister mit Besoldung,
Wohnung und freiem Brandt aus dem Hause versehen.

17. Man giebt den Gefangenen täglich soviel zu trinken, als sie
zur Notdurft von nöten haben, ihr Getränk ist Bier, davon die Tonne
30 Stüber gilt.

18. Das Haus und alle diejenigen, so dasselbe bedienen, sein
von allem was sie vonnöten haben accise=frei, sowohl in der Stadt
als auf dem Lande, nämlich solange, als sie demselben dienen.

19. Weiter wird von den Binnen=Meistern auf alles und jedes
gute Achtung gegeben, die auch alles und jedes den Herren Regenten
anbringen, welche alsdann sich darauf resolvieren und gute Ordnung
stellen, wie das ingleichen auch auf alle des Zuchthauses regierungen.

20. Alle Gefangenen müssen morgens und abends, vor und nach
dem Essen, die gewöhnlichen Gebete beten, bei schwerer Strafe.

21. Die Rasper, deren je 2 und 2 zusammen arbeiten, müssen
täglich 50 Pfund Sägespän liefern und was sie noch mehr sägen, so
bekommen sie von 100 Pfund einen Gulden und wann 100 Pfund
gesägt worden, werden die Sägen wiederum geschärfet.

22. Es seyn 2 Gefangene, so die Sägen schärfen und das Holz
in Particeen legen und packen, wenn es die Kaufleute zu Haus haben
wollen, noch ist einer, welcher die großen Späne spaltet, um dieselben
mahlen zu lassen, noch ein Gefangener, so dem Binnenvater das Essen
hilft zutragen. Diese Gefangenen sind von den Herren Regenten
verordnet und werden „Schaffer" genannt.

Ordnung der Zuchtkinder.[15])

1. „Erstlich soll ein Jeder sich gefaßt machen, um des Morgens, Mittags und Abends mit gebührender Reverenz Gott den Herrn zu loben und zu danken, nach altem Gebrauch, bei Straffe, das erstemal sein Essen zu verlieren, hernacher aber auf Gutachten der Regenten.“

2. „Es soll niemand den Namen Gottes mißbrauchen mit Fluchen oder Schwören, noch leichtfertige und unzüchtige Worte singen oder reden, noch auch die diebische Sprache, so man Krämer=Latein nennet, reden.“ Strafe nach Gutachten der Regenten.

3. „Es sollen keine Bücher, Briefe oder Lieder im Hause weder gelesen oder gesungen werden, als nur allein dieselben, so von den Regenten verordnet und zugelassen sein.“ Daher wird Ablieferung aller Bücher zur Visitation durch den Schulmeister verlangt. Bei Zuwiderhandlung „für das erstemal oder bis weiter Bescheid“ Verlust der Fleischkost auf 3 Wochen.

4. Verbot, einem andern, insbesondere den Beamten „ungebühr= liche Zunamen“ zu geben. Gebot „alles, was ihnen in Abwesenheit der Regenten befohlen wird, gehorsamlich zu verrichten“. Bei Unge= horsam zum erstenmal Verlust der halben Tagesration, im Wieder= holungsfall „schwere Strafe nach Gutachten der Regenten“.

5. „Soll ein Jeder seine Schale mit Vorkost, so ihm gegeben wird, gebührlich eilends auseßen und dieselbe in guter Ordre wiederum herausgeben, dafern auch jemand nicht begehrte zu essen, so soll er es nicht hineinnehmen; was auch jemand seine Portion zu viel were, so soll er den Binnenvater erinnern, daß er soviel nicht essen könne, auch soll er nachdem die Mahlzeit verrichtet, seine Schale bei sich be= halten: bei Strafe, 3 Tage lang sein Frühstück zu entbehren und da man den Schuldigen nicht aussagte, sollen alle so in derselben Kam= mer sein, gleiche Strafe tragen.“

6. Käse, Butter und Brod soll niemand „verbergen oder ver= holen, sondern da jemand zu viel hätte, so soll er wiederum heraus= geben, was ihm nicht beliebet“. Strafe nach Gutachten der Regenten.

7. „Soll jedermann mit der Speise, so ihm nach Anordnung der Regenten gegeben wird, zufrieden sein und demjenigen, so das schaffet[16]) oder schaffen leßt, deswegen nicht widersprechen.“ Strafe: Verlust der halben Portion für 8 Tage. „Dafern aber jemand etwas zu sagen hette, soll er es ordentlich den Regenten anmelden.“

---

[15]) Von den hier folgenden Verhaltungsmaßregeln für die Züchtlinge sind nur die in Anführungszeichen gesetzten Stellen wörtlich citiert; das Übrige ist im Interesse der Kürze der Darstellung möglichst knapp dem Inhalt nach wieder= gegeben.

[16]) schaffen = besorgen, auftischen.

8. Am Sonnabend darf jeder sich für 1 Stüber Weißbrod kaufen lassen. Sonstige Extraverpflegung ist — abgesehen von ausnahms=weiser Erlaubnis der Regenten — verboten.

9. Alle „messer, kneiffe oder sonsten scharfes", desgleichen Feuer=zeuge und Tabak sind abzuliefern. Tabakgenuß ist verboten. Strafe, wenn Ablieferung „innerhalb 4 Tagen nach dato dieses" nicht erfolgt: „zum erstenmal schwerlich und zum andermal noch schwerer".

10. „Soll niemand weder bei Tag oder Nacht, Abends oder Morgens, ein Licht anzünden oder brennen ohne Zulaß des Binnen=vaters, und in wessen Gemach eines gefunden wird, so von den andern nicht außgebracht wäre, so sollen sie alle zugleich mit Entziehung ihrer halben Portion gestraft werden und überdies 14 Tage kein Fleisch bekommen."

11. „Soll niemand auf dem Webebaue seine Scheere bei sich stecken noch anderswohin legen, sondern da er abgeht um zu essen oder in die Schule zu gehen, seine Geräthschaft auf seine Arbeit legen, in Beisein seines Meisters, wer es aber einem andern befiehlt zu thun, der soll deswegen gestraft werden."

12. „Wetten, Spielen und Handeltreiben" ist verboten. „Dafern aber etwas verkauft, verwettet oder gewonnen würde, soll dasselbe den Raspers und Webers zum besten verfallen sein, und sollen sie es unter sich anbringen und keinen übersehn, das Geld aber soll nach Gelegenheit der Sachen in die Büchse gelegt werden."

13. „Soll ein jeder seine aufgelegte Tagesarbeit, sowohl die drunten als droben, gehorsamlich verrichten und keine Fälscherei im Sägen oder Weben gebrauchen, bei pön, alle Sonnabend gestraft zu werden und daß er noch über das, wann er seine Zeit ausgestanden, dasselbe so er verdorben, doppelt nacharbeiten, wie ingleichen auch, da jemand durch angenommene gleißnerische Krankheit oder durch Keller=strafe an seiner Tagesarbeit etwas versäumet, so soll er dasselbe auch nacharbeiten."

14. Verbot, irgend ein Schloß ohne besondere Erlaubnis zu öffnen oder jemand etwas wegzunehmen. Strafe nach Ermessen der Regenten.

15. „Niemand soll von seinem Bau gehen oder Geschrei und Herumlaufen auf der Werkstatt anrichten." . . . „Auch soll man niemand, der von außen kommt, um etwas ansprechen, dafern aber jemand etwas geben will, so soll dasselbe in die Büchse geleget werden." Bei Zuwiderhandlung Strafe.

16. Seinen Platz, insbesondere sein Bett soll jeder in „guter Ordnung halten". Die Zimmer sind täglich zu reinigen, die Nachtkannen Vormittags zu entleeren. Die Kleider dürfen nicht auf den Betten herumliegen, sondern sind ordnungsmäßig an ihren Platz zu bringen. Strafe: 4 Tage lang kein Frühstück, bei Wiederholung nach Gutachten der Regenten.

17. „Wann sie erst anfangen, weben zu lernen, so giebt man ihnen nur schlechte bomasis zu machen." Pensum in der ersten Woche 10, in der zweiten 15 „und wie sie weiter lernen bis 35 Ellen" als Maximum. „Alsdann bekommen sie auch soviel zu essen, wie man sonsten einem Mann giebt, wenn sie aber ihr Feierabend nicht abmachen können, so bekommen sie nur eines Jungens Essen, das ist nur halb soviel."

18. Bei feinen Stoffen (satis bomasis genannt) „ist das Feierabend 35—36 Stüber die Woche", „von dem schweren Werk bekommen sie einen Stüber von der Elle, von dem schlechten bomasines aber ½ Stüber von der Elle."

19. Raspel= und Webemeister haben wöchentlich einen Zettel mit Angabe der geleisteten Arbeit „auf der Regenten Contor" zu bringen, „welche ihnen alsdann soviel Geld geben, als verdient ist, hernacher zahlen die Meister die Arbeiter aus. Wann nun 2 Rasper einen Gulden die Woche übrig verdienet, alsdann werden für jeden 2 Stüber abgezogen, welche von den Regenten für dieselben Arbeiter bewahret werden, wovon gute Rechnung gehalten wird und wann hernacher ihre Zeit aus ist, alsdann bekommen sie solches eingehaltene Geld. Wann aber diejenigen, so da weben, 5 Stüber verdient haben, alsdann wird einer eingehalten und wann ihre Zeit aus ist, bekommen sie das Geld auch wie oben".

20. „Wann sie zum ersten aufs Haus kommen, alsdann wird ihnen ihre rätschaft, nämlich ihr Stuhl und Scheer gegeben, wann sie aber dieselbe zerbrechen, müssen sie es wieder bezahlen. Ingleichen

auch die Raspers, wann sie die Sägen fallen lassen und die Kreuzer daran zerbrechen, müssen sie es auch wieder zahlen." Bei mutwilliger Zerstörung Strafe nach Gutachten der Regenten.

21. „Wann sie mutwillig sein und nicht arbeiten wollen, so werden sie in den Keller eingesetzt, allda bekommen sie täglich Wasser und Brod, d. h. Kellerspeise. Was sie allda versäumen, das müssen sie nacharbeiten, ehe sie wieder außkommen. Die Meister mögen sie wohl einlegen, aber die Regenten examinieren sie erst und lassen sie strafen, ehe sie wieder auskommen, hernacher bringt sie der Meister wieder zur Arbeit."

22. „Es ist auch ein Brasilienholzmühle allda, welche die Freiheit hat, daß niemand Brasilienholz brechen mag, nur dieselbe allein, es muß auch kein Holz von einigem Kaufmann darauf gebrochen werden, sondern nur allein für das Zuchthaus, dafern aber der Verwalter derselben anders thäte und darüber beschlagen würde, so verliert er jedesmal 200 G. dem Zuchthaus zum besten."

23. „Die Meister werden aus dem Einkommen des Zuchthauses besoldet und haben freie Wohnung und Holz, müssen aber ihre eigene Kost thun."

24. „Der Schließer oder Binnenvater wird von der Stadt bezahlt, aber im Zuchthaus hat er die Kost."

25. „Alle diejenigen, so da kommen, um das Zuchthaus zu besehen, müssen vom Außenvater ein Zettlein holen auf soviel Personen, als da kommen sollen und muß jede Person ein Stüber zum Profit des Zuchthauses geben. Auf die Jahrmarktzeit aber kommen sie ohne Zettel hinein, müssen aber doch den gewöhnlichen Stüber geben und hat der Binnenvater die Jahrmarktwoche über die Hälfte von allem was einkommt, zu genießen." [17])

26. „Zum letzten befehlen die Regenten, daß alle gute Ordnungen des Hauses, ob sie schon in diese Artikel nicht begriffen, dennoch unterhalten sollen werden, bei poen, welche sich die Regenten vorbehalten tun."

27. „Ein Jeder, der erstlich in's Zuchthaus kommt, wird das erst in den Keller eingesetzt, allda muß er so lange verbleiben, bis einer von den Regenten kommt und ihm die Gewonheit desselben anmeldet, wonach er sich alsdann zu reguliren hat."

---

[17]) Diese eigentümliche Freiheit der Besichtigung des Zuchthauses in der Jahrmarktzeit findet sich später in den Hamburger Anstalten wieder. Ursprünglich im Interesse der Erlangung mildthätiger Gaben eingeführt, artete sie in Hamburg später in einen die Ordnung des Hauses störenden Unfug aus, wurde aber erst im Jahre 1807 beseitigt. Vgl. Streng, Hamburg, S. 89.

28. „Welcher zum andermal in's Zuchthaus kommt, muß in den
Keller und wird an eine Kette geschlagen, so an seine beiden Füße
festgemacht ist und also verharren, solange es dem Regenten gefällig,
hernacher wird er wieder losgeschlagen und muß angeloben sich wohl
zu verhalten."

„Dafern sie aber sehr mutwillig werden, werden sie an eine
schwere Kette, so sie nachschleifen müssen, angeschlagen, auch wohl an
eine Kette, welche nur so lang ist, daß sie nur an die Raspelbank,
an ihre Schlafstelle und auf das Secret kommen können und müssen
gleichwol ihr Feierabend verrichten und das währet solang als es den
Regenten gefällt, hernacher werden sie auf Zusage, daß sie sich bessern
wollen, wiederum losgemacht."

(Aus: R. v. Hippel: Beiträge zur Geschichte der Freiheitsstrafe. In: Zeitschrift für die gesamte Strafrechtswissenschaft, Vol. XVIII, 1898, S. 480–492 [= Nr. 1, 5, 8, 17])

Wie R. v. Hippel mitteilt (S. 480 f.), erschien die erste Ausgabe der „Miracula" im Jahre 1612, siebzehn Jahre nach der Gründung des Zucht- und Arbeitshauses in Amsterdam. In der Tradition der katholischen Wundergeschichten, nun aber protestantisch ironisiert, schildern die „Miracula" die Wunderwerke, die sich im Zucht- und Arbeitshaus ereignet haben. Die Insassen, die in den Augen des Verfassers simulierenden Bettler und Müßiggänger, werden satirisch als Pilger dargestellt, die an vielfältigen Gebrechen leiden und im Zucht- und Arbeitshaus von diesen geheilt werden. Drei Heilige bewirken dort diese wunderbare Heilung: St. Labor (lat.: Arbeit), St. Ponus (von lat. poena – die Strafe) und St. Raspinus (Latinisierung von Raspeln, also: die Säge). Arbeit und Strafe also machen die Insassen wieder gesund (vgl. Nr. 1 und 5), ja ihr Ruf hat abschreckend-heilsame Wirkung sogar außerhalb der Anstalt (vgl. Nr. 8). Das letzte Beispiel (Nr. 17) berichtet von dem Amsterdamer Wasserkeller, in dem der Gefangene buchstäblich vor die Wahl gestellt war, zu arbeiten oder zu ertrinken.

Der Autor ist, wie aus vielen Andeutungen hervorgeht, mit den Verhältnissen im Amsterdamer Zucht- und Arbeitshaus so gut vertraut, daß v. Hippel vermutet, er stamme aus dem Kreis der Anstaltsregenten.

Miracula San Raspini Redivivi,

das ist:

Historische Beschreibung der wunderlichen Mirackel oder Wunderwerck,

so in der weitberhümbten Kauff- und Handel Statt Amsterdam, an einem Orth auff dem heiligen Weg gelegen, so gemeiniglich das Zucht-Hauß genannt wirdt, an vielen fürgangen, und noch täglich fürgehen. Mit zugefügter Beschreibung eines wunderbaren Mirackels, so von der heiligen Justitia geschehen.

Jetzo auffs new in Truck verfertigt, und mit der Statt
Bremen Zuchthauß vermehret.

Gedruckt im Jahr nach Christi Geburt
MDCXVII.

Nr. 1. Dietrich Norman vom schädlichen Bruch, so er im Gebänd getragen, geholffen.

Anno 1604.

Dietrich Norman, seines Alters von 20 Jahren, geboren in Norwegen, war gar übel beschädigt und gebrochen an beyden Seiten, also daß ihm die Därm fast bis auff die Knye gehangen, und er lange Zeit mit einem zweyfachen Gebänd an seinem Hals hat von Hauß zu Hauß betteln gehen und ein Stewer heyschen müssen,[31] seinen Bruch zu heylen, dadurch dann die Bürger ein Mitleiden mit jhm bekommen, und nach dem sie verstanden, daß täglich im Zuchthauß viel curirt und gesund gemacht würden, haben etliche für rathsam befunden, jhm ins Zuchthauß zu verhelffen. Als er nu dahin kommen, hat er gesagt, sein Kranckheit were so groß, daß er daselbst nicht könnte genesen oder gesund werden, war deshalben gantz widerspenstig und unwillig sein Opffer daselbst zu thun, deshalben man den Artzt[32] so auff gedachtes Hauß bescheiden, also bald erfordert, daß er seinen Schaden besehen solte, welcher sich gantz übel wuste zu gehaben, und durchauß nicht zulassen wollte, daß jhn jemand solte anrühren. Es hat aber der Artzt dessen ungeacht jhn gleichwol angegriffen und be= sehen, welcher dann befunden und dahin geschlossen, daß, wenn er sein Opffer mit guter Devotion und Andacht an Sanct Raspinum durch den guten Mitler und Patronen S. Bonum thun würde, er gar bald und leichtlich würde können genesen und gesund werden, welches denn auch also geschehen, denn sobald er sein Opffer mit guter Devotion gethan, ist jhm durch das Mittel S. Bonus so wol geholffen worden, daß er keinen Mangel oder Bruch mehr befunden, deshalben als er etwan ein Monatlang in obgedachtem Hauß gewesen, ist er ohn einige Artzney, ohn allein, daß er täglich über seinen Rücken mit Tagöle, (welches gleichwol in Ostland besser als hier bekandt ist) geschmieret worden, zu völliger Gesundheit kommen, hat das Zuchthauß mit 600 Pfunden, gangbar in Kauffmannschafft zu Amsterdam,[33] verehret, ist wider seines Wegs davon gangen, sich fleissig gegen dem Vorsteher deß Hauses bedanckt, welcher jhn gefragt, ob er sein Gebänd wolte mit sich nemmen, darauff er geantwortet, daß er desselben nun nicht mehr von nöthen hette, sintemal er völlig gesund worden, hat also das obgedachte Gebänd zu nothwendiger Bestettigung des Mirackels und Wunderwercks im Zuchthauß verlassen.

---

[31] Er bittet um „een pennixken tot genesinge ende cureringe van syne gescheurtheyt". Original.

[32] Vgl. dazu oben S. 466.

[33] Vgl. dazu oben Anm. 147.

Nr. 5. Schwer Jansen wirdt ein Schlang auß dem Leib, durch Tag-Oly geschmiert, getrieben.

Im Juli 1604.

„Schwer Jansen, ungefähr 36 Jahr alt, bürtig aus Ostfriesland, allda er in einem Dorff geboren, gieng täglich von Hauß zu Hauß herumb betteln, und sagte, es hette ihm Gott eine Schlang in den Leib gegeben, dafür er gar nicht arbeiten könbte. Die Bürger, nachdem sie solches gehöret, haben sie ihn ins Zuchthauß gebracht, auff daß er daselbst von den Schlangen entlediget, und mit Verrichtung seines Opffers an den heiligen Sanct Raspinum, durch den Mittler S. Ponum gesund gemacht würde. Als er nun in das Zuchthauß kommen, und deß heiligen Sanct Raspini, wie dann auch seines Mittlers Poni ansichtig worden, hat er vermeynt, dieselben würden ihm nicht helffen können ... ja es ließ sich ansehen als were er mit der schädlichen Ketzerey der Pigritien angesteckt und gantz eingenommen, ... ward derhalben von deß Zuchthauses Kapellan täglich belesen, und wol fett mit Tagöle über seinen Rücken so lang geschmieret, biß er selber bekennete ... daß er merke, daß er gesund und von der Schlangen entlediget würde." Er hat dann gearbeitet, ist gesund geworden und entlassen unter Verehrung von 1432 Pfunden an das Zuchthauß, „den Vorstehern fleissigen Danck sagende".

Nr. 8. Ein Krüppel, so nur das Zuchthauß und S. Raspinum höret nennen, wirdt gerad und lauffend.

Im Augusto Anno 1604.

„Es hat sich zugetragen, daß ein lahmer Krüppel an zweyen Krücken zu Amsterdam auff den Gassen von Hauß zu Hauß betteln gienge. Als denselben die Diener [40] gesehen, haben sie sich verlauten lassen, daß demselben lahmen Mann im Zuchthauß wol möchte geholffen werden, derhalben seyn sie zu ihm zugangen, in meynung ihn ins Zuchthauß zu führen. Als das gemeine Volck solches gesehen, haben sie geruffen, Mann, Mann sehet euch für, die Diener kommen euch ins Zuchthauß zu St. Raspinum zu holen, Als nun obgedachter lahmer Mann gehört, daß sie vom Zuchthauß sagten, hat er seine beyden Krücken fallen lassen, und ist so eylends durch die Harlemer Pfort zur Statt hinauß gelauffen, daß die Diener ihn keines wegs ereylen mögen, also starck und hurtig war er worden, als er nur den Namen deß Zuchthauses hat nennen hören. So dann nun der Name deß obgedachten Hauses eine solche Krafft hat, daß es so bald es genennet wirdt, die Lahmen und Krüppel nicht allein gehend, sondern auch so sehr lauffend machen kann, daß sie nicht mögen gefangen oder ereylet werden, so kann man leichtlich daher abnemmen, was für ein Krafft das Zuchthauß selbst an ihm habe, Zwar je näher man zu

---

40) Schouten-dienaers (Diener des Schultheiß) oder Stadtdinaers, sagt Baudaert.

Sanct Raspino kompt, je mehr Krafft und Stärke man empfindet, doch muß S. Labor auch mit hinzu kommen, sonst können die Mirackel oder Wunder schwerlich ins Werck gerichtet werden, Es wollen wol etliche sagen, daß viel Pilgerim gefunden werden, welche wenn sie den Thurm der Statt Amsterdam nur von ferne sehen, oder nur allein an den heiligen Raspinum gedencken, also bald gesund werden, und also in die Statt keines wegs zu kommen begeren."

Nr. 17. Von einem, der gern (aber mit dem Maul) arbeyten wolt, kondt aber den Schweiß nicht riechen.

Anno 1607.

„Lamprecht N. von N. von Natur und Gliedern starck und gerad, hatte diesen Gebrechen, daß ob er wol gern ein Arbeydt verrichtet (wann sie sich selbst gethan) war doch sein Klag, daß er den Schweiß nicht riechen kondt, und wenn er den empfunde, ihm gleichsam ein Ohnmacht zugieng, dessen Eltern nun hatten so viel von der Wol- und Wallfahrt zu der Klaussen auff dem heiligen Weg zu Amsterdam gehört, daß sie kurtz entschlossen, daß ihr Patient auch dahin ein Pilgramsfahrt solt verrichten. Nachdem er nun mit einem Schreiben, darinn seine Gebrechen vermeldt, zu Amsterdam in einer andern Meynung ankommen, ist er alsbald auß dem Gasthauß in die Klausen abgeholt worden, seine Devotion zu S. Pono und Raspino zu thun, da er sich dann gantz übel gehaben, und sein Opffer zu gedachten Heyligen nicht verrichten können oder wollen, ongeachtet er zum offtermal mit dem Tag Oly wol geschmiert worden, derwegen man zu dem eussersten Mittel geschritten unnd eine andere Khur an die Hand genommen. Nemlich im vestibulo oder Eingang deß Zuchthauses ist ein rinnend Wasser und darneben eine Camera mit zwo Wasserpompen, eine außwendig, die ander inwendig, in dieselbig ward der Patient geführet, daß er ein appetit zu S. Pono mit dem außpompen bekommen möcht, also ward erstlich das Wasser zu ihm so tieff biß an die Knie, förter biß an den Gürtel und als ihn noch kein Andacht zu S. Pono ankommen wolt, vollends biß unter die Arm und endlich biß an den Hals eingepompt und eingelassen, Da er nun befunden, daß die Schweißsucht ihn verlassen und geförchtet, daß er ersauffen möcht, hat er S. Pono in einer Fury angefangen daß Opffer mit grosser Andacht zu verrichten, die Pompe erwischt und so lang und viel gearbeytet, biß er deß Wassers mit außpompen erledigt worden, da er dann der Schweißsucht nicht mehr empfunden und bekennen müssen, daß er darvon genesen, derhalben er dann herauß genommen und zu anderer nützlicher Arbeit angewiesen und gehalten worden | Biß endlich nach 3 Jahren seine Eltern dem heiligen S. Pono zu Ehren das Zuchthauß mit einer Summa Gelt verehret und den Nimmerschweißsüchtigen wider zu Hauß kommen lassen."

Philipp von Zesen: Das Raspel- und das Spinn-Haus zu Amsterdam um 1660.

(Aus: Ders.: Beschreibung der Stadt Amsterdam, Amsterdam 1664. Zitiert nach: Rudolf Quanter, Deutsches Zuchthaus- und Gefängniswesen, Aalen, Scientia 1970, S. 129—134)

Eine frühe Schilderung des Amsterdamer Zucht- und Arbeitshauses finden wir bei Philipp von Zesen in seiner „Beschreibung der Stadt Amsterdam" von 1664. Sie ist eine anschauliche Ergänzung und Bestätigung der Darstellung, die aus den Abbildungen Nr. 3, 5, 10, 11, 12, 18, 19, 24 deutlich wird.

Als Baujahr nennt der Verfasser 1595 für das Raspel- und 1596 für das Spinn-Haus. Recht genau beschreibt er die bauliche Anlage der Anstalt, die imponierenden Portale mit ihren allegorischen Darstellungen und Inschriften, den Innen- und Arbeitshof. Er benennt verschiedene Gruppen von Insassen und die Arbeiten, die sie zu verrichten hatten. Ausführlich berichtet er über die diversen Strafen, die den Insassen neben der religiösen Unterweisung zuteil wurden. Ebenfalls finden wir hier jene seltsame Besucher- oder besser Besichtigungsregelung bestätigt, die wir aus Abbildungen (vgl. Abb. Nr. 5, 19) und aus der Amsterdamer Zuchthausordnung (Teil II, Abs. 25) kennen.

Das Raspel- oder Zuchthaus

„Das

Raspel= oder Zuchthaus zu Amsterdam ist Anno 1595 vor das un=
nütze Mannesvolck, vieler Land=Läuffer und Diebe wegen, so sich vor
arme vertriebene Bettler ausgaben, aus Anordnen der damahligen
Bürgermeister Reinierkants, Balthasar Appelmanns, Barthel Krum=
hauls und Jakob Bulesen angerichtet, und über die Züchtlinge Ißbrand
Bennen, Ißbrand Harmans und Heinrich Bunchen zu Zuchtmeister bestellet.
Zu diesem Zuchthaus gelanget man durch zwey starck und große steinern
Thüren; oben am Thür=Gerüste der ersten bey dem heiligen Wege,
stehet ein Fuhrmann mit einem Wagen, drauf Sägen, Raspen, Feilen
und dergleichen zu diesem Hause gehöriges Werkzeug lieget, in Stein

gehauen, und diesen Wagen ziehen bey paaren Wölffe, Bären, Löwen, Tieger und dergleichen wilde Thiere, auf welche der Fuhrmann mit einer starcken Peitsche tapffer zuschlägt. Darüber lieset man folgende Worthe: „Virtutis est domare, quae cuncti pavent." der Tugend kömmet zu dasselbe, daß jederman fürchtet, zu zähmen. Aber auf dem Thür=Gerüste der zweyten, siehet man zwey große an den Füßen ge= fässelte Zucht=Buben Brasilien=Holtz raspen, und unter denselben in einem runden Schilde, mit allerhand vergüldeten Ketten und Fässeln umgeben, einen andern Baumseide würcken. Welches alles ebenmäßig in Stein gehauen und mit seinen eigenen Farben übermahlet. Durch die zweyte Thür gelanget man in einen weiten viereckichten Hoff, da= raus alle Gefängnisse, vermittelst starcker eiserner Gitter ihr Licht schöpffen. In diesen Hoff stehet eine hohe Seule oder Pranger, mit der Gerechtigkeit oben auf, welche ihr Schwerd und Waage in den Händen führet. Hieran werden die Züchtlinge, wenn sie was ver= schuldet, zuweilen gebunden und gestäupet. Unten um den Hoff herum sitzen gemeiniglich die Landläuffer und Diebe, welche den Galgen noch nicht verdienet, und hierin, nach dem man sie öffentlich gestäupt, auff etliche Jahre verwiesen sind. Diese müssen, etliche gefässelt, etliche un= gefässelt, nachdem sie alt und starck seyn, schwere Arbeit thun. Son= derlich aber Brasilien=Holtz raspen, und zwar so klein und mit solcher Mühe, daß ihren offtmahls der Schweiß, wiewohl sie fast gantz nackend stehen, darüber Tropfenweise ausbricht. Wenn sie ihre gesetzte Tage= werck vollbracht, denn haben sie erst Feierabend, und eher nicht. Aber oben sitzen die Bettel= und andere muthwillige Jungen, welche den Leuthen auff den Gassen überlästig fielen, und weben, unter anderer Arbeit, die ihnen nach eines jeden Fähigkeit und Macht aufferleget wird, Baumsayden und dergleichen Zeuge, auch haben sie ihre Schule, drinn sie lesen und schreiben lernen: Und wann einer von ihnen Muth= willen getrieben, wird er mit dem Kopff zwischen zwo Stöcke ge= klemmet, auff eine Banck, die in dieser Schule stehet, geleget, und mit Ruthen gestrichen. In gemeldeter Schule müssen des Sontags alle Zucht=Buben zusammen kommen, da ihnen denn aus der Heil. Schrifft vorgelesen, und ihr ruchloses, eine Zeitlang gepflogenes Wesen und Leben vorgehalten, auch ein anderer Weg zur Besserung ihres Wandels angewiesen wird. Sie haben auch einen eigenen Pfarrer, der ihnen prediget, und sie im Christenthum unterrichtet."

Daß überall als Hauptsache eine günstige Gelegenheit zum Prügeln geschildert wird, beweist, daß auch der Verfasser jener Beschreibung hierauf einen hohen Wert gelegt hat. Was die allerwichtigste Neuerung beim Zuchthaus gegenüber den alten Gefängnissen war, ist zwar auch als eine Tatsache erwähnt aber keineswegs im wirklichen Werte erkannt worden. Es ist dies die Einführung der Gefängnis= arbeit. In den mittelalterlichen Gefängnissen blieben die Gefangenen

Das Spinn-Haus

„Zu Amsterdam ist wegen vieler verwilderten Mägdlein, die auff den Gassen lieffen, auch um der müßiggehenden geilen Mädgen und Weiber willen, die sich in Huhrhäusern auffhielten, und des Lauffens befliffen, ja selbst zum Diebstahl verfiehlen, Anno 1596 das Spinn= oder Zuchthauß des un= nützen und unbändigen Frauen=Volcks gestifftet. Selbige unbändige faule Weibes=Bilder wurden alsobald an das Flachs= und Wollen= Spinnen, Netze stricken, und dergleichen Arbeit gesetzet. Als Anno 1695 dieses Spinnhauß abgebrand, ist ein viel schöneres und präch= tigeres erbauet, über der Thür stehet in Stein gehauen, die Züchtigung, in Gestalt einer Frauen, und hebet mit der rechten Hand eine Geißel in die höhe, mit der lincken aber fasset sie eine von den Züchtlingen, welche ein Netz stricket, bey dem Ermel, als wollte sie selbige geißeln, zur rechten Seite sitzet eine andere mit einem Spinn=Rocken. Aber wie schön dieses Hauß von außen anzusehen, so üblen Geruch giebet von innen der gemeine Sitz=Platz der leichten Mätzen von sich. Dann so bald man die Treppe hinauff gestiegen, und vor das Gitter gelanget, diese hübsche Thierlein zu schauen, kömmet einen ein solcher äckelhafftiger dampfichter Qualm entgegen, daß man die Nase zuhalten muß. Man findet aber dieselbe allda in drey unterschiedliche Buchten abgeſchieden. In der erſten ſitzen diejenigen, die auff den Brantewein zu ſehr verleckert ſind, und lieber ihren Rock ſamt dem Hembe ver= ſetzen oder verkauffen, als die Käle unbefeuchtet laſſen wollen. In der andern ſind die geile verſoffene Mären, die in Hurhäuſern ihren Leib ſamt der Scham um ein liederliches Hurengeld vermiethet. In der Dritten befinden ſich die allerehrligſten. Nemlich dieſelben, die ſich ſo ehrlich getragen, daß man ſie auff das öffentliche Schau=Gerüſte zum Tantz geführet, und zum Zeichen ihres ehrlichen Verhaltens mit dem Wapen der Stadt gemercket. Alle dieſe Zucht=Säue werden durch ihre Zucht=Mütter zur Arbeit angetrieben. Und wann ſie ſich unnütze machen, ſpielet man ihnen mit einem Trommelſtock auff ihren eigenen Kalbsfälle zum Tantz, oder wirfft ſie in ein finſteres Loch, da ſie auff eine Zeitlang ihre Luſt büßen. Zu gewiſſen Stunden wird ihnen auch eines oder das andere Stück aus der Heil. Schrifft vorgeleſen, mit beygefügter Ermahnung, daß ſie ſich der Zucht befleißigen, und ihr ungebundenes gottloſes Leben verlaßen wolten. Außer dieſer gemeinen Züchtlingen findet man noch andere, welche in ihren abſonderlichen Kammern wohnen, und nicht mögen beſchauet werden. Dieſelbe ſind entweder Jungfrauen, die ihren eigenen Vorrat durch Andere zu viel Nutzen laſſen, und deßhalb von ihren Eltern hierher in Verwahrung gethan worden: Oder aber Ehefrauen, die theils ihre Haushaltung durch ein wildes ungezämtes Leben gäntzlich verwahrloſet, teils auch ihr eigenes Geräthe fremden Männern, vor ein Gläßlein Weins, oder ſonſt etwas, zu brauchen überlaſſen. Zum Unterhalt dieſes Zucht= hauſes müſſen alle Vierteljahr, durch die gantze Stadt die gemeine Trinck=Häuſer, und alle Häuſer, da man Wein, Brantwein und an= dere gebrante Waſſer, wie auch Speck, Butter und Käſe verkaufft, zehen Stüver geben; ja ſelbſt die jenigen, da man nur geringes Bier verkaufft, fünff Stüver, welches gewißlich, wann man es alles zu= ſammen rechnen ſolte, ein groß Geld ausmachen würde."

Bremer Zuchthausordnung vom 26. Januar 1609.

(Aus: R. v. Hippel: Beiträge zur Geschichte der Freiheitsstrafe. In: Zeitschrift für die gesamte Strafrechtswissenschaft, Vol. XVIII, 1898, S. 614–617)

Die Bremer Zuchthausordnung von 1609 ist deutlich vom Amsterdamer Vorbild inspiriert. Wie im 3. Kapitel dargestellt, hatte sich der Bremer Senat mehrfach an den Rat in Amsterdam gewandt, um sich bei der Errichtung eines Zucht- und Arbeitshauses in Bremen auf die Amsterdamer Erfahrungen stützten zu können. In den Grundzügen stimmen denn auch die beiden Zuchthausordnungen überein, wenngleich die Bremer Ordnung in Gliederung und Einzelausführung durchaus eigenständig ist.

Sie besteht aus 22 Einzelbestimmungen und enthält eine Reihe von Vorschriften, die nicht nur die Ordnung innerhalb der Anstalt, sondern auch deren Außenverhältnis betreffen. Hauptaufgabe der Anstalt ist die Erziehung der Insassen zur Arbeit, für deren Übererfüllung Prämien, Verweigerung oder Versäumnis aber harte Strafen in Aussicht gestellt werden (Abs. 1–5). Bettelei ist verboten; wer erwischt wird, kommt ins Zuchthaus (6). Fahrenden Bettlern soll man einen Zehrpfennig geben und sie dann „stracks zum Thor hinausgeleiten" (7). Alle Einweisungen ins Zuchthaus sind auf ihre Rechtmäßigkeit zu überprüfen (8–9). Der Unterhalt der verschiedenen Insassengruppen soll auf verschiedene Weise aufgebracht werden (10–14). Täglich mehrmaliges Beten ist Pflicht (15). Die Anstalt genießt Steuerfreiheit und andere Privilegien (16–17). Die Entlassenen müssen Urphede schwören (19). Besuch ist nur mit besonderer Erlaubnis möglich (20).

Bremen. Zuchthausordnung v. 26. Januar 1609.

Nr. 1. Dieweil das Zuchthaus für diejenigen verordnet, die entweder um begangener Büberei (boverie) oder ärgerlichen Lebens oder um mutwilliger Bettelei willen darin geraten, so sollen alle diejenigen, die darin sind oder künftig hineinkommen, mit allem Fleiß zur Arbeit, soviel ihnen jedesmal der Zuchtmeister verordnet, gehalten werden.

Nr. 2. Die darin säumig gefunden und ihre volle Arbeit nicht verrichten, sollen mit Wasser und Brot gespeist werden bis und solange sie nicht allein ihr gesetztes Pensum (tax), sondern auch was zuvor versäumt ist, wiederum nachholen und einbringen.

Nr. 3. Die sich auch durch Arbeit und Hunger nicht genügsam züchtigen und im Zaum halten lassen wollen, wider dieselben sollen Ruten gebraucht und von dem Kämmerer den Verordneten[31]) auf ihr Ansuchen zu solchem Behuf hülfreiche Hand geboten werden.

Nr. 4. Sonst soll der Zuchtmeister dem Gesindel täglich zwei= mal, Morgens um 10 und Abends um 5 Uhr, sowohl Winters wie Sommers, Essen und Trinken geben, auf die Weise und in dem Maße, die ihm befohlen wurde.

Nr. 5. Doch soll denjenigen, die über ihr Deputat und also fleißiger arbeiten als andre, je nachdem sie über die Zahl viel oder wenig arbeiten, und es jedesmal für ratsam angesehen wird, ein be= stimmtes Geld dafür entrichtet werden, dessen nach Gutachten der Ver= ordneten zu ihrem Besten zu genießen.

Nr. 6. Anlangend die Bettelei läßt es der Rat bei dem vorigen offenkundigen, von allen Kanzeln abgelesenen Proclamato bewenden: daß nämlich, nachdem den Armen aus der Gotteskiste mildiglich ge= geben wird, keine Bettelei geduldet sondern diejenigen, die nichtsdesto= weniger darauf betroffen werden und also mutwillige Bettler sind und binnen der Stadt ihre Wohnung oder Aufenthalt haben, stracks ohne einige Bedenken von den Armenvögten ins Zuchthaus gebracht werden sollen.

Nr. 7. Sind es aber fremde, von außen hereinlaufende Arme, so sollen die Armenvögte sie zum erstenmal an die Diakonen, damit ihnen ein Zehrpfennig gegeben werde, und darauf stracks zum Thor hinausgeleiten.

Nr. 8. Und damit gleichwohl alle Mißverständnisse unterbleiben und niemand unschuldig beschwert werden möge, so sollen die Bettler, so ins Zuchthaus gebracht, in des Zuchtmeisters Hause solange ge= lassen werden, bis daß es die Vögte den Verordneten ankündigen und dieselben sich der Gelegenheit erkundigen und Befehl thun, ob jene darin bleiben oder losgelassen werden sollen.

Nr. 9. Würde sich dann finden, daß es solche einlaufende Arme sind, die zuvor zur Stadt hinausgebracht worden und also alle Gutthaten mutwillig mißbrauchen, oder die sonst dem Zuchthause nicht anstehen, so sollen sie nach Gutachten der Verordneten, je nachdem ihr Mutwille oft wiederholt oder sonst groß ist, entweder eine Zeitlang mit Wasser und Brot oder mit Ruten gestraft und abermals von den Vögten aus der Stadt gebracht werden, damit das Zuchthaus, welches zur Unterhaltung guter Ordnung dieser Stadt gemeint ist, nicht in Mißbrauch gezogen noch mit fremden Bettlern überladen werde.

Nr. 10. Die ins Zuchthaus auf Befehl des Rates oder des Kämmerers um begangener Büberei willen gebracht werden, derselben Unterhalt soll der Kämmerer, soweit sie ihn nicht verdienen können, an Speise und Trank, Kleidern und sonst bezahlen.

Nr. 11. Gleichermaßen die auf Anhalten ihrer Eltern und Verwandten da hineinkommen, für dieselben sind die Eltern und Ver= wandten zu zahlen schuldig.

[31]) D. h. den Zuchthausvorstehern.

Nr. 12. Was auch die Eltern und Verwandten von Betten und Bettwäsche solchen Kindern zukommen lassen, das soll darin ohne Entgelt gelassen werden, wenngleich die Zuchtkinder herausgelassen und wieder auf freien Fuß gestellt werden.

Nr. 13. Angehend die Zuchtkinder, die um mutwilliger Bettelei willen hineingeraten, bezahlen billig für dieselben die Gotteskisten auf die Weise und Maß, wie sich deswegen die Verordneten mit den Diakonen billig vertragen.

Nr. 14. Also auch wenn Arme aus der „Seefahrt" oder anderen Armenhäusern ihres Verbrechens (verbrekung) willen ins Zuchthaus gesetzt werden, so fallen die Kosten auf die Seefahrt oder die andren Armenhäuser, darin sie zuvor gewesen sind.

Nr. 15. Es soll nicht allein des Sonntags sondern auch auf andre Zeit und Stunde, wie dem Zuchtmeister befohlen, aus der heiligen Schrift und andren Büchern, die man jedesmal für nützlich und ratsam erachtet, öffentlich etwas vorgelesen, sonderlich aber Abends und Morgens wie auch vor und nach den Mahlzeiten fleißig gebetet werden.

Nr. 16. Zu besserer Unterhaltung des Zuchthauses hat ein ehrbarer Rat gewilligt, daß die Baumseiden [32]) und andern Waren, die im Zuchthaus gemacht, wie auch die Materialien die dazu gehören, ein- und ausgehend, aller Accise, ebenso Tonnen- und Siegelgeldes (sintemal sie billig ebenso wie andre Baumseide auf das Siegel gebracht werden [33])), wie auch aller anderen Ungelde [34]), wie sie Namen haben, besonders aber die Zuchtkinder, wenn sie das Baumseidenhandwerk gelernt haben und dasselbe zu gebrauchen für tüchtig erkannt werden, des Geldes, welches andre zum Einschreiben zu geben verpflichtet sind, freibleiben.

Nr. 17. Und daß, wofern mit dem Verkauf solcher Baumseiden wider Erwarten böser Schaden gemacht, alsdann das Zuchthaus den andren gemeinen Kreditoren präferiert werden solle.

Nr. 18. Die Verordneten sollen jedesmal, wenn sie gute Hoffnung eines besseren Lebens oder andre erhebliche Ursachen finden, ermächtigt sein, alle diejenigen, die ohne besonderen Befehl des Rates oder Kämmerers ins Zuchthaus gebracht sind, nach ihrer guten Discretion wieder herauszulassen und auf freien Fuß zu stellen.

Nr. 19. Auch wenn der eine oder andre auf Befehl des Rates herausgelassen wird, soll es den Verordneten kundgethan und in ihrer Gegenwart gebührlich Urphede geleistet werden.

Nr. 20. Es soll auch niemand die Befugnis haben, ohne des Rates oder der Verordneten Vorwissen ins Zuchthaus zu gehen, viel weniger den Zuchtkindern Essen oder Trinken, Tinte, Papier oder andere Dinge zuzutragen, Supplicationes von ihnen entgegenzunehmen oder sie sonst in irgend einer Weise in der Ungebühr zu bestärken.

---

[32]) D. h. Baumwolle.

[33]) D. h. die amtliche Prüfung dieser Stoffe soll zwar stattfinden aber kostenfrei sein.

[34]) D. h. Steuern.

Nr. 21. Würde der Zuchtmeister Konspirationen oder andres, was dem Hause zum Präjudiz gereichen könnte oder möchte, erfahren, so soll er gehalten sein, es den Verordneten von Stund an ohne einige Konnivenz zu vermelden.

Nr. 22. Und hat sich der Rat vorbehalten, diese Ordnung jederzeit nach Befindung des gemeinen Besten zu ändern, zu mehren und zu vermindern. —

Friedrich Eberhard von Rochow: Von der Notwendigkeit der Kreis-Arbeits-
häuser; Ders.: Grundsätze, so bey der ganzen Anstalt obwalten könnten (1789)

(Aus: Ders., Versuch über Armenanstalten und Abschaffung aller Betteley,
Berlin, Nicolai 1789, S. 12–16 und 20–25)

F.E. v. Rochow, ein märkischer Gutsbesitzer und Landedelmann, fand sich zu
seinem Werk angeregt durch die „dringende Noth der überhand nehmenden
Betteley", diesen „in den Eingeweiden des Staates wütenden gefährlichen Krebs"
(S. 4). Die Notwendigkeit von Kreis-Arbeitshäusern folgert er aus den Schäden,
die der Gesellschaft aus der Bettelei entstehen, und aus der Unzulänglichkeit der
bisherigen Mittel gegen sie. Kleine, dezentrale Arbeitshäuser in jedem Kreis, in
die alle einzuliefern seien, die „kein erlaubtes Gewerbe zu bescheinigen wissen"
(S. 13), böten dagegen erhebliche Vorteile beim Aufgreifen und Transport der
Gefangenen und in der Verwaltung der Anstalten.
Seine „Grundsätze", bestehend aus 25 Punkten, folgen derselben Logik. Sie be-
ginnen mit einer Definition der Armut (Abs. 1–7) und einer Kritik des
herkömmlichen Almosenwesens (5–6). Wer sich nicht selbst erhalten kann,
unterliegt den Gesetzen der Armenanstalt (7). Diese soll durch ihre Unter-
stützungsleistung das Betteln überflüssig machen und gleichzeitig durch abschrek-
kende „Einschränkung und Entbehrung" (S. 21) Anreiz zu einer bürgerlichen
Existenz sein (8–10). „Arbeiten oder arbeiten lernen" (S. 23) ist deshalb der
Angelpunkt des Arbeitshauses (13–14, 23), welches unter Umständen einem
„Entrepreneur" (Unternehmer) zu überlassen ist (25).

Von der Nothwendigkeit der Kreis-Arbeits-
Häuser.

Unter Arbeitshaus verstehe ich, ein mit Absicht auf
sichre Verwahrung und Erhaltung solcher Personen er-
richtetes Gebäude, die in dem Kreise, wozu es ge-

hört, deswegen aufgegriffen und eingeliefert werden, weil sie kein erlaubtes Gewerbe zu bescheinigen wissen, wovon sie bis dato sich genährt, oder sich noch zu nähren gedenken.

Ohne mich über die äußere und innere Gestalt dieses Arbeitshauses vor jetzt einzulassen, da ich im neunten Abschnitte das nähere Detail davon zu liefern gedenke, worin ein jedes Bedürfniß desselben, meiner eingeschränkten Meynung nach, vollständig, nach Maaß, Bestimmung und Nutzen erörtert werden soll, wende ich mich gleich zu wichtigern Untersuchungen, über den vielleicht noch nicht anerkannten Theil unsers vorliegenden Problems.

Ein Arbeitshaus muß nicht zu viel Menschen fassen. Es ist unmöglich, gute Luft, Reinlichkeit und Ordnung in einem großen Gebäude, NB. selbst, worin lauter kultivirte Menschen wohnten, (ohne ungeheure Kosten, wie z. E. in Greenwich) zu schaffen und zu erhalten — vielweniger in einem sehr großen Sammelplatz des moralischen und physischen Elends. Wer will Wärter, Aufseher, Direktor in einem solchen Pful giftiger Ausdünstungen seyn, die er täglich, oder bey jedem Besuche einathmet?

Und besucht muß so etwas oft werden. Wehe dem, dem, der das Unangenehme dieser Pflicht noch künstlich erschwert!

Darum rathe ich wohlmeynend, jedem Kreise sein eignes Arbeitshaus zu geben. Es erleichtert die Mühe des Aufgreifens, und vermindert die Kostbarkeit der Transport-Prämie für jeden Kopf, auf jede Meile, ohne welche Prämie gewiß aus allem nichts wird, weil ein jeder nur mit Gewinn gelockt werden kann, sich mit so unangenehmen Dingen zu befassen.

Es macht ferner ein solches kleines Arbeitshaus keine große Kosten der Aufsicht. Es ist übersehbar. Divide, et *imperabis.* *) Es wird wahrscheinlich in wenig Jahren, keine Vagabonden mehr aufzugreifen geben, weil natürlich, wenn das bekannt wird, keiner

---

*) Oder, qui trop embrasse, etreint mal. Dem Sinne nach, heißt beydes auf deutsch: Je größer und zusammengesetzter die Maschine, je schwerer ist sie zu regieren.

in ein Land wird einwandern wollen, wo das Wild, fangs, Recht an ihm geübt wird, und ein jeder Inter, esse hat, ihn einzubringen. Wozu alsdenn ein uner, meßlich großes, bloß zu diesem Gebrauch aptirtes Haus? Ein kleines Kreis, Arbeitshaus aber, wie ich vorschlage, und dessen Erbauungskosten (wo nicht noch irgend ein überflüssiges altes Schloß, Kloster ꝛc. oder dergleichen Caserne ꝛc. die Kosten erleichtert) nebst den Einrichtungskosten, jedoch ohne Eviktion, weil ich kein eigentlicher Bauverständiger bin, ich nach näherer Prüfung etwa zu 12000 Rthlr. anschlage, schickt sich alsdann (wenn der seelige Fall eintritt) noch zu vielen Dingen; zum Armen, Arbeitshause der Stadt, wo es ist, zum Lazareth, zu einer Fabrik, zur Industrie, Schul, Anstalt ꝛc.

Ist es also nicht Schuldigkeit jedes Patrioten, sei, nem Allergnädigsten wohlthätigen Landesherrn unnütze Kosten zu ersparen? Nächst dem muß ein solches Kreis, Arbeitshaus in der gelegensten Kreisstadt, die Garni, son hat, (der Sicherheit wegen), errichtet werden. Kann man bey gleicher Sicherheit eine Stadt wählen, die in der Mitte des Kreises liegt, so wird an den Transport, Prämien gewonnen.

Daß die an fremde Länder gränzende Kreise, an, fänglich die meisten Vagabonden aufzugreifen und ein, zuliefern haben werden, ergiebt sich aus der Natur der Dinge; daher scheint es auch nöthig zu seyn, daß ihre Kreis, Arbeitshäuser etwas größer, als die der innern Kreise, angelegt werden. Indeß, da ich versichert bin, daß unter den Vagabonden der Einlieferungen genug sich finden werden, die vielleicht ihrer Größe wegen bey dem Militair untergebracht werden könnten, so vermindert sich diese Schwierigkeit auch. Die Hauptsache ist und bleibt, die Prämie des Aufgreifens und Einlieferns.

Diese müßte, wenigstens anfänglich, eher vermehrt, als vermindert werden. Und wenn man alle Schwierigkeiten des Transports, zu allen Jahrszeiten, in nöthiger Feldarbeit, die Unwilligkeit der zu Transportirenden, daß oft Fuhren dazu nöthig seyn werden rc. rechnet; hauptsächlich aber, daß nach weniger Zeit nichts mehr zu transportiren seyn wird, also die ganze Ausgabe nur ad tempus ist, so muß ich anrathen, die Bring-Prämie pro Kopf, die Meile auf 1 Rthlr. zu setzen. Geschieht dieses nicht, und wird dem Einbringer die eingebrachte Person nicht sogleich ohne alle Schwierigkeit abgenommen, und ohne Chikane bezahlt, so liegt die ganze heilsame Sache. Und hieraus ergiebt sich nun der klare Grund, warum wenige, aber sehr große Arbeitshäuser für die ganze weitläuftige Provinz der Churmark ihren Zweck nicht erfüllen werden. Ein, zwey bis drey Meilen kann der Landmann zum Transport sich zur Noth abmüßigen; aber die Aufgegriffnen über Nacht in unsichern Dorfschenken zu verwahren, und nach unbekannten Orten, zehn bis zwölf Meilen weit, zu schaffen — dahin bringt ihn nicht leicht jemand, und wer seine Verhältnisse und Verfassung kennt, wird es ihm nicht zumuthen. Zwang aber, außerdem, daß er unmöglich in diesem Fall gut anzuwenden ist, verhindert die Erreichung des Endzwecks.

Grundsätze, so bey der ganzen Anstalt obwalten könnten, wenn erst der Allerhöchste Befehl: „Es soll im ganzen Lande nicht mehr gebettelt werden!" ergangen ist.

***

1. Es giebt, in Rücksicht auf Armenanstalten, nur zwey Hauptklassen von Menschen im Staate, entweder: Gebende oder Empfangende.

2. Die, so empfangen, sind in vier Klassen zu theilen, als:

a. solche, die bloß geringe Unterstützung bedürfen, damit sie nicht verarmen.

b. Die täglich über 9 Pfenn. durch Arbeit verdienen können.

c. Die nur soviel, ja weniger erwerben können.

d. Die Erwerblosen.

3. Nothwendige fünf Bedingungen der menschlichen und bürgerlichen Existenz sind: Nahrung, Kleidung, Wohnung, Feurung, Leuchtung. Dieses sind die vollständigsten Rubriken zu allen Armenlisten.

4. Wem es also an einem oder mehreren dieser fünf Stücke fehlt, der ist arm.

5. Hülfe mit Ordnung, ist wahre, sichre, und zugleich die wohlfeilste Hülfe.

6. Das Almosengeben, wie bisher, ist unordentliche, unsichre, theure, ja recht betrachtet, unchristliche Hülfe, weil man sich dadurch fremder Sünden theilhaftig macht, der Liederlichkeit Vorschub thut, und den Erwerbfleiß ausrotten hilft.

7. Jede Person, die, weil sie nicht giebt, empfängt, ist den Gesetzen der Armenanstalt sich zu unterwerfen schuldig.

8. Da sie von ihr obige fünf Stücke, die zur menschlichen und bürgerlichen Existenz nothwendig sind, oder einige davon (freylich alles nur mit äußerster Sparsamkeit!) erhält; so muß einer Seits die Anstalt irgend wodurch gesichert seyn, daß eine solche Person den Endzweck des Ganzen nicht verrückt, und dessen ungeachtet bettelt; andrer Seits aber muß die Einschränkung und Entbehrung des Angenehmen und Ueberflüssigen dem Wunsch, in die Armenanstalt zu gehören, entgegen arbeiten.

9. Dieses ist am wohlfeilsten zu erreichen, wenn eine solche Person auf dem rechten Arm derjenigen Kleidung, ohne welche sie nicht öffentlich erscheinen darf, ein weiß tuchenes A aufgenäht erhält. An diesem Zeichen kann sie jeder erkennen, und wenn sie doch bettelt, wie andre Fremde sie aufgreifen und einliefern, da denn mehr Einschränkung sie straft.

10. Ein jeder, der da will, kann die bekannt gemachte Prämie des Aufgreifens und Einlieferns verdienen.

11. Damit dieses auch mit Ordnung geschehe; so muß der Aufgegriffne vor die Dorfgerichte, oder wenn die nicht lesen können, (wie beym Desertionsreglement schon bestimmt ist), zu dem Schullehrer, Prediger, Verwalter, Amtmann oder Herrn des Orts, gebracht werden, um seinen Paß oder Kundschaft zu untersuchen, deren Untersuchungsattest an das Kreis-Arbeitshaus mitkommt. Denn ohne Paß und Kundschaft 2c. muß kein solcher Fremder im Lande seyn können. *)

12. Reisende Juden werden in das Haus gewiesen, welches in Städten, wo ihre Leute wohnen, die Menschlichkeit zu errichten befiehlt. Reisende Handwerker, die in Noth sind, und ihre Stadt nicht erreichen können, erhalten aus der Armenkasse des Dorfs 1 Gr., wenn sonst ihre Pässe und Kundschaften richtig befunden werden.

13. Eine jede der empfangenden Personen im Staate muß arbeiten oder arbeiten lernen, um dem Staate so wenig als möglich zur Last zu fallen.

---

*) Es würde viel helfen, wenn an den Heerstraßen auf den Gränzen Warnungstafeln gesetzt würden, und mit leserlicher Schrift daran stände:

Wer keine richtige Pässe oder Kundschaften, oder andre Bescheinigungen hat, wird hierdurch gewarnt, dieses Land zu betreten, weil er sogleich aufgegriffen und eingeliefert wird.

14. Darum müssen die Armen nach ihrer Tauglichkeit und ihren Kräften zunächst für die Armen arbeiten. Z. E. der arme Schuster macht die Schuhe, der arme Schneider die Kleidungsstücke, wer nähen kann, die Hemden, wer stricken kann, die Strümpfe, wer spinnen kann, spinnt ꝛc. Denn von den empfangenden Armen muß weiter keiner leben wollen.

15. Selbst die Armenaufseher und Krankenwärter müssen unter den bestgesinntesten der Armen gewählt werden.

16. Diese Armenaufseher sind bey der Armenanstalt, was die Unteroffiziere bey den Kompagnien sind. Sie visitiren täglich dreymal das ihnen zugetheilte Revier und rapportiren davon dem Mitgliede der Armendirektion, welches die Woche hat, oder du jour ist.

17. Die Provinzstädtischen Armendirektionen bestehn aus drey Mitgliedern, davon die Bürgerschaft alle zwey Jahr zwey wählt, und der Magistrat das dritte. Doch können die alten wieder gewählt werden. Die meisten Stimmen entscheiden, und von unten auf wird votirt. Ueberdem hat jedes Viertel der Stadt, seinen von der Bürgerschaft des Viertels gewählten Armenvater, bey dem ein jeder vertraulich seine Noth und Bedürfnisse zeitig melden kann, der Unterstützung wünscht, damit er nicht verarme. Ihre Versammlung geschieht in der Direktion bey allen generalibus. *)

18. Die Kreis-Arbeitshäuser stehen unter dem Landrath des Kreises, und legen ihre Rechnungen bey den Kreistagen, um Ostern, mit ab, wozu jemand von der Ritterschaft deputirt wird, und wodurch viel unnöthige Kosten vermieden werden.

19. Den Beytrag des Kreises hebt der Kreisausreiter monatlich mit den andern Abgaben des Lan-

*) Von den Armenanstalten in den Residenzien Berlin und Potsdam ist hier überall nicht die Rede, welche bleiben, was sie sind, ohne je mit diesen Anstalten vermischt zu werden.

des zugleich ein, und liefert ihn an die Direktion in dem Kreis-Arbeitshause gegen Quitung ab; dafür ist er von Beyträgen frey, wie jeder, der daran dient, weil er mit unentgeldlicher Arbeit bezahlt.

20. Die Schulzen der Dörfer heben von ihrem Dorfe und dazu gehörigen Vorwerken ein, nach der Liste; und liefern ab, allemal drey Tage vor dem Termin. Auch darf der Landmann statt Geldes, conservable Naturalien liefern.

21. Sollte darinn irgendwo gefehlt werden, und das Bestimmte nicht zu rechter Zeit eingehen; so müssen alle Partikuliers der Stadt, wo das Kreis-Arbeitshaus ist, gegen den Schein des Hauses, den Vorschuß gegen 4 pro Cent Zinsen zu thun, sich nicht weigern, und von den Säumigen müssen Kapital und Kosten beygetrieben werden.

22. Kein durch das Zeichen kennbarer und empfangender Armer wird aus der Stadt zum Thor hinaus gelassen, der nicht einen gedruckten Thorpaß, von der Armendirektion unterschrieben, zeigt.

23. Die bestimmten Arbeiten im Kreis-Arbeitshause, deren Profit, wie billig, ihm gehört, müßten seyn: Flachs, Wolle, Baumwolle spinnen, Wolle sortiren, Federn reißen, grobe Strümpfe stricken, Hemden und Kleidungsstücke für die Armen verfertigen, arme Kinder darinn unterweisen, Matten flechten, Packleinwand weben, im Arbeitshause schlachten, backen, brauen, kochen, Holz hauen, das Haus reinigen 2c.

24. Die Kinder der Armen, deren Eltern zur Erziehung nicht taugen, werden bey armen Wittwen oder kinderlosen armen Eheleuten in die Kost und Pflege gethan, uber deren Gesundheit, Reinlichkeit und Unterricht von Direktions wegen gewacht, und von den Armenaufsehern täglich Nachfrage gehalten wird.

25. Wenn es mit den Arbeiten auf keine Art geht, so wäre vielleicht durch einen Entrepreneur der ganze Zweck zu erreichen, der gegen Verpflichtung, sich den Gesetzen der Ordnung und Aufsicht zu unterwerfen, das Ganze übernähme.

Heinrich Balthasar Wagnitz: Das Zuchthaus zu Torgau.

(Aus: Heinrich Balthasar Wagnitz: Historische Nachrichten und Bemerkungen über die merkwürdigsten Zuchthäuser in Deutschland, Bd. I, Halle, J.J. Gebauer 1791, S. 243–257)

Wie John Howard vor ihm für England, faßte der evangelische Gefängnispfarrer H.B. Wagnitz (1755–1830) die Ergebnisse seiner Informations- und Studienreisen in seinen zweibändigen „Historischen Nachrichten und Bemerkungen über die merkwürdigsten Zuchthäuser in Deutschland" zusammen. Es ist die umfangreichste und genaueste Darstellung des deutschen Zuchthauswesens, die wir aus dem späten 18. Jahrhundert besitzen. Ihr Wert liegt aber nicht nur in den ausführlichen Beschreibungen der einzelnen Anstalten, sondern gleichermaßen in schonungsloser Kritik ihrer baulichen, hygienischen, ökonomischen und personellen Mängel. Diesen hoffte er durch eine Vielzahl praktischer Anregungen abzuhelfen.

In der Darstellung des Zuchthauses zu Torgau, gegründet 1771, kommen beide Elemente gut zum Ausdruck. Es ist eine genaue Beschreibung der Anstalt, des Personals und seiner Aufgaben, des Lebens der 300 Insassen (Aufnahme, Kleidung, Arbeit, Verköstigung, religiöse Unterweisung, Bestrafung) und der baulichen Anlage und räumlichen Ausstattung. Die Darstellung endet mit der kritischen Feststellung, daß die Besserungsbemühungen der Anstalt vor allem durch ihre innere Undifferenziertheit und durch den Gewöhnungseffekt der Insassen an die Anstalt behindert würden. Einen Ausweg sieht Wagnitz in einer genaueren Differenzierung der einzelnen Insassengruppen und der auf sie bezogenen Maßnahmen.

2. Zuchthaus zu Torgau *).

Das hiesige Zucht-, Arbeits- und Armenhaus †) wurde 1771. in dem ehemaligen Churf. Sächf. Schloſſe Hartenfels angelegt. Das Gebäude iſt 2 Stockwerke hoch, ganz maſſiv gebaut, und beſtcht aus 4 ſich an-

Q 2 ſchlie-

---

*) Eine etwas erweiterte Befchreibung der in *Leonhardis Geographie* Ausg. 2. B. 1. p. 65. ſqq. mitgetheilten Nachricht.

†) Unter den *Armen* ſind nicht ſowol Arme im eigentlichen Sinne des Worts, ſondern Epileptiſche, Blödſinnige, Wahnſinnige, Melancholiſche, Raſende u. ſ. w. zu verſtehn. Ihrer ſind nahe an 100, und es werden, wenn das neue Gebäude fertig iſt, noch mehrere aufgenommen werden können.

fchliefsenden Flügeln *). Es ift nur durch einen
Graben, über welchen eine Brücke führt, von der
Stadt abgefondert, und hat, da es auf einem Felfen
nahe am Elbftrom liegt, eine angenehme und gefunde
Lage. Aufser den Züchtlingen und Armen wohnen
alle zum Haufe gehörige Officianten, aufser dem
Chirurgus, im Schlofs; auch ift die Kirche — ehemalige Hofcapelle, ein Back- und ein Brauhaus in demfelben befindlich. In den vortrefflichen Kellern ift
eine anfehnliche Churfürftl. Weinniederlage von in-
ländifchen Weinen.

Zu diefem Hauptgebäude find aber feit einigen
Jahren verfchiedene anfehnliche neuerrichtete Gebäude hinzugekommen. Ein Kornhaus, ein Wirthfchafts-
gebäude, welches auch vortreffliche Böden hat, und
ein Haus für Arme, welches nun bald vollendet ift.
In dem zum Schlofs gehörigen Garten werden viel
grüne Waaren gebaut, und diefer, mit dem ohnweit
gelegenen erkauften anfehnlichen Feldftück, verforgt
das Haus hinlänglich mit dem nöthigen Gemüfe.

Zu den bey diefem Inftitut angeftellten *Officianten*
gehören:

1. Der *Hausverwalter*, welchem vermöge einer In-
   ftruction als Vorgefetzten des Haufes und Hausvater die Verwaltung der Haufesjuftiz, der Oeconomie, des Bauens u. f. w. anvertrauet ift. An ihn
   ergehen die Befehle einer hohen Landesregierung
   und hohen Commiffion, bey Einfendung und Loslaffung der Gefangenen und Armen, und bey andern

---

*) Einer von diefen Flügeln, auf der Seite nach der Elbe zu, brannte
vor wenig Monaten, den 7. März 1791. gänzlich ab.

dern Veranlaſſungen; ſo wie er auch an Beide wegen wichtigerer Vorfälle, über welche ſeine Inſtruction nichts beſagt, Bericht erſtattet, monatlich
die Verhaltungstabellen der Gefangenen, das Verzeichnifs des Abgangs und Zuwachſes, und an die
hohe Commiſſion beſonders die Arbeits-, Speiſe-
und Krankenliſten, und die Rechnung als Hausvater einſendet *). An ihn ſind als Vorgeſetzten
des Hauſes alle übrige Officianten gewieſen, und
ohne ſein Wiſſen und Wollen darf nicht die gering-
ſte Veränderung oder Anordnung geſchehn.

2. Die Gattin des Hausverwalters, als *Hausmutter*,
ſorgt für die Beköſtigung der Armen und Gefangenen, und unter ihrer Aufſicht werden die Speiſen
zubereitet und vertheilet.

3. Der *Arzt* beſucht täglich ſowol die Krankenſtuben
der Gefangenen, als auch die Stuben der Armen.
Zu einer beſtimmten Zeit melden ſich die Gefangenen bey ihm auf der Krankenſtube, wo er ihre Umſtände unterſucht, und ſie entweder zum Gebrauch
der Arzeney zu gewiſſen Stunden auf die Krankenſtube beordert, oder, wenn es die Umſtände er-
fordern, ganz auf die Krankenſtube nimmt, und
ſolches dem Hausverwalter anzeigt. Er verfertigt
monatlich eine Patientenliſte, welche die Zahl der
Kranken, ihre Krankheit, und die Dauer derſelben bezeichnet. Die Arzneyen werden aus einer hieſigen Apotheke verſchrieben. Vermöge
der Inſtruction iſt der Arzt auch verbunden, die
Speiſen und Getränke zu unterſuchen, und auf al-

Q 3　　　　　　　　　les

*) S. die *Beylagen.*

les aufmerksam zu seyn, was der Gesundheit nachtheilig seyn könnte.

4. Der *Prediger.* Dieser ist verpflichtet, außer der
gewöhnlichen Sonntagspredigt, 4 wöchentliche Bet-
stunden, wovon 3 mit catechetischem Unterricht
verbunden sind; ferner täglich (nur der Sonnabend
ist ausgenommen) 2 Schulstunden, in welchen die
Unwissendsten im Buchstabiren, Lesen und Christenthum unterrichtet werden, und aller 14 Tage Communion zu halten, und die Krankenstuben so wie
die Stuben der Armen fleißig zu besuchen. Unter
seiner Aussicht und Anordnung steht auch die Einrichtung der gewöhnlichen Privatandachtsübungen.
Ueberdies muß er jeden ankommenden Gefangenen
examiniren, admoniren, und ihm die benöthigten
Bücher, über welche er die Rechnung führet, reichen, und sich dieselben beym Abgange nach vor-
hergegangener zweckmäßiger Ermahnung zurück-
geben lassen.

5. Der *Rechnungsführer.* An diesen werden von der
Churfürstl. Sächs. Hauptcasse der Zuchthäuser in
Dresden auf sein Verlangen die benöthigten Gelder
geschickt, so wie auch an ihn alle Zuschuß- und
Verpflegungsgelder für Arme oder Züchtlinge ein-
gesandt werden. Dagegen besorgt er den Einkauf
aller Bedürfnisse, so wie auch die Auszahlung der
Officianten, Arbeiter u. s. w. Er sendet monatlich
die Rechnung über Einnahme und Ausgabe nebst
Belegen an die hohe Commission, und muß über-
dies am Schlusse des Jahres noch eine besondere
Hauptrechnung fertigen und einsenden.

6. Der

6. Der *Gegenſchreiber* führt die Aufſicht über alle Arbeiter, und hat alle Hauſesbeſtände und Vorräthe
an Tuch, Leinwand, Leder, Betten, Eiſenwaaren,
Licht, Oehl, Wäſche u. ſ. w. zu vertreten. Er
giebt alle benöthigte Bedürfniſſe aus, und zeigt es
dem Rechnungsführer an, wenn an dieſem oder
jenem Mangel iſt. Allo Monate wird von ihm eine
Arbeitstabelle verfertigt und eingeſchickt, und jährlich die Hauptrechnung abgelegt.

7. Der *Chirurgus.* Dieſer beſucht täglich zweymal
die Stuben der Kranken und Armen, ſteht aber unter der Aufſicht des Arztes, und beſpricht ſich mit
dieſem über die Patienten, die ſich bey ihm melden,
oder läſst ſich diejenigen anzeigen, welche chirur-
giſcher Hülfe bedürfen.

8. Vier *Zuchtmeiſter*, von denen 2 den männlichen
und 2 den weiblichen Gefangenen vorgeſetzt ſind.
Sie haben über die Gefangenen die beſtändige Aufſicht, und geben ihnen die verdienten Züchtigungen, dürfen aber vermöge ihrer Inſtruction ohne
Befehl des Hausvaters keinen Gefangenen mehr als
einige Peitſchenhiebe geben. Zwey Zuchtmeiſter
ſtatten dem Hausverwalter täglich dreymal, früh,
Mittags und Abends, gewöhnlichen Rapport ab,
und erhalten von ihm die nöthige Anweiſung. Fällt
auſserdem etwas erhebliches vor, ſo zeigen ſie es
dem Hausvater ſogleich an. — Da die Anzahl der
weiblichen Gefangenen kleiner iſt, ſo führt ein
weiblicher Zuchtmeiſter zugleich die Aufſicht über
die Stuben der Armen.

Q 4 9. Der

9. Der *Thorwärter*, welcher den Haupteingang beständig verschlossen hält, und alle Eingehenden, die nicht zum Haufe gehören, befragt, zu wem oder wohin sie wollen, und im Fall sie sich im Haufe umsehn oder einen Gefangenen oder Armen sprechen wollen, bey dem Hausverwalter anmeldet, dem er auch nach geschehenem Thorschluß die Schlüssel überreicht, und des Morgens von ihm wieder abholt. Die übrigen Eingänge sind mit Soldaten von dem hier in Garnison stehenden Regiment besetzt, welche eine gewisse Mannschaft ins hiesige Haus giebt, die sich täglich ablöst, und Abends allemal verdoppelt wird. Niemand darf eine Post vorbeygehn, wenn er nicht ein gewisses Zeichen von Messing, auf welchem die Buchstaben Z. H. T. nebst einer Numer stehen, vorzeigt.

10. Ein *Becker* und ein *Brauer*, welche die Hausbedürfnisse an Brodt und Bier liefern, und monatlich besoldet werden.

Alle Officianten haben übrigens auf Reinlichkeit, Ordnung und eine gute Verfassung im Haufe zu sehn, und wenn sie etwas abzustellen oder zu verbessern finden, solches dem Hausvater anzuzeigen.

Was die im Haufe befindlichen *Gefangenen* betrifft, so ist ihre Anzahl gemeiniglich zwischen 2 und 300, auch drüber, worunter mehr Manns- als Weibspersonen sind.

1. Ihre *Aufnahme.* Kommt ein Gefangener an, so übernimmt der Thorwärter von dem Landknechte das Schreiben von der Obrigkeit, welchem das Urthel, die Notiz und das Verzeichniß der Kleidungsstücke und

und Habseligkeiten, die der Gefangene mitbringt, beygefüget ist, und übergiebt dieses dem Hausverwalter. Dieser läßt einen Zuchtmeister rufen, und dem Ankömmling 4, 6, 8, auch 10 Karbatschenhiebe geben; es müßte denn im Landesherrlichen Befehl ein sogenannter Willkommen verordnet seyn. Hierauf wird der Gefangene in die Hausesexpedition gebracht, wo man nach den mitgebrachten Sachen frägt, welche von der Obrigkeit specificirt sind, alsdann in die Reinigungsstube geführt, gereinigt, und dann zur Arbeit angewiesen.

2 *Kleidung:* Ihre eingebrachten Kleider und Sachen müssen sie bis auf die kleinsten Stücke ablegen. Diese werden in einen Sack genäht, und unter der Hausnummer, die sie erhalten, auf der sogenannten Nummerkammer aufbewahrt. Die Kleidungsstücke, die ihnen gegeben werden, bestehen in 3 Hemden, wovon sie eins immer wöchentlich am Leibe tragen, das zweyte in der Wäsche, das dritte auf der Vorrathskammer zum nächsten Ausgeben befindlich ist. Ihr Anzug besteht bey männlichen und weiblichen Gefangenen in einem tuchenen Habit, von welchem die eine Seite blau und die andere grau ist, in braun wollenen Strümpfen und juchtenen Schuhen. Auch Hauben und Mützen sind von Tuch von zweyerley Farbe. Im Sommer erhalten die Mannspersonen grau leinwandne Hosen, und die Weibspersonen tragen gedruckte leinwandne Halstücher und grau leinwandne Schürzen. Neue Kleidung erhalten sie so oft es nöthig ist, wozu sie sich an einem bestimm-

Q 5 ten

ten Tage in jeder Woche bey dem Gegenfchreiber
melden.

3. *Arbeiten.* Der gröfsere Haufe wird mit der Baum-
wollenfpinnerey und den hierzugehörigen Arbeiten
befchäfftigt. Jeder Spinner mufs in der Regel täglich 5 Zahlen oder 5 Strehnen feine Baumwolle fpinnen; was er über diefes Penfum arbeitet, be-
kömmt er bezahlt. Es giebt aber freilich noch
viele, die nur 4 oder wol gar nur 3 Zahlen fertigen können, fofwie auch folche, die nur gröbere
Wolle fpinnen. Durch diefe Spinner, fagt *Leon-
hardi*, werden wöchentlich 110 — 112 Thaler
für das Haus verdient; es verfteht fich, dafs hiervon das Material abzurechnen fey *). — Profeffio-
niften, als Schufter, Schneider, müffen die Haufes-
bedürfniffe, als Schuhe und Kleidungsftücke, verfertigen; auch Leineweber, Tifchler, Maurer, arbeiten fürs Haus. Viele werden zu Wärtern und
Wärterinnen bey den Armen, zum Dienft bey den
Officianten, in der Expedition, in der Brau - und
Bäckerey, im Wafchhaufe, in der Küche, zum
Ausgehn, zur Bearbeitung des zum Haufe gehörigen Feldftücks und Gartens, auf den Mehl- und
Kornböden, zur Beftellung des Viehes, zur Reinigung des Haufes, zum Holzmachen, und gebrechliche und alte zum Federreifsen, Wollzupfen, und
ähnlichen leichten Arbeiten gebraucht.

4.

---

*) 1782 betrug der Verdienft überhaupt auf 4136 Thaler, darunter
reiner Gewinn 2127 Thlr. Im Haufe waren damals ohngefähr
250 Gefangene. *Schnieder Policeyverfaffung des Churfürftenthums
Sachfen p. 714.*

4. *Koſt* *). Beſteht früh in Brodt und Salz — im Winter des Morgens Suppe, — Mittags in einem Zugemüſe, wie es die Jahrszeit mit ſich bringt; und Abends in Brodt und Salz. Achtmal im Jahre erhalten ſie Fleiſch und Bier. Sonſt trinken ſie Waſſer, weil der anfangs geordnete Cofent der Geſundheit nachtheilig befunden worden. Uebrigens können ſie für das Geld, das ihnen ihre Anverwandten ſchicken, oder was ſie ſich durch ihren Fleiſs verdienen, welches ſie jedoch nicht in die Hände bekommen, Bier, die Kanne zu 3 Pfennige, Käſe, Butter, Coffee u. ſ. w. bey dem Rechnungsführer erhalten, welcher hierüber eine beſondere Rechnung führt. Die Kranken aber haben, ſobald ſie auf der Krankenſtube ſind, eine beſondere Koſt, als Reis, gebackenes Obſt u. d. gl. und weiſses Brodt.

5 *Eintheilung der Zeit.* In den Wochentagen öffnen die Zuchtmeiſter früh ¾ auf 5 Uhr die Schlafſäle. Um 5 Uhr geht in den Speiſeſtuben das Gebet an, bey welchem die Zuchtmeiſter gegenwärtig ſind, und welches bis halb 6 Uhr dauert. Von dieſem gehen ſie an ihre beſtimmten Arbeiten. Um 7 Uhr er-

---

*) Die Frage, wieviel täglich auf eine Perſon gerechnet wird? — kann nicht beſtimmt beantwortet werden, weil hier ins Ganze gerechnet wird. Vor mehrern Jahren iſts berechnet worden, und da kam auf einen Gefangenen 20 — 22 Pfennige, auch wol 2 Groſchen, je nachdem die Preiſe der Bedürfniſſe verſchieden waren. Man gab damals die Koſten der Unterhaltung von 400 Züchtlingen im Ganzen auf 10000 Thlr. an. — Jene Summe ſtimmt mit den von *Rochow* in ſeinem *Verſuch über Armenanſtalten* S. 94, 95. für Arme berechneten Unterhaltungskoſten ziemlich genau überein. Nach *Ruſſ* betragen ſie weniger.

erhalten sie das Frühstück in der Speisestube. Nach einer Viertelstunde geht die Arbeit wieder an, und dauert aufser den Betstundentagen bis halb 1 Uhr. Alsdann wird zu Mittage bis um 1 Uhr gegessen. Hierauf geht die Arbeit fort bis Abends um halb 7 Uhr. Nun wird gegessen, Abendgebet gehalten, und um halb 8 Uhr werden sie von den Zuchtmeistern auf die Schlaffäle gebracht. Sonntags stehen sie halb 6 Uhr auf. Um 9 Uhr geht der öffentliche Gottesdienst an, und Nachmittags um 2 Uhr die Betstunde. Nach geendigtem Gottesdienst dürfen sie spinnen, und der Gewinn hiervon wird ihnen überlassen.

6. *Arbeits - Speise - und andere Stuben.* Jede Classe, männliche und weibliche Gefangene, hat ihre eigene Spinnstube, Speise -, Kranken - und Reinigungsstube. Bey den männlichen Gefangenen haben Grempler, Schneider und Schuhmacher ihre besondere Stube.

7. *Schlaffäle.* Die beiden Schlaffäle sind sehr grofs und auf beiden Seiten mit Fenstern versehen, welche des Morgens gleich geöffnet werden. Die Gefangenen liegen, ein jeder allein, auf einer Bettstelle, in welcher ein Strohsack, ein Betttuch, ein Kopfküssen mit Stroh, und eine Friesdecke mit Leinwand gefüttert, befindlich ist.

8. *Gottsverehrung.* Die Morgen - und Abendandachtsübungen werden mit einem Liede angefangen, dann wird ein Gebet vorgelesen, (Vorleser und Vorsänger werden aus den Gefangenen gewählt) —

wo-

wozu einige zweckmäfsige Gebete abgedruckt
find *), — hierauf ein Stück aus der h. Schrift,
oder ein Theil eines Hauptstücks, und nun folgt
wieder ein kurzes Lied. Der Sonntags-Frühgot.
tesdienft dauert von 9 — 11 Uhr, und die Betftunde, in welcher die Predigt katechetien wiederholt wird, von 2 — 3 Uhr Nachmittags. Alle
14 Tage wird Communion gehalten, und es fteht jedem frey, wann er daran Theil nehmen will. Officianten, Arme und Gefangene feyern das h. Abend-
mahl gemeinfchaftlich, fo dafs erft Officianten, dann
Arme, dann Gefangene hinzutreten. Die wöchent-
lichen Betftunden haben folgende Einrichtung. Es
wird ein Lied gefungen, fodann von dem Prediger
auf der Kanzel ein Stück oder einige Verfe aus der
Bibel, welche mit dem nachfolgenden Unterrichte in
Verbindung ftehen, und ein Gebet vorgelefen, und
nun: Herr höre mein u. f. w., Vater unfer u. f. w.
gebetet. Hierauf wird wieder ein Lied gefungen — gemeiniglich wird vor und nach dem Gebete ein Lied getheilt — nach welchem der Prediger
ein kurzes paffendes Gebet verrichtet, unter die
Gefangenen geht, und den katechetifchen Unterricht anfängt. Seit einigen Jahren ift das neue
Freybergifche Gefangbuch eingeführt, in welchem
die vortrefflichen Lieder eines Gellerts, Sturms,
Cramers, Münters und anderer enthalten find.
Sind junge Leute unter den Gefangenen, oder, wie
es bisweilen der Fall ift, ältere, die im Haufe erft
zum

---

*) Der itzige würdige Zuchthausprediger Hr. M. *Häcker* hat fie be;
forgt.

zum Genuſs des Abendmahls vorbereitet werden,
ſo werden ſie öffentlich nach einer vorhergegange-
nen zweckmäſsigen Rede, möglichſt feyerlich con-
firmirt.

9. *Strafen.* Dieſe beſtehen in körperlichen Züchtigungen, Karbatſchen- und Ruthenhieben, welche
der Hausverwalter beſtimmt, in Verſetzung von
leichtern Arbeiten zu ſchwerern, auch werden bisweilen hartnackige und widerſpenſtige geſchloſſen,
und bey Waſſer und Brodt auf eine Zeitlang in ein
beſonderes Gefängniſs gebracht; Bey wichtigen
Vergehungen und bey ſolchen, die während ihrer
beſtimmten Strafzeit keine Hoffnung zur Beſſerung
machen, wird an eine hohe Landesregierung Bericht erſtattet, woraut Verlängerung der Strafzeit
erfolgt.

10. *Abgang.* Iſt die beſtimmte Strafzeit verfloſſen,
und es iſt wider das Verhalten des Gefangenen
nichts einzuwenden, ſo bekommt er die eingebrachten Kleidungsſtücke zurück, wird vom Prediger admonirt, und nachdem er in der Expedition
auf die ihm vorgeleſene Urphede den Handſchlag
gegeben, von dem Zuchtmeiſter mit einem Paſſe
zum Thore hinausgebracht, und erhält auf jede
Meile bis zu dem Orte, von welchem er eingebracht iſt, 6 Pfennige Zehrung.

11. *Begräbniß.* Stirbt ein Gefangener, ſo wird er
auf folgende Weiſe beerdigt. An dem Tage des
Begräbniſſes, wozu gemeiniglich ein Betſtundentag
gewählt wird, verſammelt ſich auf dem Schloſshof
die

die ganze Gemeinde der Gefangenen und Armen, und wird von dem Zuchtmeifter in doppelte Reihen geftellt. — Die Weibsperfonen ftehen den Mannsperfonen gegenüber. Hierauf wird der aufgebahrte Leichnam von 6 Gefangenen in die Mitte getragen. Bey der Bahre fteht der Prediger. Nun wird ein Lied, nach diefem vom Prediger eine Collecte mit Gebet und Segen gefungen, und nun ein neues Lied angefangen, mit welchem die Gemeinde die Bahre bis ans Thor begleitet, und von da in die Kirche zieht, wo die gewöhnliche Betftunde, doch in Beziehung auf das gefchehene Begräbnifs, gehalten wird. Unter dem Thore wird der Sarg von der Bahre genommen, und dem Todtengräber übergeben, welcher ihn auf einem Handwagen auf den Gottesacker bringt, wo ein befonderer Platz an der Mauer zum Begräbnifs der Gefangenen angewiefen ift.

Befondere Anmerkungen.

Will ein Anverwandter oder Bekanter mit einem Gefangenen fprechen, fo gefchieht diefes, auf erhaltene Erlaubnifs vom Hausverwalter, in Gegenwart eines Zuchtmeifters unter dem Thore. Will einer an die Seinigen fchreiben, fo meldet er fich in der Expedition, fagt den Inhalt des Briefes, oder fchreibt hier felbft, und nun wird der Brief gelefen, mit dem Hausfiegel befiegelt und fortgefchickt. Kommen Briefe an, fo werden fie vom Hausverwalter erbrochen, und wenn diefer nichts verdächtiges darin findet, dem Gefangenen eingehändigt.

Der

Der Hausverwalter hat die Freyheit, jährlich zwey sogenannte Auffchreiben an eine hohe Landesregierung einzufenden. Diefe Auffchreiben beftehen darin, dafs, er 12 und mehrere Gefangene, die unbeftimmte Zeit haben, oder auf landesherrliche Gnade fitzen, oder fich bey beftimmter Zeit durch ihr gutes Betragen auszeichnen, zur Loslaffung in Vorfchlag bringt, welche auch gemeiniglich faft alle ihre Freyheit erhalten.

Ueber das Verhältnifs der Verbrechen läfst fich in diefem Haufe nicht viel beftimmen, weil fich Verbrecher aller Arten in Menge darin befinden. Grobe und ftatt der ihnen zuerkannten Todesftrafe mit Zuchthausftrafe belegte, Miffethäter oder fonft gefährliche Subjecte werden, laut des erneuerten Mandats das Armen- und Bettelwefen betreffend, de dato Drefsden den 11ten Apr. 1772, nicht nach Torgau oder Zwickau, fondern in das Zuchthaus zu Waldheim gebracht. — Eben fo wenig läfst fich von der Gegend fagen, in welcher diefe oder jene Verbrechen am häufigften begangen würden, da aus ganz Sachfen und aus mehreren Gegenden deffelben, Verbrecher gleicher Art eingebracht werden. Diebftahl und Ehebruch haben indeffen offenbar das Uebergewicht, und verfuchte Diebe find auch wol die gefährlichften moralifch Kranken, vornemlich diejenigen, die keine beftimmte Lebensart, keinen ordentlichen Beruf gewählt haben, fondern als Vagabunden im Lande herumftreichen, mit kurzer Waare handeln u. f. w. Diefe find es auch, die gemeiniglich nachmals nach

erlang-

erlangter Freyheit wieder eingebracht werden. Auch die Anzahl derer, die fich des Kindermords verdächtig gemacht haben, ift im Verhältnifs mit andern Verbrechern beträchtlich. Bey den meiften findet man einen faft unbezwinglichen Hang zur Wolluft, und fie werden nicht immer, fo wenig als jene, gebeffert.

Haupthinderniffe der Befferung fcheinen hier unter ardern das *Gewohntwerden* des Zuchthaufes, welches infonderheit von der niedrigen Volksclaffe, und von folchen, die nichts zu verlieren haben, gilt, und das *Gemeinwerden* der Zuchthausftrafe, zu feyn. Faft alle Verbrechen und Vergehungen werden mit Zuchthausftrafe belegt. Sollte nicht dadurch diefe in den Augen gröberer Verbrecher viel von ihrer Wirkfamkeit verlieren? — Und mufs es nicht hingegen für andere, die wegen kleinerer Vergehungen gleiches Schickfal mit den Auswüchfen der Menfchheit finden, nur dafs fie in Anfehung der Länge der Zeit etwas voraushaben, von defto nachtheiligern Folgen feyn? Und follte nicht ein Arbeitshaus, das nicht mit Entehrung verbunden ift, für kleinere Vergehungen, und infonderheit für junge Leute wohlthätiger werden? — Doch davon wurde ja fchon oben geredet.

lage A.

und *Arbeitshause* zu *Torgau*
mit den — 17..
genen *Armen* und *Züchtlinge.*

Derer Abgegangenen.

Arme Züchtlinge Namen	Alter	Geburtsort	Anordnung zur Dimission	Befehl oder Verordnung	Ankunft	Warum?
				gestorben	dimittirt	eclappirt

So in dem jetzigen Monat — zugewachsen.

No.	Namen	Alter	Geburtsort		

Jonen

Zeddel.

Und solche — *Personen haben diesen Tag consumiret:*

1) — Stück *Brods*, à 5 Loth oder — Pfund, nemlich:
   — Stück zum Frühstück,
   — Stück zu Suppen,
   — Stück zur Mittagsmahlzeit,
   — Stück zur Abendmahlzeit.
2) — Faß — Vrtl. — Tonne — Kannen *Koste,*
3) — Faß — Vrtl. — Tonne — Kannen *Bier,*
4) — Metzen — Mäßchen *Salz,*
5) — Stück *Eyer,*
6) — Pfund — Loth *Butter,* als:
7) — | — | *Fett,*
8) — | —
9) — | —
10) — | —

Daß obenstehender Numerus an — Personen, vorher specificirte
Speise und Trank, gut, reinlich und richtig empfangen: Solches be-
zeuget pflichtmäßig *Zucht-* und *Arbeitshaus Torgau,* den —

R 2　　　　　　　　　　　　　　　　　　　　Bey-

Bey-

1) Lista derer bey dem *Zucht-*
     vom — bis
angekommenen und abgegan-

Derer Angekommenen.

No.	Namen	Alter	Geburts-Ort	Rescript oder Verordn.	Ankunft	Woher?

So im vorigen Monat — Bestand verblieben.

No.	Namen	Alter	Rescript oder Verordn.	Ver-richtung	Ver-halten	Soll hier seyn	Abgang

2) *Per-*

No. — Den — Anno —

3) Tage-

Zucht- und *Arbeitshause zu Torgau*
find in dem

— *Personen,* geltiger Bestand gewesen.
Hierzu find dato eingekommen und zugewachsen:

— *Personen* Summa
　davon find abgegangen
　— |
　— |

— *Personen,* Summa des *Abgangs.*
　Sind also gespeiset worden:
— *Personen,* und darunter
— *Personen* mit Züchtlingskost,
— *Personen* mit Krankenkost.

Bey-

Beylage B.

1) Verzeichnifs der im Zucht- und Arbeitshaufe zu
Torgau eingekommenen armen und Züchtlings-
perfonen von Anno 1783 bis 1788.

Jahre.	Arme und melanchol. Perfonen.			Züchtlingsperfonen.		
	Manns-Per-	Weibs-fonen.	Summa.	Manns-Per-	Weibs-fonen.	Summa.
1783	73	36	109	146	77	223
1784	73	44	117	162	96	258
1785	77	44	121	191	130	321
1786	96	53	149	186	123	309
1787	100	58	158	198	97	295
1788	106	56	162	213	102	315
Summa	525	291	816	1096	625	1721

2) Verftorbene.

Jahre.	Züchtlingsperfonen.			Melanchol. Perfonen.		
	Manns-Per-	Weibs-fonen.	Summa diefer Perfonen.	Manns-Per-	Weibs-fonen.	Summa.
1783	12	4	16	3	5	8
1784	10	3	13	9	1	10
1785	7	5	12	8	2	10
1786	23	8	31	12	6	18
1787	7	4	11	14	4	18
1788	17	4	21	9	4	13
Summa	76	28	104	55	22	77

Anmerk. Im 86ften und 88ften Jahre graffirten faule Fieber.

„Rede bey der Übernahme der Jahrverwaltung des Zuchthauses" — gehalten von Direktor Sieveking am 13. Januar 1790 in Hamburg.

(Aus: Heinrich Balthasar Wagnitz: Historische Nachrichten und Bemerkungen über die merkwürdigsten Zuchthäuser in Deutschland, Bd. II, 1. Hälfte, Halle, J.J. Gebauer 1792, S. 165–174)

H.B. Wagnitz gibt diese Rede wieder im Zusammehang seiner Darstellung des 1615 gegründeten Zuchthauses in Hamburg, in welchem 1790 431 Insassen lebten. Sie wurde gehalten von einem Direktor Sieveking (ebd., S. 146), als er die Verwaltung und Leitung des Zuchthauses übernahm. Gebührend lobt er die Verdienste seines Vorgängers und legt dann die Grundsätze dar, nach denen er sein Amt verwalten will: „unbrauchbare und unglückliche Glieder der Gesellschaft" zu „nützlichen Gliedern der Gesellschaft zu machen" (S. 166 f.) ist sein Hauptanliegen. Strafen sind ein Übel, aber in ihrer abschreckenden und bessernden Wirkung hierfür unerläßlich. Denn viele seien so tief gesunken, daß der „Verlust der Freyheit Wohlthat für sie wurde!" (S. 171) Den Fleißigen, Guten will er deshalb Freund und Vater sein, die Faulen streng bestrafen. Er beschließt seine Rede mit dem (nicht sehr häufig dokumentierten) Hinweis, daß auch die Insassen das Recht auf Nahrung, Kleidung, Lohn und Gerechtigkeit hätten, welches er wahren wolle.

Aufgeklärte Caritas kennzeichnet dieses Dokument. Es ist die typische Rede eines bürgerlichen Altruisten des späten 18. und des 19. Jahrhunderts: pathetisch bis zum Schwulst, rührselig und zugleich streng. In gütiger Unnahbarkeit neigt er sich zu seinen „lieben Kindern", sie zu erziehen und zu bessern und sie so zur „Tugend und zur Glückseligkeit zu führen" (S. 174).

R e d e

bey der Uebernahme der Jahrverwaltung des Zuchthaufes, den 13. Januar 1790.

Das Gefühl von der Wichtigkeit des Amts, das Sie
mir übertragen, m. g. H. B., macht mir diefe Stunde
zu einer der feyerlichften meines Lebens. Mit Rührung
feh' ich die vielen Unglücklichen, denen ich feyn foll,
was Sie ihnen waren, Verforger, Erzieher, Richter,
Vater. Mit Mifstrauen in meine Kräfte denke ich an
meine Pflichten und an Ihr Beyfpiel! — Doch das Bewufstfeyn: dafs ich thun will, was ich thun kann; die
Hoffnung auf den Beyftand meiner würdigen Freunde,
auf die Unterftützung, die jede tugendhafte Bemühung
von Gott erwarten darf, geben mir Muth, einen glück-
lichen Erfolg meiner Arbeit zu erwarten.

Sie haben fich, g. H. B., durch das, was Sie gethan haben, fo viele Anfprüche auf den Dank aller guten Bürger, Ihrer Collegen und der Bewohner diefes
Haufes erworben, dafs ich nur in deren Namen rede,
nur gerecht bin, wenn ich Ihnen diefen Dank aus vol-
lem Herzen bringe. Erwarten Sie nicht, dafs ich durch
mein Lob Ihrer Verwaltung Ihre edle Befcheidenheit
beleidige. Ihre Thaten loben Sie beffer. Und Sie find
diefes beffern Lobes werth. — Wenn diefe Unglücklichen
Ihnen danken: dafs Sie mit weifer Mäfsigung, mit Gerechtigkeit und Güte ihnen Herren und Väter waren;
dafs dies Haus geräumiger und vor dem Einfchlagen des
Blitzes gefichert wurde; dafs feine Bewohner gefundere
Luft athmeten; dafs Sie für die Gefundheit der unglücklichen, einem langfamen Tode bisher geopferten Kinder
forgten; dafs Sie den Gefangnen des Rafpelgangs am
Abend die Wohlthat des Lichts fchenkten; dafs Sie das

L 3

ganze

ganze Haus von der ekelhaften Krankheit der Krätze be-
freyten — und Ihr Herz Ihnen dann fagt: du bist des
Dankes werth! dann, und nur dann find Sie belohnt,
wie Sie's verdienen. Mir und meiner Frau wird der Gedanke an Ihre Freundfchaft und an die Freundfchaft Ihrer
würdigen Gemahlin ftets lebhaft und erfreulich feyn!
Erlauben Sie uns die Bitte um ihre Fortdauer, und laffen Sie unfer Beftreben, Ihrem Beyfpiel zu folgen, Ihnen
fagen: wie fehr wir fie zu verdienen wünfchen.

     Sie, meine würdigen und geliebten Freunde, ha-
ben nun künftig mit mir die nähere Auflicht auf diefes
Haus. Mit Ihnen wird mir leicht werden, was ohne Sie
mir fehr fchwer feyn würde; denn ich kenne Ihren Character, Ihren Geift und Ihre Liebe des Vaterlands und
der Menfchheit. Laffen Sie mich hinzufetzen: — Ihre
Freundfchaft gegen mich. Und fo wag' ich, mit völli-
gem Zutrauen, die Bitte: laffen Sie uns gemeinfchaftlich zum Beften diefes Haufes fo thätig feyn, als wir
können; laffen Sie uns einem Plan folgen, der das Refultat unfrer gemeinfchaftlichen Erfahrungen und Ein-
fichten fey, damit die Einrichtungen, die wir machen,
für mehr als Ein Jahr beftehn und dadurch nützlicher
werden mögen. Wenn wir gemeinfchaftlich handeln,
fo wird jeder früher mit der Einrichtung des Ganzen bekant, fo kann unfre Auflicht fpecieller und dadurch vorzüglich nützlich feyn. Zu ftolz für die klägliche Eitel-
keit des Defpotifmus bring ich dies Opfer meiner Auto-
rität gerne der Glückfeligkeit diefer uns anvertrauten,
unfres Mitleidens und unfrer Hülfe bedürftigen Menfchen. — Erlauben Sie mir, Ihnen einige Grundfätze
zur Prüfung vorzulegen, nach denen ich unfre Verwaltung geführt wünfche. —

     Der Staat hat uns die Auflicht über diefes Haus an-
vertraut, um darin unbrauchbare und unglückliche Glieder der menfchlichen Gefellfchaft von Laftern zu ent-
wöhnen, zum Fleifs, zur Ordnung und zur Tugend zu

erziehn,

erziehn, und fie dadurch wieder zu nützlichen Gliedern
der Gefellfchaft zu machen. Um diefe Abficht zu erreichen, ift es durchaus nothwendig: dafs wir uns mit
dem Character, den Vergehungen, den Fähigkeiten eines
jeden unfrer Auflicht übergebnen bekant machen. Wir
werden nur dann im Stande feyn zu beurtheilen: wie
jeder gehalten und befchäfftigt werden müfle, und wie
er gebeflert werden könne. Verluft der Freyheit, Trennung von denen, die ihnen am liebften waren, machen
das Loos diefer Unglücklichen fehr bedaurenswürdig.
Laflen Sie uns das nie vergeflen. Das wird uns bewe-
gen, ihr Elend zu erleichtern fo viel wir können, und
es nicht *ohne Noth* zu vergröfsern.

Strafen find einmal *Uebel.* Freylich *nothwendige*
Uebel. Aber nur ihrer Zwecke wegen nothwendig.
Diefe Zwecke find: Sicherftellung der Gefellfchaft, Ab-
fchreckung vom Böfen, und Beflerung der Geftraften.
Diefe Zwecke fordern: dafs das Verbrechen *gewifs* be-
ftraft werde, mit *Mäfsigung,* (damit die Strafe nicht
mehr Unwillen gegen das Gefetz und den Richter, und
Mitleiden mit dem Geftraften, als Abfcheu vor dem Verbrechen wirke); in richtigem *Verhältnifs* zu dem Verbrechen; und *fo,* dafs die *Beflerung* des Geftraften dadurch befördert werde. Die Zuchthausftrafe kann diefe
Zwecke fehr gut erreichen. Das Gefetz beobachtet
nicht immer das richtige Verhältnifs der Strafe zu dem
Verbrechen, und *kanns* nicht. Der Richter *darf* nicht,
weil er unter dem Gefetz ift. Aber *wir* können durch
die Art und den Grad und die Dauer der Strafen diefe
Lücken ausfüllen. Wohl uns und den Geftraften, wenn
wir das mit weifer Menfchenkenntnifs thun! — Wir
follen Menfchen erziehen und beflern. Durch zu ftrenge
Strafen fchwächen wir das fittliche Gefühl und erfchwe-
ren die Beflerung. Es ift ein fehr fchädliches Vorur-
theil, wodurch gemeiniglich diefe unzweckmäfsige
Strenge veranlaft wird: dafs der Menfch mehr zum

L 4   Böfen

Böfen als zum Guten geneigt fey. Wahrlich, wenn *der*
Gedanke nicht Gottesläfterung ift, fo giebts keine!
Nur die Verhältniffe, worin wir leben, Sinnlichkeit
und Intereffe, machen uns böfe. Andre Verhältniffe,
die Folgen unfrer böfen Handlungen, Erleuchtung über
unfer wahres Intereffe, machen uns beffer.

— — — — — — — — —
— — — — — — — — —
— — — — — — — — —
— — — — — — — — *).

　　Dies, m. H., find einige meiner Grundfätze. Sie
find das Refultat des ruhigften Nachdenkens, und des
heiffeften Wunfches: des Elends weniger und des Guten mehr zu machen. Als ich zum erften mir unver-
gefslichen mal in dies Haus kam, kam ich mit dem grofsen Menfchenfreund Howard, der, nur um das Elend
feiner Brüder zu lindern, die befchwerlichften Reifen
unternimmt, der mehr als Einmal fein Leben in diefem
göttlichen Beruf gewagt hat, und noch wagt, diefem
Mann, der das edlere Monument verdient, von feinen
Nebenmenfchen bewundert und geliebt zu werden, weil
er das prahlendere für die Nachwelt verfchmähte. Ich
fah ihn gerührt. Es ift doch warlich des Elends viel
auf Erden, fagte ich ihm. Ja, antwortete er, und
drückte mir die Hand: aber fonft wäre auch die *Freude*
nicht: das Elend zu lindern! Mit einem Blick fagte er
das, worin ich den Adel und die Seligkeit einer Seele
las, die nur dadurch glückfelig ift, dafs fie Glückfeligkeit um fich her verbreitet. O! ich verftand den Blick
und den Druck der Hand. Und weil ich dich verftand,

gto-

---

*) Was diefe Striche anzeigen follen, kann ich nicht mit Gewifsheit
　　fagen. Vielleicht redete hier der würdige patriotifche Mann
　　von localen Einrichtungen, die das grofse Publicum weiter nicht
　　intereffiren, oder demfelben — verborgen bleiben follen; viel-
　　leicht redete er hier auch wol gar nicht, fondern machte eine
　　bedeutende Paufe. —

grofser Mann, wag ichs, hier Deinen Namen zu nennen, den ich entweihn würde, wenn ich ihn ohne das
Gelübde nennte: Deiner würdig zu feyn! —

Sie, m. H., haben bisher mit rühmlicher Sorgfalt
für das Befte diefes Haufes gearbeitet, und ich danke
Ihnen herzlich dafür.   Sie find mit der innern Einrichtung diefes Haufes bekanter als ich.   Sie find *tägliche*
Auffeher.   Ohne Ihre Mitwirkung würde ich mit vieler
Mühe wenig Nützliches ausrichten.   Was Sie bisher
gethan haben, läfst mich hoffen, dafs ich keine Fehl-
bitte thun werde, wenn ich Sie bitte, mir zur Aufrecht-
haltung der gufen Ordnung, der Sittlichkeit und des
Fleifses zu helfen.   Ihre grofse Kenntnifs des Fabrik-
wefens, Herr Director *Keller*, Ihre unermüdete Auf-
merkfamkeit auf alles, was zur Verbefferung deffelben
dienen kann, wovon ich fchon fo manche Beweife habe,
laffen mich von Ihren Belehrungen, von Ihrer Mithülfe
recht viel zur Beförderung der nützlichen Thätigkeit
in diefem Haufe erwarten.   Rechnen Sie auf meine Unterftützung, meine Freundfchaft und meine Dankbarkeit.
Sie, Herr *Lembke*, haben mit Ihrer braven Frau fchon
lange recht grofse Verdienfte um diefes Haus. Ich
brauche es Ihnen nicht zu empfehlen, in Ihren redli-
chen Bemühungen fortzufahren. Und ich danke Ihnen
fchon voraus mit völliger Ueberzeugung für alles, was
Sie auch in diefem Jahr zur Ausführung guter Einrichtungen thun werden.   Herr *Schulz*, Ihre bisherige Ordnung und Pünctlichkeit in dem Ihnen anvertrauten Gefchäfft laffen mich erwarten, dafs Sie fich auch in diefem Jahr dadurch meine Zufriedenheit, meine Unterftützung und meine Dankbarkeit verdienen werden.
Sie, Herr *Rulle*, haben ein fehr mühfames, aber fehr
verdienftliches Gefchäfft.   Es ift fchön und edel: den
Saamen der Weisheit und der Tugend auszuftreuen;
Menfchen zu unterrichten, zu beffern und dadurch
glücklicher zu machen.   Fahren Sie in diefem edeln Ge-

L 5   fchäffte

fchäffte unermüdet fort. Die junge Kinder-Seele ift
noch am wenigften verderbt, ift für gute Eindrücke
noch am empfänglichften. Und feyn Sie verfichert,
dafs ich den grofsen Werth Ihrer Bemühungen und ihre
Wichtigkeit zur Erreichung meiner Hoffnungen lebhaft
fühle. Möchte mein Beyfall vorzüglich dann Sie auf-
richten und erheitern, wenn die Laft Ihres Berufs, die
Traurigkeit über Mangel an gutem Erfolg Sie nieder-
drücken. Möchte dann, mehr als mein Beyfall, der
Beyfall Ihres Herzens und Gottes, Sie ftärken, treu
zu feyn dem Beruf: den Saamen des Guten zu fäen
für diefe und für jene Welt! — Sie, meine übrigen
Herren Officianten, haben bisher ihre Pflichten, deren
Erfüllung für das Befte diefes Haufes fo nothwendig ift,
mit fehr rühmlichem Eifer erfüllt. Ich rechne darauf,
dafs auch Sie mir meine Pflicht erleichtern, und das
Befte diefes Haufes ferner befördern werden. Es wird
mir Freude feyn, wenn ich Ihnen meine Dankbarkeit
dafür bezeugen kann.

Und nun zu Euch, Bewohner diefes Haufes.
Möchte ich Euch doch von meinem herzlichen Wunfch,
Euch beffer und glücklicher zu machen, überzeugen
können. Dann würde der Entfchlufs zu einem nützlichen, tugendhaften Leben Euer Herz erfchüttern.
Ihr würdet den Werth der Freyheit fühlen, und Freyheit verdienen lernen. Ihr würdet beffre und dadurch
glücklichere Menfchen werden. Ich komme zu Euch
mit einem Herzen voll Liebe. Ich fehe in Euch Menfchen, und — meine Brüder. Ich habe von manchem
unter Euch zuweilen, nicht ohne Rührung, Züge von
Menfchlichkeit und Tugend gefehn, wie ich fie in den
höhern Ständen felten fah. Ich weifs, dafs viele von
Euch durch unverfchuldete Unglücksfälle in dies Haus
kamen, Kinder durch Mangel an Erziehung oder fchlechte
Erziehung, durch böfes Beyfpiel ihrer Eltern; Eheleute
durch die Schuld des andern Theils, viele durch Krankheit

heit oder durch Armuth, die eine Folge davon war,
durch den Untergang mancher ehemals hier blühenden
Fabriken und Gewerbe. Freylich andre mehr durch
eigne Schuld. Aber auch diese oft durch unglückliche
Verhältniſſe, durch Mangel an Kraft, durch den Leicht-
ſinn oder den Irrthum Eines unglücklichen Augenblicks,
durch eine Leidenſchaft, die ſie nicht früh mäſsigten,
durch den immer gröſser werdenden Reiz ſtarker Getränke, zu deren erſtem Genuſs vielleicht Kummer und
Unglück verleiteten. Vielleicht wäre mancher von Euch
durch Hülfe zu rechter Zeit, durch ein gutes Buch,
durch einen verſtändigen Freund zurückgeführt. Die
fehlten. Und ihr ſankt immer tiefer! Ach mir blutet
das Herz, wenn ich denke: *wie* tief manche unter Euch
ſanken! *So tief, daſs Verluſt der Freyheit Wohlthat
für ſie wurde!*

Was ich bisher geſagt habe, iſt keineswegs eine
Schutzrede für Eure Vergehungen und Laſter. Das
Elend, das über Euch gekommen iſt, iſt eine gerechte
Folge derſelben. Ihr muſstet ein Glück verlieren, das
durch Miſsbrauch Euer Unglück geworden war, Euer
gröſsres Unglück geworden *wäre*, wenn Ihr es noch
länger hättet miſsbrauchen dürfen. Aber die weiſe
Güte des Gottes, der auch in ſeinen Strafen Vater
bleibt, verhängte ſie über Euch zu Eurer Beſſerung.
Und wenn ſeine Stra Beſſerung wirkt, hört ſie auf
Strafe zu ſeyn, wi Wohlthat. Daſs Ihr an dieſer
Beſſerung nicht verzweifelt, daſs der Muth zur Beſſerung Euch Kraft dazu gebe, daſs Ihr meine Liebe, die
in Euch zwar Gefallne, aber der Beſſerung fähige,
zwar Strafbare, aber auch Unglückliche ſieht, durch
Zutrauen, durch Folgſamkeit, durch Beſſerung erwie-
dert — das iſt die Urſache, warum ich Euch Eure Lage
aus *dieſem* Geſichtspunct am liebſten zeige.

Von Euch allein wird es abhangen: ob ich die
Pflichten, die mir der Staat gegen Euch übertragen hat,

ohne

ohne Euer Elend zu vergröfsern, erfüllen kann. .Den Fleifsigen, Ordentlichen, Gehorfamen, Guten will ich Freund und Vater feyn. Ich will die beffern Menfchen von den fchlechtern auszeichnen. Ich will jenen ihr Elend erleichtern, fo viel ich kann, will ihnen zuweilen erlauben auszugehn, und, wenn fie Freyheit verdienen, wenn fie wieder nützliche Mitglieder der menfchlichen Gefellfchaft feyn können, fie frey zu machen fuchen. Denn früher find fie der Freyheit nicht werth, früher wäre die Freyheit kein Glück für fie, weil nur der gute Menfch Sinn für das Glück der Freyheit hat, weil dem Ungebefferten die Freyheit Unglück wäre, da ihr Mifsbrauch ihn zu neuen Verbrechen, und zu neuer, längerer, härterer Strafe führen würde. Aber, fo wehe es meinem Herzen auch thun würde, wenn ich ftrenge gegen Euch follte feyn müffen, fo ifts doch meine Pflicht gegen Gott und den Staat, und mein ernfter Entfchlufs: Faulheit, Unreinlichkeit, Unordnung, Liederlichkeit, Ungehorfam durchaus nicht zu dulden, fondern ernftlich zu ftrafen.

O könnte ich diefe Strafen ganz vermeiden! — Das würde ich können, wenn ichs vermöchte, die Lafterhaften recht tief das Unglück fühlen zu machen, worin ihre Lafter fie geftürzt haben. Nicht frey, ausgefchloffen von den Freuden der fchönen Schöpfung Gottes, getrennt von den beffern Menfchen, von Euren Freunden, von denen, die Eurem Herzen die nächften find, von ihnen verachtet, Urfache ihrer Thränen, unglücklich durch das Gefühl Eurer Schuld, durch die Stimme Eures Gewiffens! Und Ihr könnt frey werden, könnt im Genufs der Freuden, deren Gott jedem guten Menfchen fo viele giebt, in Gefellfchaft befsrer Menfchen, Eurer Freunde, Eurer Geliebten die Thränen abtrocknen, die fie um Euch weinen, und in dem Bewufstfeyn Eurer Tugend froh leben, und heiter dem Tode entgegenfehn, der Euch zu einer beffern Welt führt!

führt! — Das *feyd* ihr! Und dies *könntet* ihr feyn! —
Könnt ihr noch *wählen?* — —

Ich habe Euch Eure *Pflichten* gefagt. Die kräf-
tigften Antriebe dazu liegen in Eurem Wunfch, glücklich zu werden. Aber damit ich Euch keinen Antrieb
verheele, damit Ihr Euer Unglück nicht tiefer fühlt,
als Ihr es zu Eurer Befferung fühlen müfst, und nicht
den Muth verliert, der zur Befferung nothwendig ift,
damit ich Euch auch völlig überzeuge: dafs ich Euer
ganzes Zutrauen verdiene, gerecht gegen Euch feyn
werde, und keine andre Macht über Euch haben will,
als die mir die Gefetze geben, fo hört noch meine Erklärung über Eure *Rechte.*

Auch Ihr habt Rechte, weil Ihr Pflichten habt,
weil Ihr Menfchen feyd; habt Rechte gegen *mich,* weil
Ihr Pflichten gegen *mich* habt. Ihr habt das Recht:
Gehör und Gerechtigkeit von mir zu fordern. Ich
werde mit jedem von Euch befonders reden, um Eure
Lage, Eure Fähigkeiten und Eure Wünfche zu hören.
Ich werde jedem unter Euch, dem Unrecht gefchieht,
Recht fchaffen. Aber Ihr müfst, damit mir das möglich bleibe, meine Zeit nicht durch unnöthige Weit-
läuftigkeit und Wiederholungen verderben. Ihr müfst
Euch *kurz* faffen, wenns möglich ift, Euch *fchriftlich*
erklären, und über Eine Sache nur Einmal reden. Ihr
habt das Recht: gefunde und hinreichende Nahrung
und Kleidung zu fordern, wenn Ihr die Arbeit verrichtet, die Ihr thun könnt. Ihr habt das Recht, für diefe
Arbeit den feftgefetzten Lohn zu fordern. Ihr habt
das Recht, wenn Ihr *auf eine beftimmte Zeit* zur Zuchthausftrafe verurtheilt feyd, nach deren Verlauf Eure
Freyheit zu fordern. Ihr habt endlich das Recht, wenn
Ihr Klagen über mich zu führen habt, fie dem Colle-
gium des Zuchthaufes vorzutragen, wenn Ihr vorher
mir Eure Vorftellung darüber vergebens gemacht
habt.

Diefe

Diese Rechte find mir heilig. Ich fchwöre Euch: dafs ich fie halten will. Ihre Verletzung ift Hochverrath an der Menfchheit. Ein fchändlicheres Verbrechen, weil oft der Unterdrückte feine Thränen einfam weint, feine Klage nicht laut werden läfst, weil die Richter der Erde dies Verbrechen manchmal nicht ftrafen. Aber fchwer und fchrecklich ftrafts der Richter dort, der meinen Schwur hört, und dem ich Rechenfchaft fchuldig bin von meinem Verfahren gegen Euch.

Ihr feht, dafs ich offenherzig und redlich gegen Euch handle; dafs ich Euch nichts verfchweige; dafs ich keine gerechte Klagen fürchte, weil ich Euer Herr, nicht Euer Tyrann feyn will, weil ich gern Euer Freund, Euer Vater, Euer Führer zur Glückfeligkeit feyn möchte. O möchten meine Worte Eure Seelen erfchüttern, und das Gefühl der menfchlichen Würde in Euch aufregen, und möchte dies Gefühl Euch kräftig aufmuntern, befsre und dadurch glücklichere Menfchen zu werden!

Ihr Alle habt noch Anfpruch an Glückfeligkeit. Den gröfsten habt Ihr, liebe *Kinder.* Ihr dürft längeres Leben hoffen; bey Euch ift das Lafter noch nicht lange Gewohnheit, und Eure Seelen find noch offener dem Eindruck des Guten. Ihr feyd meinem Herzen vorzüglich nahe, denn ich bin *Vater,* und das macht mir heiliger die Pflicht, *auch Euch* Vater zu feyn. O lafst Euren Aufenthalt in diefem Haufe Euch zu ordentlichen, fleifsigen, unterrichteten, guten Menfchen machen. Verdient frey zu feyn, und Ihr follt frey werden. Verdient glücklich zu feyn, und Ihr feyd glücklich.

O Gott! Allgegenwärtiger! Naher! Du kennft mein Herz, Du weifst es, dafs ich wahr rede, dafs ich allen diefen Unglücklichen gern, gern helfen, und Väter feyn möchte. Tief durchdrungen von der Rechenfchaft, die ich Dir, vielleicht bald, von meinen Handlungen geben mufs, von dem Gefühl, dafs ich ohne Dich nichts thun kann, bete ich zu Dir: ftärke mich, Gott, Deinen Willen zu thun! Und, wenn ich meinem Berufe treu bin, fo gieb mir die Freude: Viele von diefen zur Tugend und zur Glückfeligkeit zu führen.

Literatur

Abel, W.	Agrarkrisen und Agrarkonjunktur in Mitteleuropa vom 13. bis zum 19. Jahrhundert, Berlin 1935
Abel, W.	Agrarkrisen und Agrarkonjunktur. Eine Geschichte der Land- und Ernährungswirtschaft Mitteleuropas seit dem hohen Mittelalter, Hamburg/Berlin [2]1966
Abel, W.	Der Pauperismus in Deutschland am Vorabend der industriellen Revolution, Hannover 1970
Abel, W.	Massenarmut und Hungerkrisen im vorindustriellen Europa. Versuch einer Synopsis, Hamburg/Berlin 1974
Acta Borussica	Denkmäler der Preußischen Staatsverwaltung im 18. Jahrhundert (herausgegeben von der Preußischen Akademie der Wissenschaften Berlin 1892 ff.)
Adler, G.	Die Geschichte der ersten sozialpolitischen Arbeiterbewegung in Deutschland, Frankfurt/M. 1966 (zuerst Breslau 1885)
Adler, M.	Fabrik und Zuchthaus. Eine sozialhistorische Untersuchung, Leipzig o. J. (1924)
Ahlheim, R., u.a.	Gefesselte Jugend, Fürsorgeerziehung im Kapitalismus, Frankfurt/M. [5]1978
Anderson, P.	Von der Antike zum Feudalismus, Frankfurt 1978
Avé-Lallemant, Chr. B.	Das deutsche Gaunertum in seiner sozialpolitischen, literarischen und linguistischen Ausbildung zu seinem heutigen Bestand. Neu hg. v. M. Bauer, München/Berlin 1914
Barabas, F. und Blanke, Th./Sachße, Chr./Stascheit, U.	Zur Theorie der Sozialarbeit: Sozialisation als öffentliche Aufgabe. In: dies.: Jahrbuch der Sozialarbeit 1976, Reinbek 1975, S. 374–442
Barraclough, G.	Die mittelalterlichen Grundlagen des modernen Deutschland, Weimar 1952
Bauer, V. H.	Das Antonius-Feuer in Kunst und Medizin, Basel 1973 (= Historische Schriftenreihe der Sandoz AG, 2)
Bechtel, H.	Wirtschafts- und Sozialgeschichte Deutschlands, München 1967

Behrend, A., und
Koepsell, I.

Zur Geschichte des Bremer Gefängniswesens unter besonderer Berücksichtigung des Beschäftigungssystems, Diplomarbeit, Bremen 1979

Bercé, Y.

Croquants et Nu-Pieds, Paris 1974 (Editions Gallimard Juillard, Collection Archives)

Betts, R. R.

Society in Central and in Western Europe: Its Development toward the End of the Middle Ages. In: ders., Essays in Czech History, London 1969

Bezold, F. v.

Die „armen Leute" und die deutsche Literatur des späteren Mittelalters. In: Historische Zeitschrift 41 (1879), S. 1–37

Bilfinger, G.

Die mittelalterlichen Horen und die modernen Stunden, Stuttgart 1962

Blanchet, W./
Dieudonné, A.

Manuel de numismatique française, Bologna 1969, (Bd. 4)

Bloch, M.

Les caractères originaux de l'histoire rurale française; tome 1, tome 2: supplément établi par R. Dauvergne d'après les travaux de l'auteur, Paris 1968

Bloch, M.

La société féodale, Paris 1968

Blum, J.

The Rise of Serfdome in Eastern Europe, American Historical Review, H. 4/1957

Bog, J.

Über Arme und Armenfürsorge in Oberdeutschland und in der Eidgenossenschaft im 15. und 16. Jahrhundert. In: Jahrbuch für fränkische Landesforschung 34/35 (1975), S. 983–1001

Bog, J.

Wachstumsprobleme der oberdeutschen Wirtschaft 1540–1618. In: Lütge, F. (Hg.), Wirtschaftliche und soziale Probleme der gewerblichen Entwicklung im 15. bis 16. und 19. Jahrhundert, Stuttgart 1968 (= Forschungen zur Sozial- und Wirtschaftsgeschichte, Band 10), S. 44–89, S. 65

Boutruche, R.

Seigneurie et féodalité (2 tomes), Paris ²1968

Brandt, A. v.

Die gesellschaftliche Struktur des spätmittelalterlichen Lübeck. In: Untersuchungen zur gesellschaftlichen Struktur der mittelalterlichen Städte in Europa. Reichenau-Vorträge 1963–1964, Stuttgart 1966 (= Vorträge und

Forschungen, XI), S. 215–239, 237

Brandt, A. v.   Mittelalterliche Bürgertestamente. Neuerschlossene Quellen zur Geschichte der materiellen und geistigen Kultur. Vortrag vom 8.7.72, Heidelberg 1973

Braunmühle, C.v. u.a.   Probleme einer materialistischen Staatstheorie, Frankfurt/M. 1973

Brentano, L.   Über den grundherrlichen Charakter des hausindustriellen Leinengewerbes in Schlesien. In: Zeitschrift für Sozial- und Wirtschaftsgeschichte, Bd. 1 (1893)

Brunner, O.   Souveränitätsproblem und Sozialstruktur in den deutschen Reichsstädten der frühen Neuzeit. In: ders., Neue Wege der Verfassungs- und Sozialgeschichte, Göttingen ²1968

Brunner, O.   Das „ganze Haus" und die alteuropäische „Ökonomik". In: Ders., Neue Wege der Verfassungs- und Sozialgeschichte, S. 294–321

Büsch, O.   Militärsystem und Sozialleben im alten Preußen 1713 bis 1807. Die Anfänge der sozialen Militarisierung der preußisch-deutschen Gesellschaft (= Veröffentlichungen der Berliner Historischen Kommission beim Friedrich-Meinecke-Institut der Freien Universität Berlin, Band 7), Berlin 1962

Czerwiec, M.   Das Gefängniswesen. Umriß seiner Entwicklung in Polen, Warschau 1958 (in poln. Sprache)

Davis, Z.   Economie et Pauvreté aux XVIe et XVIIe Siècles: Lyon, Ville Exemplaire et Prophétique. In: Mollat, M. (Hg.), Etudes sur l'Histoire de la Pauvreté, Paris 1974, S. 747 bis 822

Denzler, A.   Geschichte des Armenwesens im Kanton Zürich im 16. und 17. Jahrhundert, Diss.phil., Zürich 1920

Dilcher, L.   Der deutsche Pauperismus und seine Literatur, Phil.Diss., Frankfurt/M. 1957 (Masch. Ms.)

Dobb, M.   Entwicklung des Kapitalismus vom Spätfeudalismus bis zur Gegenwart, Köln/Berlin 1970

Dörner, K.   Bürger und Irre. Zur Sozialgeschichte und Wissenschaftssoziologie der Psychiatrie, Frankfurt/M. 1969

Dollinger, P.	L'évolution des classes rurales en Bavière, Paris 1949
Duby, G.	L'économie rurale et la vie des campagnes dans l'occident médiéval, Paris 1962
Duby, G.	Krieger und Bauern, Frankfurt 1977
Duda, D.	Die Hamburger Armenfürsorge im 18. und 19. Jahrhundert. Eine soziologisch-historische Untersuchung, Weinheim/Basel 1982
Eichler, H.	Zucht- und Arbeitshäuser in den mittleren und östlichen Provinzen Brandenburg-Preußens. Ihr Anteil an der Vorbereitung des Kapitalismus. Eine Untersuchung für die Zeit vom Ende des 17. bis zum Ausgang des 18. Jahrhunderts. In: Jahrbuch für Wirtschaftsgeschichte, 1970, Teil I, S. 127–147
Eisenbart, L.C.	Kleiderordnungen der deutschen Städte zwischen 1350 und 1700. Ein Beitrag zur Kulturgeschichte des deutschen Bürgertums, Göttingen/Berlin/Frankfurt 1962 (= Göttinger Bausteine zur Geschichtswissenschaft 32)
Eitel, P.	Die politische, soziale und wirtschaftliche Stellung des Zunftbürgertums in den oberschwäbischen Reichsstädten am Ausgang des Mittelalters. In: Maschke, E./ Sydow, W. (Hg.), Städtische Mittelschichten, Stuttgart 1972, S. 79–93, S. 89
Elias, N.	Die höfische Gesellschaft, Darmstadt/Neuwied [3] 1977
Elias, N.	Über den Prozeß der Zivilisation. Soziogenetische und psychogenetische Untersuchungen, 2 Bde., Frankfurt/ Main [7] 1980
Elsas, M.J.	Umriß einer Geschichte der Preise und Löhne in Deutschland vom ausgehenden Mittelalter bis zum Beginn des 19. Jahrhunderts, 2 Bde., Leiden 1936/49
Endres, R.	Das Armenproblem im Zeitalter des Absolutismus. In: Jahrbuch für fränkische Landesforschung, Bd. 34/35, 1974/75, S. 1003–1020
Endres, R.	Das „Straf- und Arbeitshaus" St. Georg bei Bayreuth. In: Sachße, Chr./Tennstedt, F. (Hg.), Jahrbuch der Sozialarbeit 4, Reinbek 1981, S. 89–105

Engels, F.   Notizen über Deutschland. In: Marx/Engels/Lenin/Stalin, Zur deutschen Geschichte, Bd. I, Von der Frühzeit bis zum 18. Jahrhundert, Berlin (DDR) 1953

Engelmann, B.   Preußen, Land der unbegrenzten Möglichkeiten, München 1979

Enzensberger, H.M./ Nitsche, R./Roehler, U./Schafhausen, W. (Hg.)   Klassenbuch — Eine Lesebuch zu den Klassenkämpfen in Deutschland, Bd. 1—3, Neuwied/Darmstadt 1972

Feuchtwanger, L.   Geschichte der sozialen Politik und des Armenwesens im Zeitalter der Reformation. In: Jb. f. Gesetzgebung, Verwaltung und Volkswirtschaft 32 (1908), S. 167—204, und 33 (1909), S. 191—228

Fischer, L. (Hg.)   Die Schlacht unter dem Regenbogen. Frankenhausen, ein Lehrstück aus dem Bauernkrieg, Berlin 1975

Fischer, Th.   Städtische Armut und Armenfürsorge im 15. und 16. Jahrhundert, Phil. Diss., Freiburg i. Brsg. 1976

Fischer, Th.   Der Beginn der frühmodernen Sozialpolitik in deutschen Städten des 16. Jahrhunderts, Bremen 1979 (= Arbeitspapier Nr. 3 des Forschungsschwerpunktes Reproduktionsrisiken, soziale Bewegungen und Sozialpolitik, Universität Bremen)

Forberger, R.   Die Manufaktur in Sachsen vom Ende des 16. bis zum Anfang des 19. Jahrhunderts, Berlin (DDR) 1958

Foucault, M.   Surveiller et punir. La naissance de la prison. Editions Gallimard 1975 (Dt.: Überwachen und Strafen. Die Geburt des Gefängnisses, Frankfurt/M. [2]1977)

Foucault, M.   Wahnsinn und Gesellschaft. Eine Geschichte des Wahns im Zeitalter der Vernunft, Frankfurt/M. 1969

Fourquin, G.   Histoire économique de l'Occident médiéval, Paris 1969

Franzke, K.   Die oberschlesischen Industriearbeiter, 1740—1886, Breslau 1936

Frauenstädt, P.   Bettel- und Vagabundenwesen in Schlesien vom 16. bis 18. Jahrhundert. In: Zeitschrift für die gesamte Strafrechtswissenschaft, Bd. 17 (1897)

Friedberger, W.	Der Reichtumserwerb im Urteil des Hl. Thomas von Aquin und der Theologen im Zeitalter des Frühkapitalismus, Passau 1967
Friedensburg, F.	Münzkunde und Geldgeschichte der Einzelstaaten des Mittelalters und der neueren Zeit, München/Berlin 1926
Friedländer, M.	Entwurf einer Geschichte der Armen und Armenanstalten nebst einer Nachricht von dem jetzigen Zustande der Pariser Armenanstalten und Hospitäler, Leipzig 1804
Funk, M.J.	Geschichte der Statistik des Bremischen Armenwesens, Bremen 1913
Geist, F.	Funktion von Anstaltsbauten. Eine architektur-theoretische Untersuchung des Einflusses gesellschaftlicher Ordnungsmaßnahmen auf den Anstaltsbau anhand ausgewählter Beispiele des 19. und 20. Jahrhunderts, Berlin (West) 1978 (unveröff. Diplomarbeit)
Goff, J. Le	Le temps du travail dans la crise du XIVe siècle: du temps mediéval au temps moderne. In: Le Moyen Age, 1963
Grab, W.	Politische und soziale Bewegungen in Frankreich und Deutschland am Ende des 18. Jahrhunderts. In: Archiv für Sozialgeschichte 27. Jg. (1977)
Grab, W. (Hg.)	Freyheit oder Mordt und Todt — Revolutionsaufrufe deutscher Jakobiner, Berlin 1979
Grambow, O.	Das Gefängniswesen Bremens, Borna/Leipzig 1910
Grand, R./ Delatouche, R.	L'agriculture au moyen age de la fin de l'empire romain au XVIe siècle, Paris 1950
Grauhan, R.R./ Hickel, R.	Krise des Steuerstaates? Widersprüche, Ausweichstrategien, Perspektiven staatlicher Politik. In: Leviathan, Sonderheft 1/1978
Gurjewitsch, A.J.	Das Weltbild des mittelalterlichen Menschen, Dresden 1980
Habakkuk, H.J./ Postan, M.M. (General editors)	Cambridge Economic History of Europe Vol. I: The agrarian life of the Middle Ages, ^{2}1966 Vol. II: Trade and industry in the Middle Ages, 1952 Vol. III: Economic organisation and politics in the Middle Ages, 1963

	Vol. IV: The economy of expanding Europe in the 16th and 17th centuries, 1967 Cambridge at the University Press
Habermas, J.	Strukturwandel der Öffentlichkeit, Neuwied/Berlin 1962
Hafner, S.	Preußen ohne Legende, Hamburg 1979
Hamburgisches Armen-Collegio (Hg.)	Vollständige Einrichtungen der neuen Hamburgischen Armen-Anstalt, 1. Band, Hamburg 1788
Henning, F.-W.	Das vorindustrielle Deutschland 800–1800, Paderborn 1974
Henning, F.-W.	Landwirtschaft und ländliche Gesellschaft in Deutschland, Bd. 1, 800 bis 1750, Paderborn 1979
Hilton, R.H.	The English Peasantry in Later Middle Ages, Oxford 1975
Hilton, R.H.	Y eut-il une crise générale de la féodalité? Ann. 1951, No. 1, S. 23–30
Hilton, R.R./ Smith, R.E.F.	Einleitung zu Smith, R.E.F., The Enserfment of the Russian Peasantry, Cambridge 1968
Hinze, K.	Die Arbeiterfrage zu Beginn des modernen Kapitalismus in Brandenburg-Preußen, Berlin 1963 (zuerst 1927)
Hippel, R. v.	Beiträge zur Geschichte der Freiheitsstrafe. In: Zts. für die gesamte Strafrechtswissenschaft, Vol. XVIII, 1898, S. 419–494 (Teil I) und S. 608–666 (Teil II)
Howard, J.	An Account of the principal Lazarettos in Europe, London [2]1791
Howard, J.	The State of the Prisons in England and Wales, Warrington [3]1784
Huneke, V.	Überlegungen zur Geschichte der Armut im vorindustriellen Europa. In: Geschichte und Gesellschaft 4, 1983, S. 482 bis 512
Jacoby, H.	Die Bürokratisierung der Welt, Neuwied/Berlin 1969
Jantke, C.	Vorindustrielle Gesellschaft und Staat. In: Gehlen, A./ Schelsky, H. (Hg.), Soziologie, Düsseldorf/Köln 1955, S. 93–120
Jantke, C./ Hilger, D.	Die Eigentumslosen. Der deutsche Pauperismus und die Emanzipationskrise in Darstellungen und Deutungen der

	zeitgenössischen Literatur, Freiburg 1965
Kallert, H.	Waisenhaus und Arbeitserziehung im 17. und 18. Jahrhundert, Phil.Diss., Frankfurt/M. 1964
Kaphan, F.	Die wirtschaftlichen Folgen des 30jährigen Krieges für die Altmark. In: Tille, A. (Hg.), Geschichtliche Studien, Bd. 2, Heft 1, Gotha 1911
Kluge, F.	Rotwelsch (I. Rotwelsches Quellenbuch), Straßburg 1901
Knapp, G.F.	Die Bauernbefreiung und der Ursprung der Landarbeiter in den älteren Teilen Preußens, 2 Bde., Leipzig 1887 (2. unveränderte Aufl., München/Leipzig 1927)
Koch, L.	Wandlungen der Wohlfahrtspflege im Zeitalter der Aufklärung, Erlangen 1933
Köhler, E.	Arme und Irre. Die liberale Fürsorgepolitik des Bürgertums, Berlin (West) 1977
Kofler, L.	Zur Geschichte der bürgerlichen Gesellschaft. Versuch einer verstehenden Deutung der Neuzeit, Wien/Berlin [5]1974 (zuerst Halle 1948)
Kopečný, A.	Fahrende und Vagabunden. Ihre Geschichte, Überlebenskünste, Zeichen und Straßen, Berlin 1980
Krauter, G.	Die Manufakturen im Herzogtum Wirtemberg und ihre Förderung durch die wirtembergische Regierung in der zweiten Hälfte des 18. Jahrhunderts, Phil.Diss., Tübingen 1952
Kriedte, P./Medick, H./Schlumbohm, J.	Industrialisierung vor der Industrialisierung, Göttingen 1977
Krüger, H.	Zur Geschichte der Manufakturen und Manufakturarbeiter in Preußen, Berlin (DDR) 1958
Kuchenbuch, L.	Feudalismus — Materialien zur Theorie und Geschichte, Frankfurt/Berlin/Wien 1977
Kuczynski, J.	Darstellung der Lage der Arbeiter in England von 1640 bis 1760, Berlin (DDR) 1964 (= Die Geschichte der Lage der Arbeiter unter dem Kapitalismus, Bd. 22)
Kucynski, J.	Geschichte des Alltags des deutschen Volkes, Bd. 2, 1650—1810, Berlin 1981

Küther, C. Räuber und Gauner in Deutschland. Das organisierte Bandenwesen im 18. und frühen 19. Jahrhundert (Reihe Kritische Studien zur Geschichtswissenschaft), Göttingen 1976

Kuhn, A. Jakobiner im Rheinland. Der Kölner konstitutionelle Zirkel von 1798. In: Archiv für Sozialgeschichte, XVII. Bd. (1977), Stuttgart 1976, S. 498 ff.

Kulischer, J. Die zentralisierten Manufakturen. In: Ders., Allgemeine Wirtschaftsgeschichte des Mittelalters und der Neuzeit, Bd. 2, Darmstadt 1971, S. 146–163

Kuske, B. Der Einfluß des Staates auf die geschichtliche Entwicklung der sozialen Gruppen in Deutschland bis zum Anfang des 19. Jahrhunderts. In: Kölner Zeitschrift für Soziologie, 2. Jg. (1949/50), Heft 1

Laube, M. Produktion und Sozialisation im Strafvollzug, Diplomarbeit, Bremen 1979

Laufenberg, H. Hamburg und sein Proletariat im 18. Jahrhundert, Hamburg 1910

Lehner, Th. (Hg.) Die Salpeterer, ,,freie, keiner Obrigkeit untertane Leut' auf dem Hotzenwald", Berlin 1977

Lenhardt, G./ Offe, C. Staatstheorie und Sozialpolitik. In: Ferber, C. v./Kaufmann, F.X. (Hg.), Soziologie und Sozialpolitik (Sonderheft 19 der KZfSS), Opladen 1978, S. 98 ff.

Leschinsky, A. Industrieschulen – Schulen der Industrie? In: Zts. f. Pädagogik 1, 1978, S. 89–100

Leschinsky, A./ Roeder, P.M. Schule im historischen Prozeß. Zum Wechselverhältnis von institutioneller Erziehung und gesellschaftlicher Entwicklung, Stuttgart 1976

Lieberich, H. Die Anfänge der Polizeigesetzgebung des Herzogtums Baiern. In: Festschrift für Max Spindler zum 75. Geburtstag, München 1969, S. 307–378

Lindow, K. Die Bedeutung der gewerblichen Sozialpolitik in der brandenburg-preußischen Merkantilzeit, insbesondere auf dem Gebiete des Bergbaues und der Eisenindustrie, Phil. Diss., Gießen 1928

Longmate, N.	The Work House. A Social History, New York 1974
Lot, F./Fawler, R.	Histoire des Institutions Françaises au Moyen Age (4 Bde.), Bd. II, Pans 1957
Lütge, F.	Das 14./15. Jahrhundert in der Sozial- und Wirtschaftsgeschichte. In: Jb. f. Nationalökonomie u. Statistik 162 (1950), S. 161–213
Lütke, F. (Hg.)	Wirtschaftliche und soziale Probleme der gewerblichen Entwicklung im 15.–16. und 19. Jahrhundert. Bericht über die zweite Arbeitstagung der Gesellschaft für Sozial- und Wirtschaftsgeschichte in Nürnberg 8.–10. März 1965, Stuttgart 1968 (= Forschung zur Sozial- und Wirtschaftsgeschichte, 10)
Maczak, A.	Preise, Löhne und Lebenshaltungskosten im Europa des 16. Jahrhunderts. Ein Beitrag zur Quellenkritik. In: Wirtschaftliche und soziale Strukturen im säkularen Wandel. Festschrift für Wilhelm Abel zum 70. Geburtstag, Bd. 2, Hannover 1974
Malthus, Th. R.	Essay on the Principle of Population, London 1798
Mandel, E.	Marxistische Wirtschaftstheorie, 1. Bd., Frankfurt/M. 1972
Manen, Ch. A. van	Armenpflege in Amsterdam in ihrer historischen Entwicklung, Leiden 1913 (= Diss. Zürich 1912)
Marion, M.	Institutions de la France aux XVIIe et XVIIIe Siècles, Paris 1969 (1923)
Marx, K.	Das Kapital. Kritik der Politischen Ökonomie, Bd. 1, Berlin (DDR) 1961
Marx, K.	Das Kapital, 1. Bd. (MEW Bd. 23), Berlin 1972
Marx, K.	Grundrisse der Kritik der politischen Ökonomie, Frankfurt/M./Wien 1970
Marzahn, Chr.	Das Zucht- und Arbeitshaus. Die Kerninstitution frühbürgerlicher Sozialpolitik, Bremen 1980 (= Arbeitspapier Nr. 5 des Forschungsschwerpunktes Reproduktionsrisiken, soziale Bewegungen und Sozialpolitik, Universität Bremen)

Marzahn, Chr.	„Daß der Verlust der Freyheit Wohlthat für sie wurde." Zur Entwicklung des historischen Selbstverständnisses der Sozialpädagogik als wissenschaftlicher Disziplin. In: Literatur Rundschau 7, 1982, S. 6–22
Maschke, E.	Mittelschichten in deutschen Städten des Mittelalters. In: Maschke, E./Sydow, J. (Hg.), Städtische Mittelschichten, S. 1–31
Maschke, E.	Die Unterschichten der mittelalterlichen Städte Deutschlands. In: Maschke, E./Sydow, J. (Hg.), Gesellschaftliche Unterschichten, S. 1–74
Maschke, E./ Sydow, J. (Hg.)	„Arbeitskreis für südwestdeutsche Stadtgeschichtsforschung": Gesellschaftliche Unterschichten in den süddeutschen Städten, Stuttgart 1967 (= Veröffentlichung der Kommission für geschichtliche Landeskunde in Baden-Württemberg, Reihe B, Forschungen, 41)
Maschke, E./ Sydow, J. (Hg.)	Städtische Mittelschichten. Protokoll der VIII. Arbeitstagung des Arbeitskreises für südwestdeutsche Stadtgeschichtsforschung, Biberach Nov. 1969, Stuttgart 1972 (= Veröffentlichung der Kommission für geschichtliche Landeskunde in Baden-Württemberg, Reihe B, Forschungen, 69)
Mayer, O.	Gewährte Anstaltsnutzung. In: Ders., Deutsches Verwaltungsrecht, München/Leipzig [3]1934, Bd. 2, S. 268–295
Mehring, F.	Deutsche Geschichte des 18. und 19. Jahrhunderts, Berlin 1973
Melossi, D./ Massimo, P.	The Prison and the Factory. Origins of the Penitentiary System, London 1981
Militzer-Schwenger, L.	Armenerziehung durch Arbeit. Eine Untersuchung am Beispiel des württembergischen Schwarzwaldkreises 1806–1914, Tübingen 1979
Mollat, M. (Hg.)	Etudes sur l'Histoire de la Pauvreté, 2 Teile, Paris 1974 (= Publications de la Sorbonne, Série Etudes, Tome 8)
Mollenhauer, K.	Die Ursprünge der Sozialpädagogik in der industriellen Gesellschaft. Eine Untersuchung zur Struktur sozialpädagogischen Denkens und Handelns, Weinheim/Basel 1959

Mottek, H.	Wirtschaftsgeschichte Deuschlands. Ein Grundriß, 2 Bde., Berlin (DDR) 1971
Mousnier, R.	Eureurs paysans, Paris 1967
Münsterberg, E.	Die Bezirksarmenhäuser und das Armenhausprinzip. In: Ders., Die deutsche Armengesetzgebung und das Material zu ihrer Reform, Leipzig 1887, S. 396—407 und 517—528
Mumford, L.	Technics and Civilisation, New York 1934
Naujoks, E.	Obrigkeitsgedanke, Zunftverfassung und Reformation. Studien zur Verfassungsgeschichte von Ulm, Esslingen und Schwäbisch Gmünd, Stuttgart 1958 (= Veröffentlichung der Kommission für geschichtliche Landeskunde in Baden-Württemberg, Reihe B, Forschungen, 3)
Naujoks, E.	Ulms Sozialpolitik im 16. Jahrhundert. In: Ulm und Oberschwaben 33 (1953), S. 88—98
Nichtweiss, J.	Das Bauernlegen in Mecklenburg, Berlin 1954
Nowicki, M.	Zur Geschichte der Sozialarbeit. Historischer Abriß und politischer Stellenwert von Sozialarbeit in einer „Geschichte von Klassenkämpfen". In: Hollstein, W./ Meinhold, M. (Hg.), Sozialarbeit unter kapitalistischen Produktionsbedingungen, Frankfurt/M. 1973, S. 44—100 (Bielefeld [5] 1980)
Oestreich, G.	Strukturprobleme des europäischen Absolutismus. In: Vierteljahresheft für Sozial- und Wirtschaftsgeschichte 53 (1968), S. 329—347
Perroy, E.	A l'origine d'une économie contractes: les crises du XIV siècle, Annales (E.S.C.) 1949, S. 167—182
Pirenne, H.	Sozial- und Wirtschaftsgeschichte Europas im Mittelalter, München 1971
Pitz, E.	Wirtschaftliche und soziale Probleme der gewerblichen Entwicklung im 15./16. Jahrhundert nach hansisch-niederdeutschen Quellen. In: Jbb. f. Nationalökonomie und Statistik 179 (1966), S. 200—227
Porchnev, B.	Les soulèvements populaires en France de 1623 à 1648, Paris 1962

Quanter, R.	Deutsches Zuchthaus- und Gefängniswesen von den ältesten Zeiten bis in die Gegenwart, Aalen 1970 (zuerst Leipzig 1905)
Quanter, R.	Die Folter in der deutschen Rechtspflege sonst und jetzt, Aalen 1970
Radbruch, G.	Die ersten Zuchthäuser und ihr geistesgeschichtlicher Hintergrund. In: Ders., Elegantiae Juris Criminalis. Basel 1938
Ratzinger, G.	Geschichte der kirchlichen Armenpflege, Freiburg 1868 (2. umgearbeitete Auflage Freiburg 1884)
Retzbach, A.	Die Armenpflege der Stadt Freiburg im 16. Jahrhundert, besonders die Bettelordnung vom 29.4.1517. In: Zeitschrift der geschichtsfördernden Gesellschaft Freiburg 33 (1917), S. 107–158
Reicke, S.	Das deutsche Spital und sein Recht im Mittelalter, 2 Teile, Stuttgart 1932 (= Kirchenrechtliche Abhandlungen 111 und 114)
Rimlinger, G.V.	Sozialpolitik und wirtschaftliche Entwicklung. Ein historischer Vergleich. In: Braun, R. u.a. (Hg.): Gesellschaft in der industriellen Revolution, Köln 1973
Ristelhueber, J.B.	Wegweiser zur Literatur der Waisenpflege, des Volks-Erziehungswesens, der Armenfürsorge, des Bettelwesens und der Gefängniskunde, Köln 1831
Rochow, F.E. von	Versuch über Armen-Anstalten und Abschaffung aller Betteley, Berlin 1789
Rühle, O.	Illustrierte Kultur- und Sittengeschichte des Proletariats, Frankfurt/M. 1971 (zuerst Berlin 1930)
Rusche, G./ Kirchheimer, O.	Sozialstruktur und Strafvollzug, Frankfurt/M. 1974 (zuerst New York 1939)
Rusche, G.	Arbeitsmarkt und Strafvollzug. In: Zts. für Sozialforschung 1, 1933, S. 63–78
Saalfeld, D.	Die Wandlungen der Preis- und Lohnstruktur während des 16. Jahrhunderts in Deutschland. In: Saalfeld, D., Beiträge zu Wirtschaftswachstum und Wirtschaftsstruktur im 16. und 19. Jahrhundert. Fischer, W. (Hg.), Berlin

1971 (= Schriften des Vereins für Sozialpolitik, N. F. 63),
S. 9–28

Saalfeld, D.   Methodische Darlegung zur Einkommensentwicklung und Sozialstruktur 1760–1860 am Beispiel einiger deutscher Städte. In: Winkel, H. (Hg.), Vom Kleingewerbe zur Großindustrie, Berlin 1975, S. 227–259

Sachße, Chr./
Tennstedt, F.   Geschichte der Armenfürsorge in Deutschland vom Spätmittelalter bis zum 1. Weltkrieg, Stuttgart 1980

Sachße, Chr./
Tennstedt, F.   Jahrbuch der Sozialarbeit 4, Geschichte und Geschichten, Reinbek 1981

Scherpner, H.   Theorie der Fürsorge, Göttingen 1963

Scherpner, H.   Geschichte der Jugendfürsorge, Göttingen 1966

Schiff, O.   Die deutschen Bauernaufstände 1525–1789. In: Historische Zeitschrift, Bd. 130 (1924)

Schlereth, E.   Indonesien. Die Menschen, das Land, die Kultur und was die holländischen Räuber daraus gemacht haben, Berlin 1975

Schmidt, E.   Einführung in die Geschichte der deutschen Strafrechtspflege, Göttingen 1965

Schmidt, E.   Zuchthäuser und Gefängnisse, Göttingen o. J. (1955)

Schmoller, G.   Das Merkantilsystem in seiner historischen Bedeutung. In: Schmollers Jahrbuch für Gesetzgebung, Verwaltung und Volkswirtschaft, Bd. 8 (1884) (auch in: Schmoller, G., Umrisse und Versuchungen zur Verfassungs-, Verwaltungs- und Wirtschaftsgeschichte besonders des preußischen Staates im 17. und 18. Jahrhundert, Leipzig 1898)

Schoeller, W. F.   Schubert — Leben und Meinungen eines schwäbischen Rebellen, Berlin 1979

Scholliers, E.   Loonarbeid en honger. De Levensstandaard in de XVe en XVIe eeuw te Antwerpen, Antwerpen 1960

Schwineköper, B.   Bemerkungen zum Problem der städtischen Unterschichten aus Freiburger Sicht. In: Maschke, E./Sydow, J. (Hg.), Gesellschaftliche Unterschichten in süddeutschen Städten, Stuttgart 1967, S. 134–149

Selig, J. F.   Eines Bekehrten aus dem Judenthume eigene Lebensbeschreibung, Leipzig 1783

Sellin, Th.　　　　　　Pioneering in Penology. The Amsterdam Houses of Correction in the Sixteenth and Seventeenth Century, Philadelphia/London 1944

Simmel, G.　　　　　　Zur Soziologie der Armut. In: Archiv für Socialwissenschaft und Socialpolitik N. F. XXII (1906), S. 1—30

Slicher van Bath, B. H.　The agrarian history of Western Europe A. D. 500—1850, London 1963

Smith, A.　　　　　　The Wealth of Nations, Ed. A. Skinner, Harmondsworth 1970

Sombart, W.　　　　　Zur neueren Literatur über Hausindustrie. In: Jahrbuch für Nationalökonomie und Statistik, 3. Folge, Bd. 6 (1893)

Sombart, W.　　　　　Der moderne Kapitalismus. Historisch-systematische Darstellung des gesamteuropäischen Wirtschaftslebens von seinen Anfängen bis zur Gegenwart, München/Leipzig 1916

Sombart, W.　　　　　Die Arbeiterverhältnisse im Zeitalter des Frühkapitalismus. In: Archiv für Sozialwissenschaft und Sozialpolitik 44 (1917/18), S. 19—51

Soto, D. de　　　　　Deliberatio in causa pauperum (1545), Cap. 9, S. 111 f., zitiert bei Deuringer, K.: Probleme der Caritas in der Schule von Salamanca, Freiburg 1959, S. 66 (mit Anm. 154)

Stadtarchiv Freiburg　　XVII Stiftungen, Sprung 1510 April 8

Stadtarchiv Freiburg　　Ratsprotokoll 7, 1497 Januar 11, f. 2

Stadtarchiv Freiburg　　Ratsprotokoll 15, 1553 Oktober 25, f. 147 v.

Stadtarchiv Freiburg　　C 1, Armenwesen 2, 1581/82

Stadtarchiv Freiburg　　E 1, A II, b 4, Nr. 2

Stadtarchiv Straßburg　Serie III BB 271 Nr. 8: „Schultzenbürger büchlin", 1505/1506

Stadtarchiv Straßburg　Hospitalarchiv 1316 I, f. 46r—47r

Stamm, V.	Ursprünge der Wirtschaftsgesellschaft. Geld, Arbeit und Zeit als Instrument der Herrschaft, Frankfurt/M. 1982
Stehtl, H.	Österreichs Zucht- und Arbeitshäuser 1671–1920. Institution zwischen Fürsorge und Strafvollzug, Wien 1978
Steinert, H./ Treiber, H.	Versuch, die These von der strafrechtlichen Ausrottungspolitik im Spätmittelalter „auszurotten". In: Kriminologisches Journal 2, 1978, S. 81–106
Stenton, D. M.	English Society in the Early Middle Ages, Harmondsworth 1967
Strang, H.	Erscheinungsformen der Sozialhilfebedürftigkeit. Beitrag zur Geschichte, Theorie und empirischen Analyse der Armut, Stuttgart 1970
Stulz, P./Opitz, A.	Volksbewegungen in Kursachsen zur Zeit der Französischen Revolution, Berlin 1956
Sweezy/Dobb/ Takahashi/Hilton u.a.	Der Übergang vom Feudalismus zum Kapitalismus, Frankfurt 1978
Thompson, E.P.	The Making of the English Working Class, Harmondsworth 1976
Thompson, E.P.	Time, Work-discipline and Industrial Capitalism. In: Past and Present 1967
Thompson, E.P.	Zeit, Arbeitsdisziplin und Industriekapitalismus. In: Braun u.a. (Hg.), Gesellschaft in der industriellen Revolution, Köln 1973, S. 81–112
Traphagen, W.	Die ersten Arbeitshäuser und ihre pädagogische Funktion, Berlin 1935
Treiber, H./ Steinert, H.	Die Fabrikation des zuverlässigen Menschen. Über die „Wahlverwandtschaft" von Kloster- und Fabrikdisziplin, München 1980
Uhlhorn, G.	Die christliche Liebestätigkeit, 3 Bände, Stuttgart 1882 bis 1890
Ussel, J. van	Intimität, Frankfurt/M. 1979
Ussel, J. van	Sexualunterdrückung, Geschichte der Sexualfeindschaft, Gießen 1977

Vives, L.   De subventione pauperum (Mayans, S. 467). Zitiert nach der Übersetzung Caspar Hedios. Von Almusen geben. Zwey büchlin Ludovici Vivis, Straßburg 1533, Blatt 80

Voght, C. von   Über die Errichtung der Hamburgischen Armenanstalt im Jahre 1788. In: Jantke, C./Hilger, D. (Hg.), Die Eigentumslosen, Freiburg/München 1965, S. 197—207

Wagnitz, H.B.   Historische Nachrichten und Bemerkungen über die merkwürdigsten Zuchthäuser in Deutschland, 2 Bde., Halle 1791—1794

Walte, W.A.   Dieser Stat Armenhaus zum Bethen und Arbeyten. Die Geschichte des Armenhauses in Bremen. Um 1870. Neu hg. vom Senator für Soziales, Jugend und Sport, Bremen 1979

Weber, H. von   Die Entwicklung des Zuchthauswesens in Deutschland im 17. und 18. Jahrhundert. In: Festschrift zum 70. Geburtstag für Adolf Zycha, Weimar 1941, S. 427—468

Weber, M.   Die protestantische Ethik und der Geist des Kapitalismus, 2 Bde., Hamburg [3]1973 (zuerst 1904)

Winckelmann, O.   Das Fürsorgewesen der Stadt Straßburg vor und nach der Reformation bis zum Ausgang des sechzehnten Jahrhunderts. Ein Beitrag zur deutschen Kultur- und Wirtschaftsgeschichte, 2 Teile in einem Band, Leipzig 1922 (= Quellen und Forschungen zur Reformationsgeschichte 5)

Wittfogel, A.   Geschichte der bürgerlichen Gesellschaft. Von ihren Anfängen bis zur Schwelle der großen Revolution, Hannover 1977

Wolf, A.   Zur Geschichte der Sozialpädagogik im Rahmen der sozialen Entwicklung, Donauwörth 1977

Wuermeling, H.L.   Volksaufstand — Die Geschichte der bayrischen Revolution von 1705, München 1980

Ziekursch, J.   Sachsen und Preußen um die Mitte des achtzehnten Jahrhunderts. Ein Beitrag zur Geschichte des österreichischen Erbfolgekrieges, Breslau 1904